高等院校“十三五”经济管理类课程系列规划教材

税法与税务筹划

（第三版）

Tax law and tax planning (Third Edition)

主　编　王　虹　章成蓉
副主编　陈　立

经济管理出版社
ECONOMY & MANAGEMENT PUBLISHING HOUSE

图书在版编目（CIP）数据

税法与税务筹划/王虹主编．—3版．—北京：经济管理出版社，2016.12
ISBN 978－7－5096－4911－4

Ⅰ.①税…　Ⅱ.①王…　Ⅲ.①税法—中国—高等学校—教材　②税务筹划—高等学校—教材
Ⅳ.①D922.22　②F810.423

中国版本图书馆CIP数据核字(2017)第024475号

组稿编辑：王光艳
责任编辑：许　兵
责任印制：司东翔
责任校对：王淑卿

出版发行：经济管理出版社
（北京市海淀区北蜂窝8号中雅大厦A座11层　100038）
网　　址：www.E－mp.com.cn
电　　话：（010）51915602
印　　刷：玉田县昊达印刷有限公司
经　　销：新华书店
开　　本：787mm×1092mm/16
印　　张：16.25
字　　数：406千字
版　　次：2017年8月第1版　　2017年8月第1次印刷
书　　号：ISBN 978－7－5096－4911－4
定　　价：58.00元

再版前言

本书自2012年出版以来，深得各方好评。本书提供的税收法规基本知识及税务筹划思路和大量案例对于对税务筹划感兴趣的学生和实务界人士，无疑具有重要的参考价值。

本书虽然取得了一定成绩，但也存在不少问题。主要原因之一在于出版以来税收制度不断变化，导致教材相对法规滞后。特别是营业税改征增值税（以下简称“营改增”）的不断推进使整个流转税体系发生了巨大变化，对原有税收体系和纳税人的纳税事项产生了重大影响。为了与现有税收制度统一，我们对原教材进行了全面的修订，希望能对读者的工作和学习有所帮助。

2016年3月18日召开的国务院常务会议决定，自2016年5月1日起，中国将全面推开营改增试点，将建筑业、房地产业、金融业、生活服务业全部纳入营改增试点，至此，自2011年以来的“营改增”试点进入到全国范围、所有行业实施阶段，营业税正式退出历史舞台。这是自1994年分税制改革以来，财税体制的又一次深刻变革。

在税制不断变革的过程中，教材永远难以跟上其步伐，但这个变革也是有节奏、有步骤的。全面“营改增”的实施，为我们教材的修订提供了一个最好的契机，也为我们全面修订其他章节提供了机会。本次修订以全面“营改增”的相关法规为主要依据，也反映了其他税种的最新修订情况，如消费税税目、税率的一些变化，行邮税的改革，等等。希望我们的努力能为读者在学习、工作中遇到的税务问题提供更好的借鉴和参考。

本次修订由四川大学商学院王虹教授主持。参加修订的有（以章为序）：王虹、刘昱彤（第一章、第四章）；陈立、龙瑶（第二章、第八章）；王书君、王虹（第三章、第五章）；王虹、梁攀（第六章、第七章）；陈立、徐志（第九章），最后由王虹总撰定稿。

由于我们对相关法律法规的把握程度有限，本书中的不足之处在所难免，恳请广大读者批评指正，并致谢意。

编　者

2017年6月8日于四川大学

目　录

第一章

绪 论

第一节 纳税人的权利与义务

税收是国家为了实现其职能，以政治权力为依托，按照预先规定的标准，无偿地参与社会产品或国民收入分配的一种形式。税收作为国家存在的经济基础，是一个古老的经济范畴。当税收经济现象产生以后，减轻纳税负担就成为作为经济人的纳税人的必然追求。在17世纪中期，英国征收过一种“窗户税”，这种税是以每家住户窗户的多少作为征税对象，税额最低为2先令，最高为10先令，住户房间的窗户越多，征税越重。为了逃避税收，许多住户将窗户改装成能开能合的活动窗户。当税务官员检查时，便将窗户关上，窗户与墙壁浑然一体，看不出来。税务官员离开后，再把窗户打开。有些人为了少缴纳税款，干脆在房屋建造时尽量减少窗户，甚至不开窗户。在以上两种纳税人应付征税机关征收“窗户税”的办法中，如果说前一种具有逃税的性质，后一种则明显具有税务筹划的性质。

随着经济的不断发展，各国征税的重点从个人转移到企业，税务筹划也在这个过程中不断发展并专业化。到20世纪50年代，税务筹划开始从企业计划中独立出来，并因此带动了包括个人税务筹划在内的全面研究，成为涉及税法、会计、财务管理学等多门学科的实践性极强的新兴学科。美国南加州大学W. B. 梅格斯博士在他所编写的《会计学》中写道：“美国联邦所得税变得如此复杂，这使为企业提供详尽的税务筹划成了一种谋生的职业。现在几乎所有公司都聘用专业的税务专家，研究企业重要经营决策的税收影响，为合法地少纳税制订计划。”

由于税务筹划开展的前提是必须在法律允许的范围内，因此每个纳税人都必须首先充分地了解纳税人的权利和义务。

一、纳税人的权利

从广义上讲，纳税人的权利是指纳税人在承担纳税义务的同时，还享受着政府提供的公共产品和服务，这是与其纳税义务相对应的基本权利；从狭义上讲，纳税人权利是指纳税人在奉行税法过程中所享有的权利，即在征纳过程中税务机关给具体纳税人的各种权益。

1. 西方国家纳税人的权利

20世纪80年代以来，发达国家如美国、英国、加拿大、澳大利亚等，都陆续颁布了不同立法级次的纳税人权利保护法，把纳税人的权利以法律形式明确下来。而且在一些发达国家，近年通过“纳税人宪章”或“宣言”，强化了保护纳税人权利的手段。

根据上述西方发达国家的宪法和税法条款，纳税人除了有权享受国家给予纳税人的有关公共福利待遇外，一般还有以下权利：

（1）通知权。纳税人有权知道全部最新的税收制度，他们有被通知的权利（不论以什么形式通知）。

（2）公正、公平权。纳税人有权认定税法必须是以一种公正而且公平的方式实施。在一般情况下，税务部门应对纳税人提供的情况进行核定，除非有充分的理由证明这些情况是错误的。

（3）上诉权。不论是有关法律还是管理规则的实施和解释，纳税人如果不服税务当局的决定，均有权上诉。

（4）缴纳应缴税款权。纳税人只按税法规定的应缴税额缴税，有权拒绝超额缴税；同时，纳税人也有权获得税务当局的帮助、指导，以得到合理的税收减免或扣除。

（5）确定权。有两方面的含义：一是纳税人可以预先测定其行为可能导致的税收结果，税务机关在某些情况下也可以对从事某些活动的纳税人的税收后果提供预先裁定（这类裁定能使纳税人正确地估算并确定其活动之内的税收结果）；二是税法在行政解释上的立法变化不应该具有追溯效力。

（6）保密权。纳税人提供给税务部门的需要保密的情况不应被滥用。这些情况只是为了税收核定、实施和征收，不能用于其他目的。然而，在大多数国家，为了税收目的而收集的情况还可以转给社会保障部门、政府部门，甚至还可以转给国外税务当局。但无论如何都应为纳税人保密，绝不能将纳税人有关商业秘密透露给其竞争对手，用于非税收目的。如果需转给国外税务当局或其政府，事前均应通知纳税人。

在纳税人保密权中涉及一个很敏感的问题，即银行保密和专业保密问题。绝大多数国家的银行都有法律义务为其客户的情况保密。然而，发达国家的税务当局有法定权力，可以因为税收目的无视这种保密，从银行获得所需的资料，而银行必须向税务当局提供有关支付给纳税人的利息总额和股息总额。

（7）隐私权。纳税人有权制止税务当局干扰他们的私生活，尤其是对税务官员进入纳税人的住宅或其办公室、从第三者了解纳税人的情况等各国都有严格的规定。

在许多西方发达国家，访问纳税人，需要事先征得纳税人的同意；要进入纳税人住宅，通常需要事先办理法定的搜查证；向第三者了解纳税人的情况，也有严格的具体规定。各国之所以对此均做了严格的规定，主要是为了避免不合理地搜查纳税人的住宅、防止询问与应纳税额无关的情况、严禁侵犯公民的隐私权。

2. 我国纳税人的权利

根据《中华人民共和国税收征收管理法》（以下简称《税收征管法》）有关规定，我国纳税人享有以下权利：

（1）了解国家税收法律、行政法规规定的权利。《税收征管法》第八条第一款规定，纳税人有权向税务机关了解税收法律、行政法规的规定以及纳税程序等有关情况。

（2）要求保守秘密的权利。《税收征管法》第八条第二款规定，纳税人、扣缴义务人有权要求税务机关为纳税人、扣缴义务人的情况保密。税务机关应当依法为纳税人、扣缴义务人的情况保密。

（3）享受申请减税、免税、退税的权利。《税收征管法》第八条第三款规定，纳税人依法享有申请减税、免税、退税的权利。

（4）申请延期申报和延期缴纳税款的权利。《税收征管法》第二十七条规定，纳税人、扣缴义务人不能按期办理纳税申报或者报送代扣代缴、代收代缴税款报告表的，经税务机关核准，可以延期申报。

（5）依法申请收回多缴的税款。《税收征管法》第五十一条规定，纳税人超过应纳税额缴纳的税款，税务机关发现后应当立即退还；纳税人自结算缴纳税款之日起三年内发现的，可以向税务机关要求退还多缴的税款并加算银行同期存款利息，税务机关及时查实后应当立即退还；涉及从国库中退还的，依照法律、行政法规有关国库管理的规定退还。逾期税务机关不予受理。

（6）对法律、行政法规没有规定负有代扣、代收税款义务的单位和个人，税务机关不得要求其履行代扣、代收税款义务。

（7）享有陈述、申辩、申请行政复议、提起行政诉讼、请求国家赔偿的权利。《税收征管法》第八条第四款规定，纳税人、扣缴义务人对税务机关所做出的决定，享有陈述权、申辩权；依法享有申请行政复议、提起行政诉讼、请求国家赔偿等权利。纳税人对税务机关的具体行政行为有申请复议和向法院起诉及要求听证的权利。

（8）控告和检举的权利。《税收征管法》第八条第五款规定，纳税人有权控告和检举税务机关、税务人员的违法违纪行为。

（9）有依法拒绝检查的权利。《税收征管法》第五十九条规定，税务机关派出的人员进行税务检查时，应当出示税务检查证和税务检查通知书，并有责任为被检查人保守秘密；未出示税务检查证和税务检查通知书的，被检查人有权拒绝检查。

（10）国家法律、行政法规规定的其他权利。

二、纳税人的义务

1. 西方国家纳税人的义务

西方国家都以法律的形式确定纳税人的义务，主要是按规定进行纳税申报并按期缴纳税款、必要时提供相应的情况等。比如税务当局有权询问除纳税申报表之外的有关税收的必要情况，如果纳税人未能提供税务当局要求提供的情况，税务当局有权对纳税人应纳税所得进行管理上的核算。多数国家的税法还规定对不同类型的纳税人必须保存账目的要求。

在澳大利亚，所有纳税人都有按政府所要求的填写纳税申报的义务。纳税人的其他义务包括：必要时纳税人必须提供政府所需的情况，出示证据、账本及档案，提供经营收入情况，如属固定经营要有营业记录，从1985年9月19日起，要求购置及处置的财产要有记录。违反后果：对于不纳税者，政府可按估算的2倍对其进行罚款，可达2000美元、4000美元、5000美元直至判处一年监禁。

在加拿大，所有法人（除慈善团体、已纳税个人除外）必须填报纳税申报表。如果未及时进行申报，要给予相当于未纳税款的5%加上每月末纳税款的1%（最高为12个月）的罚款。

在法国，所有纳税人有填报纳税申报表的法定义务，纳税人还必须提供纳税减免的补充情况。税务局纳税规定制定后，如不缴纳，则每月按利息的0.75%，税收的10%、40%或80%进行罚款，除例外，一般不予免税。

在英国，对收到纳税申报表的纳税人进行税款征收，纳税人还必须把所有收入来源通知税务局。违反规定的罚款可达应付税额的100%。

在美国，所有纳税人（低于规定线以下除外）都有填报纳税申报表的义务。在特别的情况下（如美国居民有来源于国外公司和国外账户的利息）要向税务局进行报告，入境的非居民个人的某种所得税款，外国公司和外国合作者要通知税务局，征收预提税，在纳税年度进行分期付款。违反后果：如延迟申报纳税，则征收5%罚款，对国外法人有特别罚款（按规定对外国人进行所得扣除后征收预提税），罚款等于未缴纳预提税的金额。

2. 我国纳税人的义务

根据《税收征管法》有关规定，我国纳税人应当履行以下义务：

（1）依法办理税务登记的义务。《税收征管法》第十五条、第十六条规定，纳税人在发生纳税事宜时，有义务在规定期限内申报办理税务登记；在税务登记内容发生变化时，有义务按规定办理变更或注销税务登记。

（2）办理纳税申报和报送纳税资料的义务。《税收征管法》第二十五条规定，纳税人必须依照法律、行政法规规定或者税务机关依照法律、行政法规的规定确定的申报期限、申报内容如实办理纳税申报，报送纳税申报表、财务会计报表以及税务机关根据实际需要要求纳税人报送的其他纳税资料。

扣缴义务人必须依照法律、行政法规规定或者税务机关依照法律、行政法规的规定确定的申报期限、申报内容如实报送代扣代缴、代收代缴税款报告表以及税务机关根据实际需要要求扣缴义务人报送的其他有关资料。

（3）按时缴纳或解缴税款的义务。《税收征管法》第三十一条规定，纳税人、扣缴义务人应按照法律、行政法规规定或者税务机关依照法律、行政法规的规定确定的期限，缴纳或者解缴税款。

（4）代扣、代收税款的义务。《税收征管法》第四条第二款规定："法律、行政法规规定负有代扣代缴、代收代缴税款义务的单位和个人为扣缴义务人。"《税收征管法》第三十条规定："扣缴义务人应依照法律、行政法规的规定履行代扣、代收税款的义务。"

（5）按照规定使用税务登记证件的义务。《税收征管法》第十八条规定："纳税人按照国务院税务主管部门的规定使用税务登记证件。税务登记证件不得转借、涂改、损毁、买卖或者伪造。"

（6）依法设置账簿、进行核算并保管账簿和有关资料的义务。根据《税收征管法》

第十九条、第二十四条规定："纳税人、扣缴义务人按照有关法律、行政法规和国务院财政、税务主管部门的规定设置账簿，根据合法、有效凭证记账、进行核算；从事生产、经营的纳税人、扣缴义务人必须按照国务院财政、税务主管部门规定的保管期限保管账簿、记账凭证、完税凭证及其有关资料；账簿、记账凭证、完税凭证及其他有关资料不得伪造、变造或者擅自损毁。"

（7）财务会计制度或办法、会计核算软件备案的义务。《税收征管法》第二十条规定："从事生产、经营的纳税人的财务、会计制度、会计处理办法和会计核算软件，应当报送税务机关备案。纳税人、扣缴义务人的财务、会计制度或者财务、会计处理办法与国务院或者财政、税务主管部门有关税收的规定抵触的，依照国务院或者国务院财政、税务主管部门有关税收的规定计算应纳税款、代扣代缴和代收代缴税款。"

（8）按规定开具、使用、取得发票的义务。《税收征管法》第二十一条第二款规定："单位、个人在购销商品、提供或者接受经营服务以及从事其他经营活动中，应当按照规定开具、使用、取得发票。"

（9）按照规定安装、使用税控装置的义务。《税收征管法》第二十三条规定："国家根据税收征收管理的需要，积极推广使用税控装置。纳税人应当按照规定安装、使用税控装置，不得损毁或者擅自改动税控装置。"

（10）延期申报必须预缴税款的义务。《税收征管法》第二十七条第二款规定："经核准延期办理前款规定的申报、报送事项的，应当在纳税期内按照上期实际缴纳的税额或者税务机关核定的税额预缴税款，并在核准的延期内办理税款结算。"

（11）不得拒绝扣缴义务人代扣、代收税款的义务。《税收征管法》第三十条第二款规定："扣缴义务人依法履行代扣、代收税款义务时，纳税人不得拒绝。纳税人拒绝的，扣缴义务人应当及时报告税务机关处理。"

（12）依法计价核算与关联企业之间的业务往来的义务。《税收征管法》第三十六条规定："企业或者外国企业在中国境内设立的从事生产、经营的机构、场所与其关联企业之间的业务往来，应当按照独立企业之间的业务往来收取或者支付价款、费用；不按照独立企业之间的业务往来收取或者支付价款、费用，而减少其应纳税的收入或者所得额的，税务机关有权进行合理调整。"

（13）结清税款或提供担保的义务。《税收征管法》第三十八条规定："税务机关有根据认为从事生产、经营的纳税人有逃避纳税义务行为的，可以在规定的纳税期之前，责令限期缴纳应纳税款；在限期内发现纳税人有明显的转移、隐匿其应纳税的商品、货物以及其他财产或者应纳税的收入的迹象的，税务机关可以责成纳税人提供纳税担保。"《税收征管法》第四十四条规定："欠缴税款的纳税人或者它的法定代表人需要出境的，应当在出境前向税务机关结清应纳税款、滞纳金或者提供担保。"《税收征管法》第四十八条规定："纳税人有合并、分立情形的，应当向税务机关报告，并依法结清税款。"

（14）欠税人应当向抵押权人、质权人说明欠税情况的义务。《税收征管法》第四十六条规定："纳税人有欠税情形而以其财产设定抵押、质押的，应当向抵押权人、质权人说明其欠税情况。"

（15）继续纳税和承担连带责任的义务。《税收征管法》第四十八条规定："纳税人合并时未缴清税款的，应当由合并后的纳税人继续履行未履行的纳税义务；纳税人分立时未缴清税款的，分立后的纳税人对未履行纳税义务应当承担连带责任。”

（16）向税务机关提供税务信息的义务。根据《税收征管法》第六条第二款、第十七条、第四十八条、第四十九条规定：“纳税人、扣缴义务人和其他有关单位应当按照国家有关规定如实向税务机关提供与纳税人和代扣代缴、代收代缴税款有关的信息；从事生产经营的纳税人应当将全部银行账号向税务机关报告；有合并、分立情形应当向税务机关报告，并依法缴清税款；欠缴税款数额较大的纳税人在处分其不动产或者大额资产之前，应当向税务机关报告。”

（17）接受税务检查的义务。《税收征管法》第五十六条规定：“纳税人、扣缴义务人必须接受税务机关依法进行的税务检查，如实反映情况，提供有关资料，不得拒绝、隐瞒。”

（18）发生纳税争议先缴纳税款或提供担保的义务。《税收征管法》第八十八条规定：“纳税人、扣缴义务人、纳税担保人同税务机关在纳税上发生争议时，必须先依照税务机关的纳税决定缴纳或者解缴税款及滞纳金或者提供相应的担保，然后可以依法申请行政复议。对行政复议决定不服的，可以依法向人民法院起诉。”

三、健全的税收法制是保障纳税人权利、开展税务筹划的条件

马克思曾经说过“没有无义务的权利，也没有无权利的义务”。这清楚地说明了权利和义务的对等性。纳税人的权利与义务是不能割裂的，权利意味着义务，义务以权利为基础，权利又以义务为条件，即没有不承担义务的权利，也没有不享受权利的义务，两者是辩证统一的。

纳税人最大和最基本的权利，是不需要缴纳超过税法规定的税收。纳税人的税务行政复议等权利，都是从纳税人不需要缴纳超过税法规定的税收这项最基本权利派生出来的。税务筹划是在法律允许的条件下保证纳税人的权利。要实现这一权利，要求有健全和透明的税收法制，它是税务筹划产生和开展的条件。

在税收法制不健全、不透明的国家，税收及税务筹划都得不到法律保障：一方面纳税多少由基层征税人员确定，税收流失严重；另一方面非经征税人员的税务筹划最后会是一场空。在这样的条件下，税务筹划不会产生，即使被引进了，也不会得到很好的开展。只有在保证纳税人权利的制度能够完全执行、法律健全的情况下，税务筹划才会有意义。

税务筹划的法律依据各国不同。在英国，最广泛地被引用的法律根据是，1935 年英国上议院议员汤姆林爵士在“税务局长诉温斯特公爵”一案中提出的：“任何人都有权根据法律安排自己的事务，以便减少纳税支出。如果他通过安排成功减少了纳税额，那么尽管税务局长或其他纳税人可能不欣赏他的策划，但不能强迫他多缴税。”这是税务筹划最早被社会关注并在法律上被认可，从此英国及许多受英国影响的国家税务案例都参照了这一判例的精神来处理纳税人的税务筹划。

1947 年，美国法官汉德在一个税务案件中又有如下一段作为美国税收筹划法律依据的话：“法院一直认为，人们安排自己的活动以达到低税负目的，是不可指责的。每个人都可以这样做，不论他是富人还是穷人。而且这样做是完全正当的，因为他无须超过法律的规定来承担国家税收。税收是强制课征，而不是自愿捐赠，以道德的名义来要求税收纯

粹是侈谈。”英国和美国的这两个判例不但对与这两个国家有密切关系的国家影响很大，对其他国家也有一定的影响。

第二节 税务筹划的概念与特征

一、税务筹划的概念

税务筹划（Tax Planning）也可译为税收筹划、纳税筹划、税收策划等。对 Tax Planning 的理解和翻译，笔者认为，如果是从政府角度对税款征收进行的计划与管理称为税收筹划较合理；如果从企业的角度出发，为企业节约纳税支出进行业务的计划和安排，称税务筹划或纳税筹划更合理。

在税务筹划的产生和发展过程中，对其含义的理解，不同的学者有不同的表述。

荷兰国际财政文献局所编的《国际税收词典》所给出的定义是“税务筹划是指通过纳税人合法的经营活动或个人事务的安排，实现缴纳最低的税款”。

美国南加州大学 W. B. 梅格斯博士认为：“在纳税发生之前，有系统地对企业经营或投资行为做出事先安排，以达到尽量减少缴纳所得税，这个过程就是筹划。如何选择企业的组织形式和资本结构，设备投资采取租用还是购入的方式，以及交易时间的选择等。”

我国国家税务总局注册税务师管理中心编写的《税务代理实务》对税务筹划的定义：“是在遵行税收法律法规的前提下，当存在两个或两个以上纳税方案时，为实现最小合理纳税而进行设计和运筹，税收筹划的实质是依法合理纳税并最大限度地降低纳税风险。”

对税务筹划的定义还有多种其他表述，各种表述虽然在形式上有所不同，其基本意义却是一致的，即税务筹划是纳税人在法律规定许可的范围内，通过对经营、投资、理财等活动的事先筹划和安排，尽可能地减少应交税款的一种合法经济行为。

二、税务筹划的特征

1. 合法性

从税务筹划的概念可以看出税务筹划只能在法律许可的范围内进行，这也是税务筹划与偷税、漏税的根本区别。

合法性体现在两个层次：一是税务筹划必须在国家税收法律法规许可的范围内进行。国家征税与纳税人纳税在形式上表现为利益分配的关系，经过法律明确其双方的权利与义务后，这种关系实质上已是一种特定的法律关系。然而纳税人可以利用合法手段，在税收法规的许可范围内，采取一定的形式、方法，通过合理安排经营和财务活动来减轻纳税负担。二是税务筹划不但合法，而且符合国家立法精神及意图。这种筹划是在对政府税法体系进行认真比较分析后所做出的纳税最优化选择。它从形式到内容都是合法的，体现了国家税收政策的意图，是税法和税收政策予以保护的；并且它着眼于总体的决策和长期的利益，有利于经济主体的长远发展，具有不可逆转的发展趋势。例如，为了鼓励高新技术的发展，《中华人民共和国企业所得税法》第二十八条规定，国家需要重点扶持的高新技术企业，可减按15%的税率征收所得税。那么企业通过发展高新技术成为国家重点扶持的高新技术企业，从而享受所得税优惠就是合法且符合国家长期利益的双赢安排。

2. 超前性

税务筹划属于计划范畴，是一种指导性、科学性、预见性极强的管理活动，其目的是减少纳税支出，取得节税利益。

纳税行为相对于经济行为而言，具有滞后性的特点。企业在交易行为发生之后，具有缴纳流转税义务；企业在收益实现或分配之后，才能计应缴所得税；企业在财产取得之后，才缴纳财产税。纳税义务履行的滞后性决定了企业可以对自身应纳税经济行为进行事先的预见性安排，利用税收优惠的规定、纳税时点的掌握、申报方式的配合及收入和支出控制等途径，比较不同经济行为下的税负轻重，做出相应选择。具体说来，事先要根据企业的生产经营特点确定对哪个环节进行筹划，并分析通过哪些方式可以有效降低纳税成本；充分理解和掌握国家税法的立法精神及意图和税法、税收政策应用中具体涉及的政策界限；制定多套筹划备选方案，并根据企业发展的实际需要选择最佳方案。

另外，纳税人和征税对象的性质不同，税收待遇也往往不同。因此，纳税人可以针对税法以及税收制度的有关具体规定，结合自身的实际情况做出事先的投资经营和财务决策。

3. 综合性

综合性即税务筹划应着眼于纳税人税后收益的长期稳定增长，而不能仅着眼于个别税种税负的高低。有时通过税务筹划减少了一种税的应纳税额，但可能导致另一种税的应纳税额上升，整体税负不一定减轻。同时，税务筹划也有成本，筹划的结果应是综合收益最高。还应注意的是，纳税支出最小化方案不一定等于资本收益最大化方案。例如，盈利企业兼并亏损企业可以使企业整体应缴所得税减少，但兼并亏损企业又要承担对方的负债，接收对方的员工等多项支出。是否兼并亏损企业应综合考虑收益与支出，不能只为了少缴税而去兼并亏损企业。最后，所得税根据企业的应纳税所得额为计税基础，但企业不能为了不纳税使企业经营亏损或尽量少获利。所以，企业在进行投资、经营决策时，除了考虑纳税因素外，还必须考虑其他多种因素，趋利避害、综合决策，以达到总体收益最大化的目的。

4. 时效性

我国税收法规还处于不断调整、完善之中，这就使税务筹划必须立足现实，准确把握税收法律、法规和政策所发生的变化，及时调整和更新自己的筹划方案。

三、税务筹划与相关概念的区别

税务筹划是通过对经营活动的事先安排和策划，合法地减少纳税支出的行为，它与避税、偷税、漏税、骗税、抗税等行为相比具有本质差别。因此必须了解和区分这些不同概念，把握它们的临界点。这样才能保证税务筹划的合法性，避免违法损失。

1. 避税（Tax Avoidance）

避税是指纳税人利用税法的漏洞，通过资金转移、费用转移、成本转移、利润转移等方法躲避纳税义务，以期达到少纳税和不纳税的一种非违法的经济行为。

20 世纪 70 年代以后，美国、联邦德国、澳大利亚等一些国家都以立法形式否定了避税。1977 年经济合作与发展组织《关于对所得和资本避免双重征税的协定范本》和 1979 年联合国《发达国家与发展中国家间双重征税的协定范本》中的相互协商程序和情报交换条款，被税务专业界广泛地称为反避税条款。20 世纪 70 年代发表的一大批反避税的专著、论文和报告，也表明了国际社会不少人反避税的立场。在这种形势下，进入 20 世纪 80 年代后，越来越多的国家政府在税法中加入了被税务专业界称为反避税条款的内容。

到了 20 世纪 80 年代末，避税已有了新的定义，被认为是"错用"或"滥用"税法的行为。避税被定义为："纳税人通过个人或企业事务的人为安排，利用税法的漏洞、特例和缺陷，规避或减轻其纳税义务的行为。"① 这种观点代表了许多国家政府和专业人士的观点。例如，加拿大魁北克大学会计系教授雷内·霍特在他编写的《理解所得税》一书中也指出："避税不违法，但被政府认为是企图绕过税法规定，这样，错用或滥用税法的避税所可能带来的利益就会被政府已经制定的一般反避税法所取消。"由此可见，避税已不再是中性的行为，而是政府反对的行为。政府总是不断地根据经济社会发展及已有的避税行为适时地对税法进行补充、修订、调整，这种反避税性质的税法调整，已迫使更多的企业和个人转向更为合法的税务筹划节税行为。

在我国税法中早已有了被税务专业界称为反避税条款的内容。例如，《中华人民共和国企业所得税法》第四十一条规定，企业与其关联方之间的业务往来，不符合独立交易原则而减少企业或者其关联方应纳税收入或者所得额的，税务机关有权按照合理方法调整。这种规定被税务专业界称为反避税条款。

【案例 1－1】

微软中国避税与税务机关的反避税

【案情简介】根据微型计算机软件公司（以下简称微软公司）2014 财年的年报，微软总体的所得税有效税率为 21%，明显低于美国 35% 的所得税税率。主要原因是微软公司可以将自己的利润分流到设立在爱尔兰、新加坡、波多黎各的"境外业务运行中心"，从而降低纳税负担。微软在中国的子公司自 1995 年设立以来也是几乎没有什么盈利。企业财务报表显示，除个别年度微利外，多年来一直处于亏损状态，6 年累计亏损达 20 多亿元。基于微软在中国业务的情况，中国和美国的税务监管部门于 2012 年达成了一个"预约定价"的双边协定。按照上述协议，微软公司在 2012 年向中国税务部门上缴约 8.4

① 荷兰国际财政文献局（IBFD）：《国际税收词典》，1988。

亿元人民币（约合1.37亿美元）的税款。①

【案例分析】 微软公司在全球范围内根据不同国家和地区的税率差异进行了价格或费用等方面的转移，将收入或利润转移到税率洼地以节约纳税支出。同时，税务机关也可以根据相关反避税条款对违反法规的事项进行特别纳税调整。2004年10月4日，国家税务总局《关联企业间业务往来预约定价实施规则》（简称APA规则）正式出台。APA规则的实施允许企业通过“预约定价”的方式缴纳关联企业间交易的所得税，即允许企业和主管税务机关就相关应纳所得税或是销售利润率区间进行商谈论证，并按此纳税。作为国际通行的纳税方式，预约定价使得政府部门的漏征税风险与审查成本可能减少，跨国公司也可以减低被稽查后双重征税的成本。

从2008年起实行的《中华人民共和国企业所得税法》以实体法的形式专设“特别纳税调整”一章，增加了成本分摊、预约定价安排、提供资料、受控外国公司、资本弱化、一般反避税条款以及反避税罚则。这是关于反避税的全面立法，凡是因不合理的安排而减少企业应纳税收入或者所得额的行为，税务机关都可以进行相应的调整。2009年1月8日，国家税务总局下发了《关于印发〈特别纳税调整实施办法（试行）〉的通知》，进一步明确和落实新的反避税措施。

上述反避税措施的出台对原有的反避税规定进行了完善和补充，形成了更体系化、涵盖面更广的反避税制度，提高了其法律约束力和权威性。但是无论多严谨的税法，都可能存在着缺陷，纳税人可能通过对自身经营活动与财务活动的巧妙安排，利用这些漏洞来规避税负。避税与反避税将是税收征管方和税款缴纳方之间长期的博弈。

2. 偷税（Tax Evasion）

偷税是指以非法手段逃避纳税负担的行为。我国《税收征管法》第六十三条规定：“纳税人伪造、变造、隐匿、擅自销毁账簿、记账凭证，或者在账簿上多列支出或者不列、少列收入，或者经税务机关通知申报而拒不申报或者进行虚假的纳税申报，不缴或者少缴应纳税款的，是偷税。对纳税人偷税的，由税务机关追缴其不缴或者少缴的税款、滞纳金，并处不缴或者少缴的税款百分之五十以上五倍以下的罚款；构成犯罪的，依法追究刑事责任。扣缴义务人采取前款所列手段，不缴或者少缴已扣、已收税款，由税务机关追缴其不缴或者少缴的税款、滞纳金，并处不缴或者少缴的税款百分之五十以上五倍以下的罚款；构成犯罪的，依法追究刑事责任。”

【案例1-2】

高尔夫度假村公司偷税漏税案②

【案情简介】 某高尔夫度假村有限公司2002年11月21日成立，2004年9月25日开始正式对外营业，外商独资企业，法定代表人是日本人。经营范围：建设经营高尔夫度假

---

① 资料来源：《参考消息》，http://finance.cankaoxiaoxi.com/2014/1128/580128_3.shtml。

② 资料来源：http://www.golf998.com/content.php?tid=72986。

村，高尔夫球场及相关服务设施、别墅租赁，建设经营酒店项目等。注册资金为72000万日元。企业所得税在国税局缴纳。该单位2003年至2006年累计缴纳地方各税共计333万元。

2007年3月，某市地税局接到群众举报，反映某高尔夫度假村有限公司用会员卡抵偿债务隐匿收入，存在偷税问题，希望税务部门能够严肃查处。市局稽查处根据工作分工将此案件交由第三稽查局查办。

检查人员到达该企业时，见企业相关人员都在，当即宣布要对该企业进行电子取证，希望企业配合。但该企业的法律顾问拒绝检查人员的取证，认为税务机关没有权力提取企业电子数据，检查人员当场告知，根据《中华人民共和国税收征收管理法》第五十八条规定，税务机关调查税务违法案件时，对与案件有关的情况和资料，可以记录、录音、录像、照相和复制。该企业这才答应了检查人员取证的要求。这时，检查人员发现企业会计正坐在电脑前神色紧张地操作着电脑，删除文件，立刻上前制止了其操作。

会计见无法操作，马上关闭了计算机。检查人员让其打开计算机时，会计突然跑了，等检查人员打开计算机时发现计算机设有密码，无法打开。于是，检查人员责令企业负责人找到会计，并让其打开计算机，企业负责人以找不到人为借口干扰取证工作，取证工作无法进行。检查人员向企业宣传这种行为是违法的，要负法律责任的。同时，向市局汇报了情况，市局稽查处非常重视，联系公安机关协助取证。

检查人员发现，由于及时阻止，会计还没有来得及清空回收站中的内容，被删除的文件还可以恢复，恢复文件后，发现会计删除的文件正是涉税文件的一部分。检查人员当场对会计拒绝检查的行为出具了《调查（询问）笔录》，拿到了其拒绝检查的证据。检查人员用U盘和移动硬盘分别复制了会计电脑上的涉税文件。但在对该企业日方负责人所用的电脑取证时，该企业以私人电脑里面有私人隐私为由又一次拒绝取证，检查人员再次向该企业指出税务机关有权对与案件有关的情况和资料进行记录、录音、录像、照相和复制，并告知该企业税务机关派出人员进行税务检查时，有责任为被检查人员保守秘密，以打消该企业的顾虑。迫于税法的压力，该企业只好同意检查人员对该电脑进行取证，检查人员将该电脑中的涉税文件用U盘和移动硬盘分别拷贝。

据查实，该企业在2003年取得会员卡销售收入157万元，在账簿上不列收入，当年未申报缴纳营业税；2004年取得会员卡销售收入568万元，而该企业在账面体现并申报纳税收入只有435万元，在账簿上少列收入133万元，未申报缴纳营业税；2005年取得会员卡销售收入483万元，而该企业在账面体现并申报纳税收入只有86万元，在账簿上少列397万元收入，未申报缴纳营业税款；取得打球费收入52万元，其中30万元申报纳税，在账簿上少列收入22万元，未申报缴纳营业税款；2005年度在账簿上不列、少列收入419万元，未申报纳税；在2006年取得会员卡销售收入1814万元，申报纳税收入747万元，在账簿上少列收入1067万元，未申报缴纳营业税款；取得打球费收入97万元，其中95万元申报纳税，在账簿上少列收入2万元，未申报缴纳营业税款；2006年度在账簿上不列、少列收入1069万元，未申报纳税收入；在2006年8月至10月支付给非单位职工的销售会员卡提成款7.9万元，未代扣代缴个人所得税；在2003年8月取得某村9705平方米的国有土地使用权，支付土地出让金40万元，未申报缴纳契税。

【处罚结果】依据《中华人民共和国营业税暂行条例》第一条、第二条、第四条，

《中华人民共和国税收征管法》（以下简称《税收征管法》）第六十三条第一款规定，追缴营业税3564873.74元；依据《中华人民共和国契税暂行条例》第一条、第三条、第四条、第五条，《税收征管法》第三十二条的规定，追缴契税16197.27元；依据《税收征管法》第三十二条的规定，加收滞纳金合计597370.34元；依据《中华人民共和国个人所得税法》第一条、第二条、第三条、第八条和《国家税务总局关于贯彻〈中华人民共和国税收征收管理法〉及其实施细则若干具体问题的通知》第二条规定，责成补扣个人所得税14267.20元；依据《税收征管法》第六十三条第一款的规定，将该单位在账簿上少列收入造成少缴营业税的行为认定为偷税，处1倍罚款，金额3564873.74元；依据《税收征管法》第六十九条的规定，对该单位应扣未扣的个人所得税处1倍罚款，金额14267.20元。

鉴于该单位的偷税行为已涉嫌触犯《中华人民共和国刑法》第二百〇一条第一款规定，根据《税收征管法》第七十七条第一款规定和国务院《行政执法机关移送涉嫌犯罪案件的规定》第三条及有关规定，将该单位偷税案依法移送司法机关，追究其刑事责任。

3. 漏税（Tax Negligence）

漏税是我国以前经常使用的术语，它是指并非纳税人故意地不缴或者少缴应纳税款的行为。例如，因不熟悉税法规定和财务制度不健全，或因工作粗心而漏报应税项目，少报应税数量或金额、错用税率或计算错误等造成的未缴或少缴税款。漏税与偷税的区别在于：故意者为偷税；非故意者为漏税。由于对是故意还是非故意的判断很难有一个客观的法律标准，主观随意性比较大，因此，我国现行税法不再采用漏税这一用语。但对由于计算错误等原因造成的未缴或少缴税款，我国《税收征管法》第五十二条规定，因税务机关的责任，致使纳税人、扣缴义务人未缴或者少缴税款的，税务机关在三年内可以要求纳税人、扣缴义务人补缴税款，但是不得加收滞纳金；因纳税人、扣缴义务人计算错误等失误，未缴或者少缴税款的，税务机关在三年内可以追征税款、滞纳金；有特殊情况的，追征期可以延长到五年。

其他一些国家的税法也有类似漏税的规定。例如，英国就有专门针对因疏忽或非故意原因而不缴或者少缴应纳税款的漏税和误报的判罚，对它们的处罚轻于偷税。如相关法规规定，对漏税除了追征外，要加收利息，还可能加处等于漏税额的罚金；对增值税纳税申报中有重要的或多次的疏忽，要追征多退或少纳的税款，并处以流失税收15%的罚金。

4. 骗税（Tax Fraud）

在国外税务理论中，一般没有骗税这个概念。在我国，骗税一般指是改革开放后，尤其是进入20世纪90年代后，随着出口货物退（免）税的增多，发生的骗取出口退（免）税的行为。

骗税是采取弄虚作假和欺骗手段，将本来没有发生的应税（应退税）行为虚构成发生了应税行为，或将小额的应税（应退税）行为伪造成大额的应税行为，骗取退税款。

《中华人民共和国刑法》第二百零四条骗取出口退税罪、偷税罪规定：以假报出口或者其他欺骗手段，骗取国家出口退税款，数额较大的，处五年以下有期徒刑或者拘役，并处骗取税款一倍以上五倍以下罚金；数额巨大或者有其他严重情节的，处五年以上十年以下有期徒刑，并处骗取税款一倍以上五倍以下罚金；数额特别巨大或者有其他特别严重情节的，处十年以上有期徒刑或者无期徒刑，并处骗取税款一倍以上五倍以下罚金或者没收财产。《中华人民共和国刑法》第二百零五条第二款规定：有前款行为骗取国家税款，数额特别巨大，情节特别严重，给国家利益造成特别重大损失的，处无期徒刑或者死刑，并处没收财产。

【案例 1-3】

税务总局通报 4 起骗税案例，呈团伙化专业化态势[①]

2015 年 10 月 21 日电　据国家税务总局网站公告，税务总局今日召开第三季度税收新闻通报会，通报了 4 起骗取出口退税案例。税务总局稽查局有关负责人介绍，近年来骗税违法行为多发频发，呈现出团伙化、专业化的态势，涉案地区向内地延伸。被通报的四起案例中金额最大的为厦门“4·24”骗税案。

【案情简介】2014 年，税务总局稽查局在公安部、海关总署协助下，通过数据指标筛选和案件疑点分析，发现厦门一龙进出口贸易有限公司存在骗税嫌疑。随后，厦门市公安局、厦门海关和厦门国税局对一龙公司立案检查。经查，这是一起以一龙公司为主案的系列案件，还涉及厦门天眷糖业有限公司等其余 5 家公司。这 6 家公司以买单、买外汇、买虚开的增值税专用发票、伪造合同等手段骗取国家出口退税，共申报出口退税 2.43 亿元，已取得出口退税款 2.33 亿元。

【处罚结果】厦门市国税局已于 2014 年 12 月作出税务处理决定和税务行政处罚决定，追缴厦门一龙进出口贸易有限公司 2012～2014 年骗取出口退税款 2200 万元，对已申报未退税款 600 万元不予退税，并对该公司已骗取出口退税款处以 1 倍罚款。公安机关已提请检察机关逮捕 2 人，取保候审 7 人。其余 5 家企业正在进一步审理中。

5. 抗税

根据《税收征管法》第六十七条规定，以暴力、威胁方法拒不缴纳税款的，是抗税，除由税务机关追缴其拒缴的税款、滞纳金外，依法追究刑事责任。情节轻微，未构成犯罪的，由税务机关追缴其拒缴的税款、滞纳金，并处拒缴税款一倍以上五倍以下的罚款。根据情节轻重，《中华人民共和国刑法》第二百零二条及《最高法院关于审理偷税抗税刑事案司法解释》规定了对抗税罪的以下处罚：

（1）以暴力、威胁方法拒不缴纳税款的，处 3 年以下有期徒刑或者拘役，并处拒缴税款 1 倍以上 5 倍以下罚金。

（2）有下列严重情节的：①聚众抗税的首要分子；②抗税数额在十万元以上的；

① 中国新闻网，http：//www.chinanews.com/cj/2015/10-21/7582019.shtml。

③多次抗税的；④故意伤害致人轻伤的；⑤具有其他严重情节。处3年以上7年以下有期徒刑，并处拒缴税款1倍以上5倍以下罚金。

（3）实施抗税行为致人重伤、死亡，构成故意伤害罪、故意杀人罪的，分别依照《中华人民共和国刑法》第二百三十四条第二款、第二百三十二条的规定定罪处罚。

第三节 税务筹划的基本思路与方法

一、税务筹划的基本思路

从最终节税效果上看，税务筹划的基本思路有两条：有直接节税效果的绝对节税思路和有相对节税效果的相对节税思路。

1. 绝对节税

绝对节税是直接使纳税绝对总额减少。可以根据相关法律、法规，在各种可供选择的纳税方案中，选择缴纳税款最少的方案，这就是绝对节税。

【案例1-4】

公司捐赠的税务筹划

某有限公司是一家制药企业，其从业人数不超过100人，资产总额不超过3000万元。2015年度应纳税所得额预计为30.2万元（适用税率为25%）。经公司财务经理筹划，相关领导层批准，决定向希望工程捐款3000元，用于救助山区失学儿童。

（1）筹划前。

该公司应缴所得税＝30.2×25%＝7.55（万元）

税后利润＝30.2－7.55＝22.65（万元）

（2）筹划后。根据企业所得税法对“年度应纳税所得额不超过30万元，从业人数不超过100人，资产总额不超过3000万元的小型微利企业减按20%税率征收企业所得税”的规定，该企业年应纳税所得额为20.9万元，低于规定的30万元。

该公司应缴所得税＝（30.2－0.3）×20%＝5.98（万元）

税后利润＝30.2－0.3－5.98＝23.92（万元）

绝对节税额＝7.55－5.98＝1.57（万元）

税后净利润增加额＝23.92－22.65＝1.27（万元）

【结论】通过简单的筹划，使企业既做了好事，提升了在公众中的形象，又节约了纳税支出，增加了税后利润。

【启示】绝对节税额可能不等于企业净利的增加，原因在于税务筹划是有成本的，必须在整体的成本与收益之间进行比较，选出最优方案。

【案例 1－5】

遗产税税务筹划

假设一个老人有财产 5000 万元，他有一个儿子，一个孙子，并且都已经很富有。这个国家的遗产税税率为 50%。如果这个老人的儿子继承了财产后，没有减少也没有增加财产值，然后遗赠给老人的孙子，孙子继承了财产后也没有减少和增加财产值，在孙子去世后再遗赠给曾子女。在不进行税务筹划的情况下，这个老人的财产遗赠到孙子的子女时所负担的遗产税如下：

$$5000 \times 50\% + 2500 \times 50\% + 1250 \times 50\% = 4375\text{（万元）}$$

如果其他情况如上所述，但考虑到儿子已经很富有，这个老人采用了节税的方案，把其财产遗赠给其孙子，那么这个老人的财产可以少纳一次税，这个老人的财产遗赠到孙子的子女时所负担的遗产税如下：

$$5000 \times 50\% + 2500 \times 50\% = 3750\text{（万元）}$$

$$\text{节税总额} = 4375 - 3750 = 625\text{（万元）}$$

2. 相对节税

相对节税是指一定时期的纳税总额并没有减少，但通过筹划使各个纳税期纳税额发生变化而增加了收益，从而起到相对节税的目的。产生相对节税的根源在于货币的时间价值。

【案例 1－6】

假设一个公司的年度目标投资收益率为 10%。2015 年年底，公司产生一笔费用，总额为 90 万元，在 2015～2017 年所取得的税前利润估计均为 300 万元（未考虑前述费用时）。如果税法允许公司这笔费用可以在 3 年内选择两种方法扣除：分期平均扣除法、一次性扣除法。两种方法下企业的各年应纳所得税（税率 25%）分别计算如下：

（1）分期平均扣除法。公司各年应纳所得税相等，均为 $(300-30) \times 25\% = 67.5$（万元）；三年纳税总额为 $67.5 \times 3 = 202.5$（万元）。

（2）一次性扣除法。2012 年公司应缴纳所得税 $= (300-90) \times 25\% = 52.5$（万元）；2013 年和 2014 年公司应缴纳所得税相等，均为 $300 \times 25\% = 75$（万元），三年纳税总额为 $52.5 + 75 \times 2 = 202.5$（万元）。

从上面的计算可以看出，尽管用两种方法处理该笔费用在 3 年间的纳税总额相等，均为 202.5 万元；但由于货币的时间价值，一次性扣除法与分期平均扣除法相比如同取得一笔无息贷款，可以使纳税人在前期有更多的资金用于投资，将来可以获得更大的投资收益，相对节约了纳税支出，所以应该选择一次性扣除法对这笔费用进行会计处理。

二、税务筹划的基本方法

1. 纳税人身份的选择

我国一些税种对不同身份的纳税人有不同的纳税计算方法，不同身份的纳税人在同等条件下的纳税结果会存在差异。因此，可以通过纳税人身份的选择进行事先筹划。

（1）居民纳税人和非居民纳税人身份的选择。《中华人民共和国企业所得税法》及《中华人民共和国个人所得税法》分别将企业和个人分为居民纳税人和非居民纳税人。居民纳税义务人负有无限纳税义务，其所取得的应纳税所得，无论来源于中国境内还是中国境外任何地方，都要在中国缴纳个人所得税。非居民纳税义务人承担有限纳税义务，仅就其来源于中国境内的所得在中国缴纳所得税。因此，有必要对纳税人的居民身份进行筹划。

（2）公司企业与合伙企业的选择。合伙企业具有以下特点：第一，其经营方式采取合伙制；第二，合伙人负有无限债务责任，并对合伙契约负连带责任；第三，不具有继续经营性质。合伙人一旦变动，合伙企业就随之终止。因此，合伙企业是一个契约性的组合，是一种人的联合，而不像公司、企业那样强调资本的联合。大多数国家（包括中国）不授予合伙企业以法人地位和资格，它不是一个独立的纳税单位，各合伙人有各自的公民或居民身份，按各自的收入纳税，只有少数国家，如比利时规定合伙企业具有纳税法人的地位。

公司包括有限责任公司和股份有限公司。有限责任公司和股份有限公司是企业法人，公司股东作为出资者按投入公司的资本额享有所有者的资产收益、重大决策和选择管理者等权利。公司享有由股东投资形成的全部法人财产权，依法享有民事权利，承担民事责任。有限责任公司，股东以其出资额为限对公司承担责任，公司以其全部资产对公司的债务承担责任。股份有限公司，其全部资本分为等额股份，股东以其所持股份为限对公司承担责任，公司以其全部资产对公司的债务承担责任。

公司作为法人实体，其营业利润在企业环节课征企业所得税，税后利润作为股息分配给投资者时，投资者还要缴纳个人所得税。而合伙企业一般不需缴纳企业所得税，国家仅就各个合伙人分得的收益征收个人所得税。投资者对企业组织形式的选择不同，其承担的责任与风险也有差异，投资净收益也将产生差别。因此，设立企业时有必要在合伙企业与公司企业之间进行选择。

2. 筹划计税基础，节约纳税支出

指通过缩小计税基础的方式来减少纳税总额。税基是计算应纳税额的直接依据，而且税基一般与应纳税额成正比关系，因此，税基的缩小意味着纳税人纳税负担减轻。

缩小计税基础一般都要借助于财务会计的手段，主要表现为在合法的前提下减少收入，增加营业成本费用，降低纳税所得，从而达到减少应纳所得税额的目的。在实际中，纳税人采用税基式避税主要是采用改变存货计价法、负债避税法、合理的费用分摊法、融资租赁法、折旧计算法等方法进行。

【案例 1－7】

包装物押金有关税务筹划

某公司为增值税一般纳税人，适用税率 17%。某产品不含税价为 2000 元/件，其中包装物价值 200 元（设该企业未在包装物方面加价销售）。长期以来销售产品一直按 2000 元的单价销售。2003 年公司新来一名财务经理，他了解到该产品的包装物可以回收二次利用，于是要求销售部门销售产品时问清客户可否将包装物退回，如可以退回，每件产品售价 1800 元，另收包装物押金 200 元，回收包装物时退回；如不能退回包装物，售价 2000 元/件。经统计，2003 年全年共有 5000 件产品收取押金，且客户均在规定期间内退回包装物。请计算该公司税收筹划后的节税额。

【分析】 筹划前后纳税对比，设该 5000 件产品可以抵扣的进项税为 X：

筹划前后应纳增值税差额 = (2000 × 5000 × 17% － X) － (1800 × 5000 × 17% － X) = 170000(元)

通过筹划税基减少，节税 170000 元，且企业的利润无改变，还有包装物押金供企业无偿使用。同时包装物回收使用也符合环保要求。

3. 筹划税率，节约纳税支出

指纳税人通过降低适用税率的方式来降低纳税总额的方法。税率筹划的基本方法包括低税率法和转移定价法。低税率法是纳税人通过合法的途径（如选择不同的地区、不同的行业、不同的所有制进行投资），使自己所拥有的征税对象直接适用于较低的税率，达到降低税负的目的。转移定价法是在母公司与子公司、总公司与分公司以及有经济利益联系的其他公司之间为共同获得更多的利润而在销售活动中进行的价格转让，将税基转移到低税率地区。

4. 延缓纳税期限

指一定时期的纳税总额并没有减少，但通过筹划延缓纳税期限，达到相对节税的目的。例如企业在签订销售合同时，在不影响客户的前提下，要特别注意交货时间的确定。特别是在月底、年底时，尽量将销售实现的时间后延，延缓几天即可使销售收入确认的时间推迟到次月甚至次年，延缓纳税期限的目的即可实现。

第四节　实施税务筹划的前提条件和基本步骤

一、税务筹划的前提条件

1. 全面了解税法及税收征管的相关规定

纳税人应该对税法和税收征管的相关规定有深刻的了解和研究，全面理解税法对各税种纳税人、征税范围、应纳税额计算和税收优惠的相关规定以及征税期限、纳税申报、延缓缴纳等税收征管方面的具体规定。在此基础上，根据税收法规的规定和企业的实际情况，设计合法可行的税务筹划方案。

2. 了解税务机关对“合法和合理”的界定

全面了解税务机关对“合法和合理”纳税的法律解释和执法实践，是另一项重要的税务筹划前期工作。

税务筹划是要合法和合理地节税，任何国家也都保证合法和合理的事物和行为。但是，不同国家对“合法和合理”的法律解释是不同的，有些国家宽，有些国家严，有些国家只要合法就是合理，有些国家则必须既合法又合理，还有一些国家根本就不从法律上解释什么是合法和合理，只在实践中承认合法和合理的节税。所以，税务筹划人只能根据法律条文和法律实践做出判别。

要了解税务机关对“合法和合理”纳税的解释，一般可以从以下两方面着手：

（1）从宪法和现行法律了解“合法和合理”。税务机关的征税和司法机关对税务案件的审理，都必须以立法机关制定的宪法和现行法律为依据。因此，关于什么是“合法和合理”，首先要从宪法和法律上去了解。

（2）从行政和司法机关对“合法和合理”的法律解释和执法实践了解“合法和合理”。行政机关依法行政，负责执行法律及法律规定的权力，它们还往往得到立法机关授权，负责制定执行法律的法规，这些行政法规更具体地体现了国家的政策精神；而司法机关依法审判税务案件，负责维护、保证和监督税收法律的实施，它们的判决使国家政策精神体现得更加明确、清晰。人们可以从税务机关组织和管理税收活动以及司法机关受理和审判税务案件中，具体了解行政和司法机关在执法和司法过程中对“合法和合理”的界定。

3. 掌握和了解企业的基本情况

在进行税务筹划时，需要了解的企业基本情况主要有以下几个方面：

（1）企业的组织形式。不同的企业组织形式其税务待遇不同，了解企业的组织形式，可以对不同组织形式的企业制定具有针对性的税务筹划方案。

（2）企业的主要经营业务和生产经营特点。不同的生产经营业务和不同的生产组织方式有不同的会计核算要求和纳税差异。因此，筹划前应全面了解企业的主要经营业务和生产经营特点。

（3）财务情况。企业税务筹划是要合理、合法地减少纳税支出，只有全面和详细地了解企业的真实财务情况，才能制定出合理、合法的企业筹划方案。

（4）投资意向。投资有时可享受税收优惠，不同规模的投资额有时又会有不同的税收优惠；投资额往往与企业的规模——注册资本、销售收入、利润总额有很大关系，不同规模企业的税收待遇和优惠政策有时有差别，对企业税务筹划的影响至关重要。

（5）企业纳税情况。了解企业以前和目前的有关纳税情况，尤其是纳税申报和缴纳税款，对制订企业将来的避税计划会有很大的帮助。

二、税务筹划的基本步骤

1. 搜集和准备有关资料

无论是外部税务筹划人还是内部税务筹划人，都必须准备相关资料，以备参考。这些资料可以从以下渠道获得：①通过税务机关获取免费的税收法规资料。②通过图书馆查询政府机关有关政策。③通过电子网站搜集和查询相关资料。④通过订阅和购买相关机构发行的专业刊物及出版物。⑤通过与中介机构、税务机关等的合作取得必要的内部资料。

2. 制订税务筹划计划

筹划人或部门的主要任务是根据纳税人的要求和情况制订税务计划，包括节税的基本思路、具体步骤、方法、注意事项和其依据的法律、法规、政策等。同时要说明影响筹划的正反两方面因素、将来可能会发生变化的因素等。

税务筹划包括的主要内容如下：

（1）案例分析。对纳税人的个案进行具体分析，汇集可以依据的法律、法规、政策，确定可以节税的各种方法。与其他个案进行比较，看看是否有可借鉴的案例。

（2）可行性分析。制订税务筹划计划并对制订的计划进行可行性分析。

（3）应纳税额的计算。计算各税务筹划方案的应纳税额。

（4）各因素变动分析。对影响税务筹划效果的那些相互影响的内部因素及将来可能会发生的变动进行分析，以防止因内部因素变动产生的风险。

（5）敏感性分析。对影响税务筹划计划实施的外部条件可能发生变化而引起筹划效果变化的敏感程度进行分析，以防止因外部因素变化而产生的风险。

3. 税务筹划计划的选择与实施

为一个纳税人或一项税务事件制定出的税务筹划方案往往不止一个，因此，在方案制订以后，就要根据上述分析，对筹划方案进行筛选，选出最优方案。筛选时主要考虑以下因素：①选择节税更多或可得到更大财务利益的计划。②选择成本更低的计划。③选择执行更便利的计划。

筛选出的最优或较优方案一般就是筹划人最后为纳税人设计的税务计划。如果纳税人满意，就可以付诸实施；如果纳税人不是特别满意，税务计划就需要进行修改，直至纳税人满意，并且在实施的过程中，要及时地注意信息反馈，以便加以控制和修订。

思考练习题

1. 简述纳税人的权利和义务。
2. 税务筹划与偷税、漏税、避税有什么本质区别？
3. 简述税务筹划的基本方法。
4. 实施税务筹划的前提条件是什么？

第二章
税务筹划预备知识

第一节　税务登记

一、税务登记的作用

税务登记又称纳税登记，是税务机关对纳税人的设立、变更、歇业以及生产、经营活动情况进行登记管理的一项基本制度，也是纳税人已经纳入税务机关监督管理的一项证明。

税务登记是整个税收征收管理工作的首要环节。建立税务登记制度，对于税务机关依法征税和纳税人依法纳税都具有重要的意义。通过税务登记，一方面，可以使税务机关全面、及时掌握本地区从事工业、商业、交通运输业、饮食服务业、建筑安装业等各行各业的纳税人户数，准确掌握税源的分布情况，科学、合理地调配征管力量，有效地组织税收征收管理工作，减少税收流失。另一方面，可以明确税收征纳关系，增强纳税人依法纳税的观念和权利保护意识，维护国家利益和纳税人的合法权益。税务登记既是纳税人必须履行的法定手续，也是纳税人享有税收权益的证明。纳税人依法办理了税务登记，就可以凭其领取的税务登记证件向税务机关申请领购发票和有关税收票证，并可依法享受减免退税等税收优惠，其正当的生产、经营活动受国家法律保护。因此，加强税务登记管理，无论是对税务机关还是纳税人都是十分重要的。

二、税务登记的种类及管理规程

《中华人民共和国税收征收管理法》第十五条规定：企业，企业在外地设立的分支机构和从事生产、经营的场所，个体工商户和从事生产、经营的事业单位（以下统称从事生产、经营的纳税人）自领取营业执照之日起三十日内，持有关证件，向税务机关申报办理税务登记。税务机关应当于收到申报的当日办理登记并发给税务登记证件。

税务登记包括设立税务登记、变更税务登记、注销税务登记、外出经营报验登记以及停业、复业登记等。税务登记的主管税务机关是县以上（含本级，下同）国家税务局

（分局）、地方税务局（分局）。

国家税务局（分局）、地方税务局（分局）按照国务院规定的税收征收管理范围，实施属地管理，采取联合登记或分别登记的方式办理税务登记。有条件的城市，国家税务局（分局）、地方税务局（分局）可以按照“各区分散受理、全市集中处理”的原则办理税务登记。采取联合办理税务登记的，应当对同一纳税人发放同一份加盖国家税务局（分局）、地方税务局（分局）印章的税务登记证。

国家税务局（分局）、地方税务局（分局）之间对纳税人税务登记的主管税务机关发生争议的，由其上一级国家税务局、地方税务局共同协商解决。

1. 设立税务登记

（1）办理设立税务登记的对象。设立税务登记，也称开业税务登记。根据现行法规规定，下列纳税人应按规定办理税务登记：

1）企业，企业在外地设立的分支机构和从事生产、经营的场所，个体工商户和从事生产、经营的事业单位（以下统称从事生产、经营的纳税人）。

2）有独立的生产经营权、在财务上独立核算并定期向发包人或者出租人上交承包费或租金的承包人或承租人。

3）在中国境内承包建筑、安装、装配、勘探工程和提供劳务的境外企业。

4）除国家机关、个人和无固定生产、经营场所的流动性农村小商贩以外的其他纳税人。

（2）办理设立税务登记的地点和时间要求。《税务登记管理办法》规定各类企业，企业在外地设立的分支机构和从事生产、经营的场所，个体工商户和从事生产、经营的事业单位，应当向生产、经营所在地税务机关申报办理税务登记：

1）从事生产、经营的纳税人领取工商营业执照的，应当自领取工商营业执照之日起30日内申报办理税务登记，税务机关发放税务登记证及副本。

2）从事生产、经营的纳税人未办理工商营业执照但经有关部门批准设立的，应当自有关部门批准设立之日起30日内申报办理税务登记，税务机关发放税务登记证及副本。

3）从事生产、经营的纳税人未办理工商营业执照也未经有关部门批准设立的，应当自纳税义务发生之日起30日内申报办理税务登记，税务机关发放临时税务登记证及副本。

4）有独立的生产经营权、在财务上独立核算并定期向发包人或者出租人上交承包费或租金的承包人或承租人，应当自承包承租合同签订之日起30日内，向其承包承租业务发生地税务机关申报办理税务登记，税务机关发放临时税务登记证及副本。

5）境外企业在中国境内承包建筑、安装、装配、勘探工程和提供劳务的，应当自项目合同或协议签订之日起30日内，向项目所在地税务机关申报办理税务登记，税务机关发放临时税务登记证及副本。

6）上述以外的其他纳税人，除国家机关、个人和无固定生产、经营场所的流动性农村小商贩外，均应当自纳税义务发生之日起30日内，向纳税义务发生地税务机关申报办理税务登记，税务机关发放税务登记证及副本。

税务机关对纳税人税务登记地点发生争议的，由其共同的上级税务机关指定管辖。国家税务局（分局）、地方税务局（分局）之间对纳税人的税务登记发生争议的，由其上一级国家税务局、地方税务局共同协商解决。

（3）办理设立税务登记需提供的证件和资料。纳税人在申报办理税务登记时，应当根据不同情况向税务机关如实提供以下证件和资料：①工商营业执照或其他核准执业证件。②有关合同、章程、协议书。③法定代表人或负责人或业主的居民身份证、护照或者其他证明身份的合法证件。④组织机构统一代码证书。

其他需要提供的有关证件、资料，如经营场所使用证明等，由省、自治区、直辖市税务机关确定。

（4）税务登记表的填写。纳税人在申报办理税务登记时，应当如实填写税务登记表。税务登记表分六种类型，分别适用于内资企业、外商投资企业、企业分支机构、外国企业、个体工商户和其他单位。

税务登记表的主要内容包括以下几个方面：①单位名称、法定代表人或者业主姓名及其居民身份证、护照或者其他合法证件的号码。②住所、经营地点。③登记类型。④核算方式。⑤生产经营方式。⑥生产经营范围。⑦注册资金（资本）、投资总额。⑧生产经营期限。⑨财务负责人、联系电话。⑩国家税务总局确定的其他有关事项。

（5）设立税务登记的受理与审核。税务登记机关受理纳税人申报的资料并进行审核。主要审核纳税人申报的资料是否齐全、填写的项目是否完整、填写内容是否准确等。纳税人提交的证件和资料齐全且税务登记表的填写内容符合规定的，税务机关应当日办理并发放税务登记证件。纳税人提交的证件和资料不齐全或税务登记表的填写内容不符合规定的，税务机关应当场通知其补正或重新填报。

（6）税务登记证件的发放。根据《国家税务总局关于修改〈税务登记管理办法〉的决定》（国家税务总局令 2014 第 36 号），以及《税收征管法》规定：税务机关应当自收到申报之日起 30 日内进行审核并发放税务登记证件。税务登记证件包括税务登记证及其副本、临时税务登记证及其副本。

1）实行统一编码制度。税务登记证件实行统一纳税人识别号，由省、自治区、直辖市和计划单列市国家税务局、地方税务局按照纳税人识别号代码行业标准联合编制，统一下发各地执行。

已领取组织机构代码的纳税人其纳税人识别号为纳税人登记所在地 6 位行政区划码 + 9 位组织机构代码。

以业主身份证件为有效身份证明的组织，即未取得组织机构代码证书的个体工商户以及持回乡证、通行证、护照办理税务登记的纳税人，其纳税人识别号由身份证件号码 + 2 位顺序码组成。国家税务局（分局）、地方税务局（分局）应定期相互通报税务登记情况，相互及时提供纳税人的登记信息，加强税务登记管理。

2）税务登记证件的内容。主要内容包括纳税人名称、税务登记代码、法定代表人或负责人、生产经营地址、登记类型、核算方式、生产经营范围（主营、兼营）、发证日期、证件有效期等。

3）核发税务登记证件。对符合设立税务登记条件的纳税人，税务登记机关收取税务登记工本费，在税务登记系统内录入纳税人税务登记信息，打印税务登记证件和《管户通知书》，并发放给纳税人。同时，向纳税人发放并辅导纳税人填写《纳税人税种登记表》《增值税纳税人认定表》，由纳税人自行填写后分别报主管国家税务局和地方税务机关。

主管税务机关根据纳税人提供的税务登记证副本、《管户通知书》《纳税人税种登记表》等资料，受理纳税人落户申请，办理落户相关手续。

2. 变更税务登记

（1）变更税务登记的适用范围。变更税务登记，是指纳税人办理税务登记后，因登记内容发生了变化，需要对原登记内容进行更改，而向税务机关申报办理的税务登记。

纳税人在办理税务登记后，遇下列情形之一，应办理变更税务登记：改变单位名称或法定代表人；改变经济性质、隶属关系；改变住所或经营地点（涉及主管税务机关变动的，办理注销登记）；改变生产、经营范围或经营方式；增设或撤销分支机构；增减注册资本；改变生产、经营期限；改变开户银行或账号；改变工商证照等。

（2）变更税务登记的申请。

1）纳税人已在工商行政管理机关办理变更登记的，应当自工商行政管理机关变更登记之日起 30 日内，向原税务登记机关如实提供下列证件、资料，申报办理变更税务登记：①变更税务登记申请书。②工商变更登记表及工商营业执照。③纳税人变更登记内容的决议及有关证明文件。④税务机关发放的原税务登记证件（登记证正、副本和登记表等）。⑤其他有关资料。

2）纳税人按照规定不需要在工商行政管理机关办理变更登记，或者其变更登记的内容与工商登记内容无关的，应当自税务登记内容实际发生变化之日起 30 日内，或者自有关机关批准或者宣布变更之日起 30 日内，持下列证件到原税务登记机关申报办理变更税务登记：①纳税人变更登记内容的有关证明文件。②税务机关发放的原税务登记证件（登记证正本、副本和税务登记表等）。③其他有关资料。

（3）变更税务登记的受理与审核。纳税人提交的有关变更登记的证件、资料齐全的，应如实填写税务登记变更表，符合规定的，税务机关应当日办理；不符合规定的，税务机关应通知其补正。

（4）核发税务登记证件。税务机关应当于受理当日办理变更税务登记。纳税人税务登记表和税务登记证中的内容都发生变更的，税务机关按变更后的内容重新发放税务登记证件；纳税人税务登记表的内容发生变更而税务登记证中的内容未发生变更的，税务机关不重新发放税务登记证件。

3. 注销税务登记

（1）注销税务登记的适用范围。注销税务登记，是指纳税人发生纳税义务终止或者作为纳税主体资格消亡，因其住所、经营地点变动而涉及改变主管税务机关情形时，依法向原税务登记机关申报办理的注销登记。

纳税人需要办理注销税务登记的主要情形：纳税人发生解散、破产、撤销以及其他情形，依法终止纳税义务的；纳税人因住所或生产、经营场所变动而涉及改变税务登记机关的；纳税人被工商行政管理机关吊销营业执照的。

（2）注销税务登记的申请。

1）纳税人发生解散、破产、撤销以及其他情形，依法终止纳税义务的，应当在向工商行政管理机关或者其他机关办理注销登记前，持有关证件和资料向原税务登记机关申报办理注销税务登记；按规定不需要在工商行政管理机关或者其他机关办理注册登记的，应当自有关机关批准或者宣告终止之日起 15 日内，持有关证件和资料向原税务登记机关申报办理注销税务登记。

2）纳税人被工商行政管理机关吊销营业执照或者被其他机关予以撤销登记的，应当自营业执照被吊销或者被撤销登记之日起 15 日内，向原税务登记机关申报办理注销税务登记。

3）纳税人因住所、经营地点变动，涉及改变税务登记机关的，应当在向工商行政管理机关或者其他机关申请办理变更、注销登记前，或者住所、经营地点变动前，持有关证件和资料，向原税务登记机关申报办理注销税务登记，并自注销税务登记之日起 30 日内向迁达地税务机关申报办理税务登记。

4）境外企业在中国境内承包建筑、安装、装配、勘探工程和提供劳务的，应当在项目完工、离开中国前 15 日内，持有关证件和资料，向原税务登记机关申报办理注销税务登记。

上述纳税人应在规定的期限内，向主管税务机关提出书面申请，填报《注销税务登记申请审批表》，并提供下列资料：①企业注销的有关决议以及其他有关证明文件；②被吊销营业执照的，应提交工商行政管理部门发放的吊销决定；③《税务登记证》（正本、副本）及《税务登记表》原件。

（3）注销税务登记前的清理工作。纳税人在办理注销税务登记前，应当向税务机关提交相关证明文件和资料，结清应纳税款、多退（免）税款、滞纳金和罚款，缴销发票、税务登记证件和其他税务证件，经税务机关核准后，办理注销税务登记手续。

（4）注销税务登记的受理和通知书的开具。税务机关受理纳税人的注销税务登记后，对纳税人清税、清票情况进行全面审核，必要时可组织实施税务检查。经审核无误的，核准其注销税务登记，并向其出具《注销税务登记通知书》。

4. 其他税务登记

其他税务登记，是指除设立税务登记、变更税务登记和注销税务登记以外的其他事项的税务登记，包括税款扣缴登记，外出经营报验登记和停业、复业登记等。

（1）税款扣缴登记。根据税收法律、行政法规的规定，负有扣缴税款义务的扣缴义务人（国家机关除外），应当按照《税收征管法》及其实施细则和《税务登记管理办法》的规定办理税款扣缴登记。办理税款扣缴登记的作用有以下几点：①可以使税务机关了解和掌握扣缴义务人的基本情况，便于调配征管力量，加强对扣缴义务人的管理；②可以对零星分散的纳税人实施间接管理，控制税源；③可以使扣缴义务人依照法定程序取得扣缴税款凭证，依法履行税款扣缴义务。

办理税款扣缴登记的要求如下：①已办理税务登记的扣缴义务人应当自扣缴义务发生之日起 30 日内，向税务登记地税务机关申报办理税款扣缴登记。税务机关在其税务登记证件上登记扣缴税款事项，税务机关不再发放税款扣缴登记证件。②根据税收法律、行政法规的规定，可不办理税务登记的扣缴义务人，应当自扣缴义务发生之日起 30 日内，向机构所在地税务机关申报办理税款扣缴登记。税务机关发放税款扣缴登记证件，包括税款扣缴登记证及其副本。

（2）外出经营报验登记。从事生产、经营的纳税人外出经营，自其在同一县（市）实际经营或提供劳务之日起，在连续12个月内累计超过180天的，应当自期满之日起30日内，向生产、经营所在地税务机关申报办理税务登记，税务机关核发临时税务登记证及其副本。

（3）停业、复业登记。实行定期定额征收方式的个体工商户需要停业的，应当在停业前向税务机关申报办理停业登记。纳税人的停业期限不得超过一年。停业期限将满，应于恢复生产、经营之前，办理复业登记，以便纳入正常管理。纳税人停业期满不能及时恢复生产经营的，应当在停业期满前到税务机关办理延长停业登记，并如实填写《停业复业报告书》。

（4）非正常户的处理。对已办理税务登记的纳税人未按照规定的期限申报纳税，在税务机关责令其限期改正后，逾期不改正的，税务机关应当派员实地检查，查无下落并且无法强制其履行纳税义务的，由检查人员制作非正常户认定书，存入纳税人档案，税务机关暂停其税务登记证件、发票领购簿和发票的使用。

纳税人被列入非正常户超过3个月的，税务机关可以宣布其税务登记证件失效，其应纳税款的追征仍按《税收征管法》及其实施细则的规定执行。

三、税务登记证件的使用管理

税务登记证件是纳税人已办理税务登记手续接受税务管理的一项证明，应当正确使用和管理。

1. 税务登记证件的使用

纳税人领取税务登记证件后，应按照国务院税务主管部门的规定使用。税务登记证件不得转借、涂改、损毁、买卖或者伪造。纳税人应当将税务登记证件正本在其生产、经营场所或者办公场所公开悬挂，接受税务机关检查。

除按照规定不需要发给税务登记证件的外，纳税人办理下列事项时，必须持税务登记证件：①开立银行账户。②申请减税、免税、退税。③申请办理延期申报、延期缴纳税款。④领购发票。⑤申请开具《外出经营活动税收管理证明》。⑥办理停业、歇业。⑦其他有关税务事项。

2. 税务登记证件的管理

税务机关应当加强税务登记证件的管理，采取实地调查、上门验证等方法，或者结合税务部门和工商部门之间以及国家税务局（分局）和地方税务局（分局）之间的信息比对，进行税务登记证件的管理。

税务登记证式样改变需统一换发税务登记证件的由国家税务总局确定。

（1）税务登记证件的验证、换证。税务机关对税务登记证件实行定期验证和换证制度。纳税人应当在规定的期限内持有关证件到主管税务机关办理验证或者换证手续。验证、换证工作既是税务机关对税务登记情况的检查，也是税源基本情况的调查，有利于加强税源控制。

（2）遗失税务登记证件的处理。纳税人、扣缴义务人遗失税务登记证件的，应当自遗失税务登记证件之日起15日内，书面报告主管税务机关，如实填写《税务登记证件遗失报告表》，并将纳税人的名称、税务登记证件名称、税务登记证件号码、税务登记证件有效期、发证机关名称在税务机关认可的报刊上作遗失声明，凭报刊上刊登的遗失声明向主管税务机关申请补办税务登记证件。

四、法律责任

1. 未按规定办理税务登记事项的法律责任

依照《税收征管法》第六十条的规定，纳税人不办理税务登记的，税务机关应当自发现之日起3日内责令其限期改正；逾期不改正的，经税务机关提请，由工商行政管理机关吊销其营业执照。

纳税人未按照规定使用税务登记证件，或者转借、涂改、损毁、买卖、伪造税务登记证件的，处2000元以上10000元以下的罚款；情节严重的，处10000元以上50000元以下的罚款。

2. 骗取税务登记证件的法律责任

税务登记管理办法规定，纳税人通过提供虚假的证明资料等手段，骗取税务登记证件的，处2000元以下的罚款；情节严重的，处2000元以上10000元以下的罚款。纳税人涉嫌其他违法行为的，按有关法律、行政法规的规定处理。

3. 未按规定办理税务登记证件验证、换证手续的法律责任

《中华人民共和国税收征收管理法实施细则》（以下简称《税收征管法实施细则》）第九十条规定，纳税人未按照规定办理税务登记证件验证或者换证手续的，由税务机关责令限期改正，可以处2000元以下的罚款；情节严重的，处2000元以上10000元以下的罚款。

4. 其他规定

扣缴义务人未按照规定办理税款扣缴登记的，税务机关应当自发现之日起3日内责令其限期改正，并可处1000元以下的罚款。

纳税人、扣缴义务人违反《税务登记管理办法》的规定，拒不接受税务机关处理的，税务机关可以收缴其发票或者停止向其发售发票。

税务人员徇私舞弊或者玩忽职守，违反《税务登记管理办法》的规定，为纳税人办理税务登记相关手续，或者滥用职权，故意刁难纳税人、扣缴义务人的，调离工作岗位，并依法给予行政处分。

第二节　账簿、凭证管理

一、账簿、凭证概念的界定

账簿，是由具有一定格式而又联结在一起的若干账页所组成，用来记录各项经济业务的簿籍，是编制报表的依据，也是保存会计数据资料的重要工具。账簿按其作用可分为总账、明细账、日记账及其他辅助性账簿；按其外表形式可分为订本式账簿、活页式账簿和卡片式账簿。通过设置和登记账簿，可以把大量分散的经济活动资料加以集中和归类整理，准确反映经济活动内容及结果，提供各种必要的数据资料，满足经济管理和税款征收的需要。

凭证，一般是指会计凭证。它是记录经济业务，明确经济责任并据以登记账簿的书面证明。会计凭证分为原始凭证和记账凭证两类。原始凭证是经济业务发生时取得或填制的凭证，如发票等，是进行会计核算的原始资料和重要依据。记账凭证是由会计人员根据审核无误的原始凭证，按其内容应用会计科目和复式记账方法编制的载有会计分录的凭证，是登记会计账簿的直接依据。通过凭证的填制和审核，不仅可以保证账簿记录的真实性，而且可以检查各项经济业务的合法性，促进纳税人依法经营、照章纳税。

二、账簿、凭证管理

1. 账簿设置

根据《税收征管法》及实施细则的规定，纳税人、扣缴义务人应当按照有关法律、行政法规和国务院财政、税务主管部门的规定设置账簿，根据合法、有效凭证记账，进行核算。

从事生产、经营的纳税人应当自领取营业执照或者发生纳税义务之日起 15 日内，按照国家有关规定设置账簿。

生产、经营规模小又确无建账能力的纳税人，可以聘请经批准从事会计代理记账业务的专业机构或者经税务机关认可的财会人员代为建账和办理账务；聘请上述机构或者人员有实际困难的，经县以上税务机关批准，可以按照税务机关的规定，建立收支凭证粘贴簿、进货销货登记簿或者使用税控装置。

扣缴义务人应当自税收法律、行政法规规定的扣缴义务发生之日起 10 日内，按照所代扣、代收的税种，分别设置代扣代缴、代收代缴税款账簿。

纳税人、扣缴义务人会计制度健全，能够通过计算机正确、完整地计算其收入和所得或者代扣代缴、代收代缴税款情况的，其计算机输出的完整的书面会计记录，可视同会计账簿。

纳税人、扣缴义务人会计制度不健全，不能通过计算机正确、完整地计算其收入和所得或者代扣代缴、代收代缴税款情况的，应当建立总账及与纳税或者代扣代缴、代收代缴税款有关的其他账簿。

2. 账务管理

从事生产、经营的纳税人应当自领取税务登记证件之日起 15 日内，将其财务、会计制度或者财务、会计处理办法报送主管税务机关备案。

纳税人使用计算机记账的，应当在使用前将会计电算化系统的会计核算软件、使用说明书及有关资料报送主管税务机关备案。

纳税人建立的会计电算化系统应当符合国家有关规定，并能正确、完整地核算其收入或者所得。

纳税人的账簿、会计凭证和报表，应当使用中文。民族自治地方可以同时使用当地通用的一种民族文字。外商投资企业和外国企业可以同时使用一种外国文字。

纳税人、扣缴义务人的财务、会计制度或者财务、会计处理办法与国务院或者国务院财政、税务主管部门有关税收的规定抵触的，依照国务院或者国务院财政、税务主管部门有关税收的规定计算应纳税款、代扣代缴和代收代缴税款。

3. 账簿、凭证的保管

从事生产、经营的纳税人、扣缴义务人必须按照国务院财政、税务主管部门规定的保管期限保管账簿、记账凭证、完税凭证及其他有关资料。除法律、行政法规另有规定外，账簿、记账凭证、报表、完税凭证、发票、出口凭证及其他有关涉税资料应当保存 10 年。

纳税人、扣缴义务人不得伪造、变造或者擅自销毁账簿、记账凭证、完税凭证及其他有关资料。

三、银行账户管理

《税收征管法》规定，从事生产、经营的纳税人应当按照国家有关规定，持税务登记证件在银行或者其他金融机构开立基本存款账户和其他存款账户，并将其全部账号向税务机关报告。

银行和其他金融机构应当在从事生产、经营的纳税人账户中登录税务登记证件号码，并在税务登记证件中登录从事生产、经营的纳税人的账户账号。

税务机关依法查询从事生产、经营的纳税人开立账户的情况时，有关银行和其他金融机构应当予以协助。

从事生产、经营的纳税人应当自开立基本存款账户或者其他存款账户之日起 15 日内，向主管税务机关书面报告其全部账号；发生变化的，应当自变化之日起 15 日内，向主管税务机关书面报告。

四、税控装置

《税收征管法》规定，国家根据税收征收管理的需要，积极推广使用税控装置。纳税人应当按照规定安装、使用税控装置，不得损毁或者擅自改动税控装置。

纳税人应当按照税务机关的要求安装、使用税控装置，并按照税务机关的规定报送有关数据和资料。

税控装置推广应用的管理办法由国家税务总局另行制定，报国务院批准后实施。

五、法律责任

1. 账簿凭证管理方面的法律责任

（1）纳税人有下列行为之一的，由税务机关责令限期改正，可以处2000元以下的罚款；情节严重的，处2000元以上10000元以下的罚款：①未按照规定设置、保管账簿或者保管记账凭证和有关资料的。②未按照规定将财务、会计制度或者财务、会计处理办法和会计核算软件报送税务机关备查的。③未按照规定的期限申报办理税务登记、变更或者注销登记的。

（2）扣缴义务人未按照规定设置、保管代扣代缴、代收代缴税款账簿或者保管代扣代缴、代收代缴税款记账凭证及有关资料的，由税务机关责令限期改正，可以处2000元以下的罚款；情节严重的，处2000元以上5000元以下的罚款。

（3）非法印制、转借、倒卖、变造或者伪造完税凭证的，由税务机关责令改正，处2000元以上10000元以下的罚款；情节严重的，处10000元以上50000元以下的罚款；构成犯罪的，依法追究刑事责任。

2. 银行账户管理方面的法律责任

（1）纳税人未按照规定将其全部银行账号向税务机关报告的，由税务机关责令限期改正，可以处2000元以下的罚款；情节严重的，处2000元以上10000元以下的罚款。

（2）银行和其他金融机构未依照《税收征管法》的规定在从事生产、经营的纳税人的账户中登录税务登记证件号码，或者未按规定在税务登记证件中登录从事生产、经营的纳税人的账户账号的，由税务机关责令其限期改正，处2000元以上20000元以下的罚款；情节严重的，处20000元以上50000元以下的罚款。

（3）为纳税人、扣缴义务人非法提供银行账户、发票、证明或者其他方便，导致未缴、少缴税款或者骗取国家出口退税款的，税务机关除没收其违法所得外，可以处未缴、少缴或者骗取税款两倍以下的罚款。

3. 税控装置安装使用方面的法律责任

纳税人未按照规定安装、使用税控装置或者损毁或者擅自改动税控装置的，由税务机关责令限期改正，可以处2000元以下的罚款；情节严重的，处2000元以上10000元以下的罚款。

第三节　发票管理

一、发票管理的意义

发票是单位或个人在购销商品、提供或者接受劳务以及从事其他经营活动中，开具、收取的收付款凭证。它是财务收支的法定凭证，是进行会计核算的原始资料和税务稽查的重要依据。加强发票管理，对于加强财务监督、保障国家税收收入、维持经济秩序具有特别重要的意义。

1. 有利于正确组织会计核算，加强财务收支监督

一切企事业单位或个人对外发生经济交往活动均须填开或取得发票，作为会计核算的原始凭证。发票的填开或取得是否合法，填开的内容是否真实、准确，对会计核算质量影响极大。因此，加强发票管理、保证发票的正确使用可以促使企事业单位有效地组织会计核算，保证会计核算资料的正确性。同时，通过发票审查，可以审核各项财务收支是否符合国家政策法规，制止各种违法违纪行为，加强财务监督，严肃财经纪律。

2. 有利于加强税务管理，确保国家税收收入

在商品交易和劳务服务过程中，发票一经开出，就标志着纳税人收入的实现和纳税义务的发生。发票中记载的品名、数量、金额或提供劳务服务的种类、金额，是进行税源控制和计算纳税的依据。无论是对流转额征税还是对所得额或其他课税，都要根据发票上填列的内容，通过计算确定其征税基数。发票填开是否正确、真实，直接关系到税款的计算正确与否。尤其是增值税专用发票，它不仅是纳税人经济活动中的商事凭证，而且是兼记销货方纳税义务和进货方进项税额的合法凭证，对增值税的计算与管理起着决定性作用。因此，加强发票管理，正确使用各类发票，可以有效防止纳税人利用发票进行偷税、骗税等违法行为的发生，保证税款的正确计算与缴纳，确保国家税收收入。

3. 有利于保障合法经营，维护社会经济秩序

发票的应用范围十分广泛，涉及经济生活的各个方面。一些不法分子往往利用发票这种最通用的经济交往凭证从事非法活动，牟取不正当的收益，如贪污、挪用公款、行贿受贿、偷逃税款、铺张浪费、假公济私、侵吞国家财物等。这些违法犯罪行为的存在，不仅减少了国家财政收入，而且严重扰乱了社会经济秩序，阻碍了社会进步和经济发展。通过加强发票管理，严把发票印制、领购、填开、缴销等各个关口，就可以有效遏制上述违法犯罪行为的发生，打击非法活动，保护合法经营，维护社会经济秩序，保证经济交往活动的正常进行。

二、发票管理办法

为了加强发票管理和财务监督，保障国家税收收入，维护经济秩序，经国务院批准，财政部根据《税收征管法》的规定，于 1993 年 12 月制定发布了《中华人民共和国发票管理办法》（以下简称《发票管理办法》）；同月，国家税务总局制定发布了《中华人民共和国发票管理办法实施细则》（以下简称《发票管理办法实施细则》），将发票管理纳入法制化的轨道。

《发票管理办法》规定，国务院税务主管部门统一负责全国发票管理工作。各省、自治区、直辖市国家税务局、地方税务局依据各自的职责，共同做好本行政区域内的发票管理工作。财政、审计、工商行政管理、公安等有关部门在各自职责范围内，配合税务机关做好发票管理工作。对违反发票管理法规的行为，任何单位和个人可以举报。税务机关应当为检举人保密，并酌情给予奖励。

发票分为增值税普通发票和增值税专用发票两大类。普通发票的基本联次为两联：第一联为记账联，开票方留存备查；第二联为发票联，收执方作为付款或收款原始凭证。增值税专用发票的基本联次，还应包括抵扣联，收执方作为抵扣税款的凭证。除增值税专用发票外，县（市）以上税务机关可根据需要适当增减除发票联以外的其他联次并确定其用途。

发票的基本内容包括发票的名称、发票代码和号码、联次及用途、客户名称、开户银行及账号、商品名称或经营项目、计量单位、数量、单价、税率大小写金额、开票人、开票日期、开票单位（个人）名称（章）等。增值税专用发票还应当包括购货人地址、购货人税务登记号、增值税税率、税额、供货方名称、地址及其税务登记号。

对国有金融、邮电、铁路、民用航空、公路和水上运输单位的专业发票，即国有金融、保险企业的存贷、汇兑、转账凭证、保险凭证；国有邮政、电信企业的邮票、邮单、话务、电报收据；国有铁路、民用航空企业和交通部门国有公路、水上运输企业的客票、货票等，经国家税务总局或者省、自治区、直辖市税务机关批准，可以由国务院有关主管部门或者省、自治区、直辖市人民政府有关部门自行管理。但是，上述单位承包、租赁给非国有单位和个人经营或采取国有民营形式所用的专业发票，以及上述单位的其他发票均应套印全国统一发票监制章，由税务机关统一管理。

发票管理，主要包括发票的印制、领购、开具和保管、检查及处罚等内容。

1. 发票的印制

发票印制是发票管理的首要环节。加强发票印制管理，有利于从源头上对发票进行控制。税务机关对发票的印制实行统一管理的原则。其具体规定如下：

（1）增值税专用发票由国务院税务主管部门确定的企业印制；印制发票应当使用国务院税务主管部门确定的全国统一的发票防伪专用品。禁止私印、伪造、变造发票和非法制造发票防伪专用品。

发票式样由税务机关确定。在全国范围内统一式样的发票，由国家税务总局确定。在省、自治区、直辖市范围内统一式样的发票，由省级税务机关确定。

有固定经营场所、财务和发票管理制度健全、发票使用量较大的单位，可以申请印制有本单位名称的发票，如统一发票式样不能满足业务需要，也可以自行设计本单位发票式样，报经县（市）以上税务机关批准后，到税务机关指定的企业印制。但增值税专用发票除外。

（2）发票应当套印全国统一发票监制章。全国统一发票监制章是税务机关管理发票的法定标志，其形状、规格、内容、印色由国家税务总局规定。发票监制章由省、自治区、直辖市税务机关制作。禁止伪造发票监制章。发票实行不定期换版制度。

（3）省、自治区、直辖市税务机关对发票实行统一管理，严格审查印制发票企业和生产发票防伪专用品企业的资格，对指定的印制发票企业发给发票准印证，对指定的生产发票防伪专用品企业发给发票防伪专用品准产证。

印制发票企业和生产发票防伪专用品企业应当具备以下条件：①取得印刷经营许可证和营业执照。②设备、技术水平能够满足印制发票的需要。③有健全的财务制度和严格的质量监督、安全管理、保密制度。税务机关应定期对印制发票企业和生产发票防伪专用品企业进行监督检查，对不符合条件的，应取消其印制发票或生产发票防伪专用品的资格。

（4）印制发票企业和生产发票防伪专用品企业应按照税务机关的统一规定，建立发票印制管理制度和保管措施，包括生产责任制度、保密制度、质量检验制度、保管制度、其他有关制度。发票监制章和发票防伪专用品的使用和管理实行专人负责制度。

（5）发票印制或发票防伪专用品生产前，主管税务机关应下达发票印制或发票防伪专用品生产通知书，被指定的印制或生产企业必须按照要求印制或生产。

印制发票企业和生产发票防伪专用品企业印制、生产完毕的成品以及印制发票企业购进的发票防伪专用品，应按规定验收后专库妥善保管，不得丢失。次品、废品应报经税务机关批准后集中销毁。

（6）发票应当使用中文印制。民族自治地方的发票，可以加印当地一种通用的民族文字；有实际需要的，也可以同时使用中外两种文字印制。

（7）各省、自治区、直辖市内的单位和个人使用的发票，除增值税专用发票外，应当在本省、自治区、直辖市范围内印制；确有必要到外省、自治区、直辖市印制的，应当经省、自治区、直辖市税务机关商印制地的同级税务机关同意，由印制地省级税务机关指定的企业印制，禁止在境外印制发票。

2. 发票的领购

（1）发票领购的对象。发票领购的对象是指依法具有领购发票资格的单位和个人。根据发票管理办法及其实施细则的规定，领购发票的对象主要有以下三类：

1）依法办理税务登记的单位和个人，在领取税务登记证件后，可以领购发票，属于法定的发票领购对象。

2）依法不需要办理税务登记的单位，需要使用发票的，可以凭单位介绍信和其他有效证件，到税务机关领购发票。

3）临时到本省、自治区、直辖市行政区域以外从事经营活动的单位和个人，可以凭所在地税务机关开具的外出经营活动税收管理证明，向经营地税务机关申请领购经营地的发票。但须提供担保或缴纳一定数额的保证金。

临时在本省、自治区、直辖市以内跨市、县从事经营活动领购发票的办法，由各省、自治区、直辖市税务机关作出规定。

增值税专用发票仅限于增值税一般纳税人领购使用，具体规定将在本节后面部分说明。

（2）发票领购手续。

1）依法办理税务登记的纳税人，初次申请领购发票时，应向主管税务机关提出购票申请，提供经办人身份证明、税务登记证件或其他有关证明、银行开户证明以及财务印章，经主管税务机关审核后发给发票领购簿。纳税人凭发票领购簿及税务机关核准的领购发票的种类、方式、限量等领购发票。发票领购方式主要有批量供应、交旧购新或者验旧购新等。

纳税人领取的发票领购簿，是办理发票领购手续的法定凭证。只有取得发票领购簿，才能据以向主管税务机关领购发票。发票领购簿的内容包括用票单位和个人的名称、所属行业、购票方式、核准购票种类、开票限额、发票名称、领购日期、准购数量、起止号码、违章记录、领购人签字（盖章）、核发税务机关（章）等。

纳税人再次领购发票时，应根据税务机关确定的发票领购方式，凭发票领购簿直接领购发票。对于采用验旧购新或交旧购新方式领购发票的，还要提供发票交验簿、发票存根。对交验有问题的用票单位或个人，停供发票；待按规定处理完毕后，才向其供应发票。

税务机关在发售发票时，按核准的收费标准收取工本管理费，并向购票单位和个人开具收据。工本管理费应专款专用，不得挪作他用，具体管理制度由省级税务机关制定。

2）需要临时使用发票的单位和个人，可以直接向税务机关申请办理。临时经营发票一般直接由税务机关填开。用票单位和个人申请填开发票时，应提供发生购销业务、提供接受服务或者其他经营活动的书面证明。对税法规定应当缴纳税款的，用票单位和个人还应在申请开具发票的同时，计算缴纳税款。

3）临时到本省、自治区、直辖市行政区域以外从事经营活动的单位和个人，可凭所在地税务机关的证明，向经营地税务机关申请领购经营地的发票。经营地税务机关可以要求其提供保证人或者根据所领购发票的票面限额及数量交纳不超过1万元的保证金，并限期缴销发票。

用票单位和个人采取提供保证人方式的，应向经营地税务机关提交购票申请书、经办人身份证明、外出经营活动税收管理证明、税务登记证或其他有关证明、银行开户证明、财务印章以及保证人的身份证件和担保书等，办理发票领购手续。保证人必须是在中国境内具有担保能力的公民、法人或者其他组织，国家机关不得作保证人。担保书的内容应包括担保对象、范围、期限和责任以及其他有关事项。担保书须经购票人、保证人和税务机关签字盖章后方为有效。用票单位和个人采取交纳保证金方式的，应向经营地税务机关提交上述除保证人身份证明和担保书以外的有关证件资料，并按税务机关核定的数额交纳保证金，办理发票领购手续。税务机关收取保证金应当开具资金往来结算票据。

用票单位和个人按期缴销发票的，则解除保证人的担保义务或者退还保证金；未按期缴销发票的，由保证人或者以保证金承担法律责任。

3. 发票的开具和保管

（1）发票的开具。发票开具是发票使用的关键环节，必须严加管理。其具体规定如下：

1）销售商品、提供劳务以及从事其他经营活动的单位和个人，对外发生经营业务收取款项时，收款方应向付款方开具发票。

所有单位和从事生产、经营活动的个人在购买商品、接受服务以及从事其他经营活动支付款时，应当向收款方取得发票。取得发票时，不得要求变更品名和金额。

不符合规定的发票，不得作为财务报销凭证，任何单位和个人有权拒收。

2）填开发票的单位和个人必须在发生经营业务确认营业收入时开具发票。未发生经济业务一律不准开具发票。

3）开具发票应当按照规定的时限、顺序、栏目、全部联次一次性如实开具，并加盖发票专用章。

4）开具发票应当使用中文。民族自治地方可以同时使用当地通用的一种文字；外商投资企业和外国企业可以同时使用一种外国文字。

5）开具发票后，如发生销货退回需开红字发票的，必须收回原发票并注明“作废”字样或取得对方有效证明；发生销售折让的，在收回原发票并注明“作废”字样后，重新开具销售发票。

6）任何单位和个人不得转借、转让、代开发票；未经税务机关批准，不得拆本使用发票；不得自行扩大专业发票的使用范围。禁止倒买倒卖发票、发票监制章和发票防伪专用品。

7）发票限于领购单位和个人在本省、自治区、直辖市范围内开具。省级税务机关可以规定跨市、县开具发票的办法。对根据税收管理需要，须跨省、自治区、直辖市开具发票的，由国家税务总局确定。省际毗邻市县之间是否允许跨省、自治区、直辖市开具发票，由有关省级税务机关确定。

任何单位和个人未经批准，不得跨规定的使用区域携带、邮寄、运输空白发票。禁止携带、邮寄或者运输空白发票出入境。

8）使用电子计算机开具发票，须经税务机关批准，并使用税务机关统一监制的机外发票，开具后的存根联应当按照顺序号装订成册。所谓机外发票，是指经税务机关批准，在指定印制发票企业印制的供计算机开具的发票。

（2）发票的保管。开具发票的单位和个人应当建立发票使用登记制度，设置发票登记簿，并定期向主管税务机关报告发票使用情况。发票的存放和保管应按税务机关的要求办理，不得丢失和擅自销毁。已开具的发票存根联和发票登记簿，应当保存 5 年。

保存期满，报经税务机关查验后销毁。发票丢失应于丢失当日书面报告主管税务机关，并在报刊和电视等传播媒介上公开声明作废。

开具发票的单位和个人发生需要办理变更或者注销税务登记的情形时，应在办理变更或注销税务登记的同时，办理发票和发票领购簿的变更、缴销手续。

4. 发票的检查及处罚

发票的检查和对违法行为的处罚是发票管理的重要内容，其目的在于教育用票单位和个人正确使用发票，杜绝各种违法行为。

（1）发票的检查。发票管理办法规定了税务机关的发票检查权，同时也规定了一些限制性条款，以保证检查职权的正确行使。税务机关在发票检查中享有如下职权：①检查印制、领购、开具、取得和保管发票的情况。②调出发票查验。③查阅、复制与发票有关的凭证、资料。④向当事人各方询问与发票有关的问题和情况。⑤在查处发票案件时，对与案件有关的情况和资料，可以记录、录音、录像、照相和复制。⑥对被检查人从境外取得的与纳税有关的发票或者凭证有疑义的，可以要求其提供境外公证机构或者注册会计师的确认证明。经税务机关审核认可后，方可作为记账、核算的凭证。⑦在发票检查中需要核对发票存根联与发票联填写情况时，可向持有发票或发票存根联的单位发出发票填写情况核对卡，有关单位应如实填写，按期报回（15 日内填写报回）。⑧发票的真伪由税务机关鉴定。

税务人员进行检查时，应当出示税务检查证。税务机关需要将已开具的发票调出查验时，应当向被查验单位和个人开具发票换票证。发票换票证与所调出查验的发票具有同等的效力。发票换票证仅限于在本县（市）范围内使用，需要调出外县（市）的发票查验时，应与该县（市）税务机关联系，使用当地的发票换票证。

税务机关需要将空白发票调出查验时，应当开具收据；经查无问题时，应当及时返还。

印制、使用发票的单位和个人，必须接受税务机关依法检查，如实反映情况，提供有关资料，不得拒绝、隐瞒。

（2）对违法行为的处罚。《发票管理办法》在《税收征管法》的基础上，明确规定了对违反发票管理行为的处罚办法。其具体规定如下：

1）对有下列违反发票管理法规行为之一的单位和个人，由税务机关责令限期改正，没收非法所得，可以并处 1 万元以下的罚款。有下述所列两种或两种以上行为的，可以分别处罚：①未按规定印制发票或者生产发票防伪专用品的，即未经省级税务机关指定的企业私自印制发票；未经国家税务总局指定的企业私自生产发票防伪专用品、私自印制增值税专用发票；伪造、私刻发票监制章，伪造、私造发票防伪专用品；印制发票的企业未按“发票印制通知书”印制发票，生产发票防伪专用品的企业未按“发票防伪专用品生产通知书”生产防伪专用品；转借、转让发票监制章和发票防伪专用品；印制发票和生产发票防伪专用品的企业未按规定销毁废（次）品而造成流失；用票单位私自印制发票；未按税务机关的规定制定印制发票和生产发票防伪专用品管理制度；其他未按规定印制发票和生产发票防伪专用品的行为。②未按照规定领购发票的，即向税务机关以外的单位和个人领购发票，私售、倒买倒卖发票；贩运、窝藏假发票；向他人提供发票或者借用他人发票；盗取（用）发票；其他未按规定领购发票的行为。③未按照规定开具发票的，即应开具而未开具发票；单联填开或上下联金额、增值税销项税额等内容不一致；填写项目不全；涂改发票；转借、转让、代开发票；未经批准拆本使用发票；虚构经营业务活动，虚开发票；开具票物不符发票；开具作废发票；未经批准，跨规定的使用区域开具发票；以其他单据或白条代替发票开具；扩大专业发票或增值税专用发票开具范围；未按规定报告发票使用情况；未按规定设置发票登记簿；其他未按规定开具发票的行为。④未按规定取得发票的，即应取得而未取得发票；取得不符合规定的发票，取得发票时，要求开票方或自行变更品名、金额或增值税税额；自行填开发票入账；其他未按规定取得发票的行为。⑤未按规定保管发票的，即丢失发票、损（撕）毁发票；丢失或擅自销毁发票存根联以及发票登记簿；未按规定缴销发票；印制发票的企业和生产发票防伪专用品的企业丢失发票监制章和发票防伪专用品等；未按规定建立发票保管制度；其他未按规定保管发票的行为。⑥未按照规定接受税务机关检查的，即拒绝检查，隐瞒真实情况，刁难、阻挠税务人员进行检查；拒绝接受发票换票证；拒绝提供有关资料；拒绝提供境外公证机构或者注册会计师的确认证明；拒绝接受有关发票问题的询问；其他未按规定接受税务机关检查行为。

2）对非法携带、邮寄、运输或者存放空白发票（包括经税务机关监制的空白发票和伪造的假空白发票）的，由税务机关收缴发票，没收非法所得，可以并处 1 万元以下的罚款；情节严重的，处 1 万元以上 3 万元以下的罚款。

3）私自印制、伪造、变造、倒买倒卖发票，私自制作发票监制章、发票防伪专用品，由税务机关依法予以查封、扣押或者销毁，没收非法所得和作案工具，可以并处 1 万元以上 5 万元以下的罚款；情节严重的，并处 5 万元以上 50 万元以下的罚款；对印制发票的企业，可以并处吊销发票准印证；构成犯罪的，依法追究刑事责任。

所称倒买倒卖发票，包括倒买倒卖发票、发票防伪专用品和伪造的假发票。

4）违反发票管理法规，导致其他单位或者个人未缴、少缴或者骗取税款的，由税务机关没收非法所得，可以并处未缴、少缴或者骗取的税款 1 倍以下的罚款。

5）对违反发票管理法规造成偷税的，按照税收征管法的规定处理。对违反发票管理法规情节严重构成犯罪的，应移送司法机关处理。

税务机关对违反发票管理法规的行为进行处罚，应将处理决定书面通知当事人；对违反发票管理法规的案件，应立案查处。

对违反发票管理法规的行政处罚，由县级以上税务机关决定，罚款额或没收非法所得款额在 2000 元以下的，可由税务所自行决定。

当事人对税务机关的行政处罚决定不服的，可以依法向上一级税务机关申请复议或者向人民法院起诉；逾期不申请复议，也不向人民法院起诉，又不履行的，做出处罚决定的税务机关可以申请人民法院强制执行。

三、增值税专用发票的使用管理

为了加强增值税专用发票的使用管理，确保增值税凭发票注明税款抵扣制度的顺利实施，国家税务总局制定了《增值税专用发票使用规定》，自 1994 年 1 月 1 日起执行。各级税务机关应高度重视增值税专用发票（以下简称专用发票）的使用管理工作，严格按照规定的要求进行管理。凡违反专用发票使用规定的，应按照发票管理办法和税收征管法有关处罚的规定处理。

1. 专用发票的领购使用

（1）专用发票领购使用范围。专用发票只限于增值税一般纳税人领购使用，增值税小规模纳税人和非增值税纳税人不得领购使用。

一般纳税人有下列情况之一者，不得领购使用专用发票：

1）会计核算不健全，不能向税务机关准确提供增值税销项税额、进项税额、应纳税额数据及其他有关增值税税务资料的。

2）有《税收征管法》规定的税收违法行为，拒不接受税务机关处理的。

3）有以下行为，经税务机关责令限期改正而仍未改正者：①虚开增值税专用发票。②私自印制专用发票。③向个人或税务机关以外的单位买取专用发票。④借用他人专用发票。⑤向他人提供专用发票。⑥未按规定开具专用发票。⑦未按规定保管专用发票。⑧未按规定申请办理防伪税控系统变更发行。⑨未按规定接受税务机关检查。

4）销售的货物全部属于免税项目者。

有上列情形的一般纳税人如已领购使用专用发票，税务机关收缴其结存的专用发票。另外，国家税务总局还规定，纳税人当月购买专用发票而未申报纳税的，税务机关不得向其发售专用发票。

（2）专用发票领购手续。根据《发票管理办法》及其《发票管理办法实施细则》的规定，增值税一般纳税人申请领购专用发票，应当提出购票申请，提供经办人身份证明、加盖有“增值税一般纳税人”确认专章的税务登记证副本、财务印章或者发票专用章的印模，经主管税务机关审查后，核发《专用发票领购簿》。纳税人可凭领购簿按核准的数量、领购方式领购专用发票。

2. 专用发票的开具

（1）专用发票开具范围。一般纳税人销售货物（包括视同销售货物在内）、应税劳务以及根据增值税细则规定应当征收增值税的非应税劳务（以下简称销售应税项目），必须向购买方开具专用发票。

但是，下列情形不得开具专用发票：①向消费者销售应税项目。②销售免税项目。③销售报关出口的货物、在境外销售应税劳务。④将货物用于非税项目。⑤将货物用于集体福利或个人消费。⑥提供非应税劳务（应当征收增值税的除外）、转让无形资产或销售不动产。

向小规模纳税人销售应税项目，可以不开具专用发票。另外，自 1995 年 7 月 1 日起对商业零售的烟、酒、食品、服装、鞋帽（不包括劳保专用的部分）、化妆品等消费品不得开具专用发票；对生产经营机器、机车、汽车、轮船、锅炉等大型机械、电子设备的企业，凡直接销售给使用单位的，不再开具专用发票，改用普通发票。若购货方（如外商投资企业购进国产设备）索取专用发票，销货方可开具。

（2）专用发票开具要求。专用发票必须按下列要求开具：①字迹清楚。②不得涂改，如填写有误，应另行开具专用发票，并在误填的专用发票上注明“误填作废”四字。如专用发票开具后因购货方不索取而成为废票的，也应按填写有误办理。③项目填写齐全。④票、物相符，票面金额与实际收取的金额相符。⑤各项目内容正确无误。⑥全部联次一次填开，上、下联的内容和金额一致。⑦发票联和抵扣联加盖财务专用章或发票专用章。⑧按照规定的时限开具专用发票。⑨不得开具伪造的专用发票。⑩不得拆本使用专用发票。⑪不得开具票样与国家税务总局统一制定的票样不相符合的专用发票。

（3）专用发票开具时限。专用发票开具时限规定如下：①采用预收货款、托收承付、委托银行收款结算方式的，为货物发出的当天。②采用交款提货结算方式的，为收到货款的当天。③采用赊销、分期付款结算方式的，为合同约定的收款日期的当天。④将货物交付他人代销，为收到受托人送交的代销清单的当天。⑤设有两个以上机构并实行统一核算的纳税人，将货物从一个机构移送其他机构用于销售，按规定应当征收增值税的，为货物移送的当天。⑥将货物作为投资提供给其他单位或个体经营者，为货物移送的当天。⑦将货物分配给股东，为货物移送的当天。

一般纳税人必须按规定时限开具专用发票，不得提前或滞后。对已开具专用发票的销售货物，要及时足额计入当期销售额计税。

（4）使用电子计算机开具专用发票的规定。一般纳税人使用电子计算机开具专用发票，必须报经主管税务机关批准，并使用由税务机关监制的机外发票。

一般纳税人符合下列条件的，可以向主管税务机关申请使用电子计算机开具专用发票：①有专业电子计算机技术人员、操作人员。②具备通过电子计算机开具专用发票和按月列印进货、销货及库存清单的能力。③国家税务总局直属分局规定的其他条件。

一般纳税人申请使用电子计算机开具专用发票，必须向主管税务机关提供申请报告及以下资料：①按照专用发票（机外发票）格式用电子计算机制作的模拟样张。②根据会计操作程序用电子计算机制作的最近月份的进货、销货及库存清单。③电子计算机设备的配置情况。④有关专用电子计算机技术人员、操作人员的情况。⑤国家税务总局直属分局要求提供的其他资料。

（5）开具专用发票后，发生退货或销售折让的处理。销售货物并向购买方开具专用发票后，如发生退货或销售折让，应视不同情况分别按以下规定办理：

1）在购买方未付款并且未作账务处理的情况下，购买方须将原发票联和税款抵扣联主动退还销售方。销售方收到后，应在该发票联和税款抵扣联及有关存根联、记账联上注明“作废”字样，作为扣减当期销项税额的凭证。未收到购买方退还的专用发票前，销售方不得扣减当期销项税额。属于销售折让的，销售方应按折让后的货款重开专用发票。

2）在购买方已付货款，或者货款未付但已作账务处理，发票联及抵扣联无法退还的情况下，购买方必须取得当地主管税务机关开具的进货退出或索取折让证明单（以下简称证明单）送交销售方，作为销售方开具红字专用发票的合法依据。销售方在未收到证明单以前，不得开具红字专用发票；收到证明单后，根据退回货物的数量、价款或折让金额向购买方开具红字专用发票。红字专用发票的存根联、记账联作为销售方扣减当期销项税额的凭证，其发票联、税款抵扣联作为购买方扣减进项税额的凭证。

购买方收到红字专用发票后，应将红字专用发票所注明的增值税额从当期进项税额中扣减。如不扣减，造成不纳税或少纳税的，属于偷税行为。

证明单的基本联次为三联：第一联为存根联，由税务机关留存备查；第二联为证明联，交由购买方送销售方作为开具红字专用发票的合法依据；第三联由购货单位留存。证明单的印制按照《发票管理办法》及其《发票管理办法实施细则》有关发票印制的规定办理。证明单必须由税务机关开具，并加盖主管税务机关印章，不得将证明单交由纳税人自行开具。一般纳税人取得的证明单应按照税务机关的要求装订成册，并按照有关发票保管的规定进行保管。

（6）由税务所为小规模纳税人代开增值税专用发票的规定。由于一般纳税人从小规模纳税人购进货物不能取得专用发票，无法抵扣进项税额，势必会对小规模纳税人的销售业务产生一定影响。为了既有利于加强专用发票的管理，又不影响小规模纳税人的销售业务，国家税务总局下发了《关于由税务所为小规模企业代开增值税专用发票的通知》，其具体规定如下：

1）凡能够认真履行纳税义务的小规模企业，经县（市）税务机关批准，其销售货物或应税劳务，可由税务所代开专用发票。但销售免税货物或将货物销售给消费者的以及小额零星销售，不得代开专用发票。对于不能认真履行纳税义务的小规模企业，不得代开专用发票。

税务机关应限期要求小规模企业健全会计核算。在限期内会计核算达到要求的可认定为一般纳税人，按一般纳税人的规定计算缴纳增值税；达不到要求的仍按小规模纳税人计算缴纳增值税，但不再代开专用发票。

2）为小规模企业代开专用发票，应在专用发票"单价"栏和"金额"栏分别填写不含本身应纳税额的单价和销售额；"税率"栏填写征收率，"税额"栏填写本身的应纳税额，即按不含有增值税的销售额和规定的征收率计算的增值税税额。一般纳税人取得由税务所代开的专用发票后，应以专用发票上填写的税额为进项税额。

3. 专用发票的保管

一般纳税人应按照发票管理办法和税务机关的要求保管专用发票，确保发票安全。

要建立健全专用发票管理制度，设置专门存放专用发票的场所，设专人负责保管专用发票，按期向税务机关报告专用发票的购、用、存情况，不得丢失、损（撕）毁或擅自销毁专用发票。对取得的税款抵扣联应按税务机关的要求装订成册，加装封面，妥善保管。

4. 未按规定取得、保管、开具专用发票，不得抵扣进项税额的规定

除购进免税农业产品和自营进口货物外，一般纳税人购进应税项目有下列情况之一的，不得抵扣进项税额：①未按规定取得专用发票，即未从销售方取得专用发票，或者只取得记账联或只取得抵扣联。②未按规定保管专用发票。③销售方开具的专用发票不符合规定的填写要求。

有上述所列情形者，如其购进应税项目的进项税额已经抵扣，应从税务机关发现其有上述情形的当期的进项税额中扣减。

第四节　纳税申报

一、纳税申报的定义

纳税申报是纳税人发生纳税义务后，依照税法规定，就有关纳税事项向税务机关提交书面报告的制度。它既是纳税人依法履行纳税义务的一项法定手续，也是税务机关办理税款征收业务的法定规程，在税收管理体系中占有重要地位。

目前，世界各国普遍推行了纳税申报制度。几乎所有国家在税法中都明确规定纳税人必须按期申报纳税。纳税人向税务机关提交的纳税申报表，是税务机关进行税款征收、税务检查甚至起诉的依据。在申报内容方面，有的国家只要求纳税人申报有关纳税资料，税务部门据此开出估税单，由纳税人据估税单缴纳税款；有的国家如美国，则要求纳税人在申报表中填列自行计算的应纳税额，并附上相应税额的支票一并递交税务部门。在申报表填写上，多数国家出于纳税申报责任的考虑，规定由纳税人自行填写纳税申报表。税务机关只提供咨询服务，不直接帮助纳税人填写申报表。在申报待遇方面，大多数国家对缴纳同一税种的纳税人均实行同一申报制度，填写同一类型的纳税申报表；有的国家则根据纳税人的会计核算及纳税情况，实行不同的申报制度。如日本，对财务制度比较健全的纳税人，由税务机关核定发给“蓝色申报表”，并在税收征收手续和政策上给予一定的优惠，对财务制度不够健全的纳税人发给“白色申报表”。在纳税申报方式、期限、责任等方面，各国也都作了相应的规定。

自新中国成立以来，一直将纳税申报作为税收管理的主要内容之一。1986 年以前，对于纳税申报的内容和要求，均在各个单行法规中作了规定。1986 年 4 月国务院发布的《中华人民共和国税收征收管理暂行条例》，首次将其单设一章纳入税收征管法规之中，把纳税申报制度正式确定下来。1992 年 9 月以后，全国人民代表大会常务委员会颁布和以后修订的《中华人民共和国税收征收管理法》将其作为一节，国务院发布的《税收征管法实施细则》将其作为一章，明确规定了纳税申报的要求以及对延期申报的处理办法，提高了纳税申报制度的法律地位。

纳税申报制度的实质是明确纳税申报是纳税人必须履行的一项法定义务。纳税人、扣缴义务人必须依照税法规定办理纳税申报或税款扣缴报告，并承担相应的法律责任。

二、纳税申报的基本要求

1. 办理纳税申报的对象

办理纳税申报的对象，是指应该履行纳税申报义务的单位或个人，主要包括以下两类：

（1）依法负有纳税义务的单位和个人。包括从事生产、经营活动负有纳税义务的企业、事业单位、其他组织和个人，临时取得应税收入或发生应税行为，以及其他不从事生产、经营活动但依照法律、行政法规的规定负有纳税义务的单位和个人。《税收征管法》第二十五条第一款规定："纳税人必须依照法律、行政法规规定或者税务机关依照法律、行政法规的规定确定的申报期限、申报内容如实办理纳税申报，报送纳税申报表、财务会计报表以及税务机关根据实际需要要求纳税人报送的其他纳税资料。"《税收征管法实施细则》第三十二条规定："纳税人在纳税期内没有应纳税款的，也应当按照规定办理纳税申报。纳税人享受减税、免税待遇的，在减税、免税期间应当按照规定办理纳税申报。"

（2）依法负有代扣代缴、代收代缴义务的单位和个人，即扣缴义务人。《税收征管法》第二十五条第二款规定："扣缴义务人必须依照法律、行政法规规定或者税务机关依照法律、行政法规的规定确定的申报期限、申报内容如实报送代扣代缴、代收代缴税款报告表以及税务机关根据实际需要要求扣缴义务人报送的其他有关资料。"

2. 办理纳税申报的要求

办理纳税申报必须按照规定的内容、时间和方式进行。

（1）纳税申报的内容。纳税申报的内容主要明确在各税种的纳税申报表和代扣（收）代缴税款报告表内。纳税人、扣缴义务人发生纳税义务、税款扣缴义务后，应在规定的申报期限内，如实填报纳税申报表、代扣（收）代缴税款报告表，并附报财务会计报表和税务机关要求提供的有关纳税资料。

根据《税收征管法实施细则》第三十五条规定，扣缴义务人办理代扣代缴、代收代缴税款报告时，应当如实填写代扣代缴、代收代缴税款报告表，并报送代扣代缴、代收代缴税款的合法凭证以及税务机关规定的其他有关证件、资料。

（2）纳税申报的期限。从法理上讲，纳税人发生了应税行为或取得了应税收入，就应立即申报纳税。但由于各税种的征税对象、纳税环节和计税办法不同，并且各类纳税人的经营活动及财务会计核算情况又有较大差异，不可能以行为发生日为纳税日期，也难以按照同一标准确定所有税种的纳税期限。为了便于纳税人的会计核算和税务机关的征管工作，现行税收法规大都对纳税期限作了原则规定，并授权县以上税务机关根据纳税人应纳税额的大小或当地的实际情况分别核定。概括地讲，纳税申报期限有以下两种情况：

第一种是法律、行政法规明确的期限。对于法律、行政法规明确规定纳税申报期限的，纳税人、扣缴义务人应当在法律、行政法规规定的期限内办理纳税申报、代扣（收）代缴税款报告。如《中华人民共和国个人所得税法》规定，"扣缴义务人每月所扣的税款，自行申报纳税人每月应纳的税款，都应当在次月七日内缴入国库，并向税务机关报送纳税申报表"。

第二种是税务机关按照法律、行政法规的规定确定的期限。税务机关按照法律、行政法规的原则规定，结合纳税人生产经营情况及其所应缴纳的税种等相关因素确定的纳税期限，与法律、行政法规明确规定的期限具有同等的法律效力。纳税人应当按照税务机关确定的期限办理纳税申报。如《中华人民共和国增值税暂行条例》第二十三条规定："增值税的纳税期限分别为一日、三日、五日、十日、十五日、一个月或者一个季度。纳税人的具体纳税期限，由主管税务机关根据纳税人应纳税额的大小分别核定；不能按照固定期限纳税的，可以按次纳税。纳税人以一个月为一期纳税的，自期满之日起十五日内申报纳税；以一日、三日、五日、十日或者十五日为一期纳税的，自期满之日起五日内预缴税款，于次月一日起十五日内申报纳税并结清上月应纳税款。”

纳税人、扣缴义务人税款报缴期限的最后一日如遇公休假日可以顺延。

（3）延期申报。纳税人、扣缴义务人按照规定的期限办理纳税申报或者报送代扣（收）代缴税款报告表确有困难需要延期的，可以根据《税收征管法》第二十七条和《实施细则》第三十七条的规定，在规定的期限内向税务机关提出书面延期申请，经税务机关核准，在核准的期限内办理。但是，其应纳税款应在纳税期内按照上期实际缴纳的税额或者税务机关核定的税额预缴，并在核准的延期内办理税款结算。

纳税人、扣缴义务人因不可抗力，不能按期办理纳税申报或者报送代扣代缴、代收代缴税款报告表的，可以延期办理；但是，应当在不可抗力情形消除后立即向税务机关报告。税务机关应当查明事实，予以核准。

（4）纳税申报的方式。

1）直接申报、邮寄申报和数据电文申报。纳税申报，按纳税申报表、代扣（收）代缴税款报告表及有关资料的送达方式，可划分为直接申报、邮寄申报、数据电文申报三种。在这三种纳税申报方式中，直接申报是目前全国各地普遍采用的一种主要申报方式。但是，随着税收征管改革的深入进行和纳税申报制度的不断完善，邮寄申报和电子申报将会成为主要的纳税申报方式。

有些地区根据当地实际情况，已对纳税人逐步推行了数据电文申报方式，包括互联网、Tenet网络申报方式、电话语音申报方式。网络（电话）申报缴税是一种运用现代化通信手段和计算机信息处理技术，实现纳税人、税务机关和银行三者之间网络联结并通过网络进行数据传递的一种申报缴税方式。使用网络（电话）申报缴税系统的纳税人可以在各税种申报期内，通过互联网、电话完成申报缴税义务。

2）自行申报和代理申报。纳税申报，按纳税申报表、代扣（收）代缴税款报告表的填报人划分，可分为自行申报和代理申报两种方式。

自行申报，是指由纳税人、扣缴义务人自行填写纳税申报表、代扣（收）代缴税款报告表，自行办理申报手续的一种申报方式。

代理申报，是指纳税人、扣缴义务人委托具有代理执业资格的税务代理人代为填写纳税申报表、代扣（收）代缴税款报告表，代为办理申报手续的一种申报方式。通过代理申报可以帮助、指导纳税人正确履行纳税义务，维护国家利益和纳税人自身的合法权益。

3）简易申报、简并征期。《税收征管法实施细则》第三十六条规定：“实行定期定额缴纳税款的纳税人，可以实行简易申报、简并征期等申报纳税方式。”

简易申报，是指实行定期定额缴纳税款的纳税人在法律、行政法规规定的期限或者在税务机关依照法律、行政法规的规定确定的期限内缴纳税款的，税务机关可以视同申报；简并征期，是指实行定期定额缴纳税款的纳税人，经税务机关批准，可以采取将纳税期限合并为按季、按半年、按年的方式缴纳税款，具体期限由省级税务机关根据具体情况确定。

三、纳税申报的受理与审核

我国税收征管工作已实现了从管户到管事的转变，提高了税收工作效率。1996 年以来，各地税务机关相继建立了集税款征收监控与管理服务于一体的多功能办税服务厅。税务人员在办税服务厅直接受理、审核纳税人、扣缴义务人填报的纳税申报表、代扣（收）代缴税款报告表及有关资料，办理税款征收业务。

税务机关收到纳税人、扣缴义务人填报的申报资料后，应按规定办理受理、签收手续，并对申报资料的合法性、真实性、完整性进行审核。审核内容主要包括申报时间是否及时，申报资料是否齐全，申报内容是否真实，税款计算是否准确，填报手续是否完备等。审核一般有缴税前审核和缴税后审核两种。大多数地区采用缴税前审核，审核后开票征收。有的地区对某些纳税人实施缴税后审核，即先缴税后审核。通过对申报资料的审核，可以及时发现和纠正纳税申报中存在的问题，提高申报的准确率。

税务机关应加强对纳税申报环节的管理，对不申报、不按期申报或不如实申报的纳税人和扣缴义务人，依照《税收征管法》的规定严肃处理，促使纳税人和扣缴义务人按期如实申报纳税，确保国家税收收入。

四、纳税申报的法律责任

根据《税收征管法》第六十二条规定，纳税人未按照规定期限办理纳税申报和报送纳税资料的，或者扣缴义务人未按照规定期限向税务机关报送代扣代缴、代收代缴税款报告表和有关资料的，由税务机关责令限期改正，可以处 2000 元以下的罚款；情节严重的，可以处 2000 元以上 10000 元以下的罚款。

《税收征管法》第六十四条规定，纳税人、扣缴义务人编造虚假计税依据的，由税务机关责令限期改正，并处 50000 元以下的罚款。

纳税人不进行纳税申报，不缴或者少缴应纳税款的，由税务机关追缴其不缴或者少缴的税款、滞纳金，并处不缴或者少缴税款的 50% 以上 5 倍以下罚款。

第五节 纳税减免管理

国家税务总局发布的《税收减免管理办法（试行）》，自 2005 年 10 月 1 日起执行。该办法的实施对规范减免税管理、切实保障纳税人的合法权益具有重要意义。依据《税收征管法》及其实施细则制定的《税收减免管理办法（试行）》统一了对减免税的管理，解决了长期以来减免税管理只是分别在增值税、消费税、营业税、企业所得税、个人所得税等有关税种的具体规定中体现，缺乏统一管理标准的问题。作为纳税人主体必须熟悉和了解有关税收减免的有关规定，充分运用税收减免使企业和个人获得最大的税收减免优惠。

一、税收减免管理的意义和作用

1. 税收减免的范围

该办法所称的减免税是指依据税收法律、法规以及国家有关税收规定（以下简称税法规定）给予纳税人减税、免税。减税是指从应纳税款中减征部分税款；免税是指免征某一税种、某一项目的税款。

2. 原则

各级税务机关应遵循依法、公开、公正、高效、便利的原则，规范减免税管理。

3. 减免税的分类及申报条件

减免税分为报批类减免税和备案类减免税。报批类减免税是指应由税务机关审批的减免税项目；备案类减免税是指取消审批手续的减免税项目和不需税务机关审批的减免税项目。

纳税人享受报批类减免税，应提交相应资料提出申请，经《税收减免管理办法（试行)》规定具有审批权限的税务机关（以下简称有权税务机关）审批确认后执行。未按规定申请或虽申请但未经有权税务机关审批确认的，纳税人不得享受减免税。

纳税人享受备案类减免税，应提请备案，经税务机关登记备案后，自登记备案之日起执行。纳税人未按规定备案的，一律不得减免税。

纳税人同时从事减免项目与非减免项目的，应分别核算，独立计算减免项目的计税依据以及减免税额度。不能分别核算的，不能享受减免税；核算不清的，由税务机关按合理方法核定。

纳税人依法可以享受减免税待遇，但未享受而多缴税款的，凡属于无明确规定需经税务机关审批或没有规定申请期限的，纳税人可以在《税收征管法》第五十一条规定的期限内申请减免税，要求退还多缴的税款，但不加算银行同期存款利息。

4. 减免税的审批机关

减免税审批机关由税收法律、法规、规章设定。凡规定应由国家税务总局审批的，经由各省、自治区、直辖市和计划单列市税务机关上报国家税务总局；凡规定应由省级税务机关及省级以下税务机关审批的，由各省级税务机关审批或确定审批权限，原则上由纳税人所在地的县（区）税务机关审批；对减免税金额较大或减免税条件复杂的项目，各省、自治区、直辖市和计划单列市税务机关可根据效能与便民、监督与责任的原则适当划分审批权限。

各级税务机关应按照规定的权限和程序进行减免税审批，禁止越权和违规审批减免税。

二、减免税的申请和审批

1. 申请

纳税人申请报批类减免税的，应当在政策规定的减免税期限内，向主管税务机关提出书面申请，并报送以下资料：①减免税申请报告，列明减免税理由、依据、范围、期限、数量、金额等。②财务会计报表、纳税申报表。③有关部门出具的证明材料。④税务机关要求提供的其他资料。

纳税人报送的材料应真实、准确、齐全，这是取得税收减免的基础，不得虚报材料，否则将以偷税罪论处。税务机关不得要求纳税人提交与其申请的减免税项目无关的技术资料和其他材料。

纳税人可以向主管税务机关申请减免税，也可以直接向有权审批的税务机关申请。由纳税人所在地主管税务机关受理、应当由上级税务机关审批的减免税申请，主管税务机关应当自受理申请之日起 10 个工作日内直接上报有权审批的上级税务机关。

2. 审批

税务机关对纳税人提出的减免税申请，应当根据以下情况分别作出处理：①申请的减免税项目，依法不需要由税务机关审查后执行的，应当即时告知纳税人不受理。②申请的减免税材料不详或存在错误的，应当告知并允许纳税人更正。③申请的减免税材料不齐全或者不符合法定形式的，应在 5 个工作日内一次告知纳税人需要补正的全部内容。④申请的减免税材料齐全、符合法定形式的，或者纳税人按照税务机关的要求补正了减免税材料的，应当受理纳税人的申请。

税务机关受理或者不予受理减免税申请，应当出具加盖本机关专用印章和注明日期的书面凭证。

减免税审批是对纳税人提供的资料与减免税法定条件的相关性进行的审核，不改变纳税人真实申报责任。

税务机关需要对申请材料的内容进行实地核实的，应当指派 2 名以上工作人员按规定程序进行实地核查，并将核查情况记录在案。上级税务机关对减免税实地核查工作量大、耗时长的，可委托企业所在地区县级税务机关具体组织实施。

减免税期限超过 1 个纳税年度的，进行一次性审批。

纳税人享受减免税的条件发生变化的，应自发生变化之日起 15 个工作日内向税务机关报告，经税务机关审核后，停止其减免税。

有审批权的税务机关对纳税人的减免税申请，应按以下规定时限及时完成审批工作，作出审批决定：县、区级税务机关负责审批的减免税，必须在 20 个工作日作出审批决定；地市级税务机关负责审批的，必须在 30 个工作日内作出审批决定；省级税务机关负责审批的，必须在 60 个工作日内作出审批决定。在规定期限内不能作出决定的，经本级税务机关负责人批准，可以延长 10 个工作日，并将延长期限的理由告知纳税人。

三、减免税的管理

减免税申请符合法定条件、标准的，有权税务机关应当在规定的期限内作出准予减免税的书面决定。依法不予减免税的，应当说明理由，并告知纳税人享有依法申请行政复议或者提起行政诉讼的权利。

税务机关作出的减免税审批决定，应当自作出决定之日起10个工作日内向纳税人送达减免税审批书面决定。

减免税批复未下达前，纳税人应按规定办理申报缴纳税款。

纳税人在执行备案类减免税之前，必须向主管税务机关申报以下资料备案：一是减免税政策的执行情况；二是主管税务机关要求提供的有关资料。

主管税务机关应在受理纳税人减免税备案后7个工作日内完成登记备案工作，并告知纳税人执行。

纳税人已享受减免税的，应当纳入正常申报，进行减免税申报。纳税人享受减免税到期的，应当申报缴纳税款。

税务机关和税收管理员应当对纳税人已享受减免税情况加强管理监督。

税务机关应结合纳税检查、执法检查或其他专项检查，每年定期对纳税人减免税事项进行清查、清理，加强监督检查，主要包括以下内容：①纳税人是否符合减免税的资格条件，是否以隐瞒有关情况或者提供虚假材料等手段骗取减免税。②纳税人享受减免税的条件发生变化时，是否根据变化情况经税务机关重新审查后办理减免税。③减免税税款有规定用途的，纳税人是否按规定用途使用减免税款；有规定减免税期限的，是否到期恢复纳税。④是否存在纳税人未经税务机关批准自行享受减免税的情况。⑤已享受减免税是否未申报。

减免税的审批采取谁审批谁负责制度，各级税务机关应将减免税审批纳入岗位责任制考核体系中，建立税收行政执法责任追究制度。首先，建立健全审批跟踪反馈制度。各级税务机关应当定期对审批工作情况进行跟踪与反馈，适时完善审批工作机制。其次，建立审批案卷评查制度。各级审批机关应当建立各类审批资料案卷，妥善保管各类案卷资料，上级税务机关应定期对案卷资料进行评查。最后，建立层级监督制度。上级税务机关应建立经常性的监督制度，加强对下级税务机关减免税审批工作的监督，包括是否按本办法规定的权限、条件、时限等实施减免税审批工作。

税务机关应按本办法规定的时间和程序，按照公正透明、廉洁高效和方便纳税人的原则，及时受理和审批纳税人申请的减免税事项。非因客观原因未能及时受理或审批的，或者未按规定程序审批和核实造成审批错误的，应按《税收征管法》和税收执法责任制的有关规定追究责任。

纳税人实际经营情况不符合减免税规定条件的或采用欺骗手段获取减免税的、享受减免税条件发生变化未及时向税务机关报告的，以及未按本办法规定程序报批而自行减免税的，税务机关按照《税收征管法》有关规定予以处理。

因税务机关责任审批或核实错误，造成企业未缴或少缴税款，应按《税收征管法》第五十二条规定执行。

税务机关越权减免税的，按照《税收征管法》第八十四条的规定处理。

税务机关应按照实质重于形式原则对企业的实际经营情况进行事后监督检查。在检查中，发现有关专业技术或经济鉴证部门认定失误的，应及时与有关认定部门协调沟通，提请纠正，及时取消有关纳税人的优惠资格，督促追究有关责任人的法律责任。有关部门非法提供证明导致未缴、少缴税款的，按《税收征管法实施细则》第九十三条的规定予以处理。

思考练习题

1. 纳税人发生哪些情况应办理变更税务登记和注销税务登记？如何办理？
2. 税务登记证件的使用管理要求有哪些？
3. 账簿设置和保管的要求有哪些？
4. 发票的印制、领购、开具和保管等管理要求有哪些？
5. 税务机关在发票检查上有哪些职权？对发票违法行为应如何处罚？
6. 增值税一般纳税人有哪些情形不得领购使用专用发票？
7. 现行制度对增值税专用发票的开具有哪些规定？

第三章

增值税税务筹划

第一节　增值税法简介

一、增值税纳税义务人

增值税是对在我国境内销售货物或者提供加工、修理修配劳务（以下简称“应税劳务”），销售服务、无形资产或者不动产（以下简称“应税行为”），以及进口货物的单位和个人，就其销售货物，提供应税劳务，发生应税行为的增值额和货物进口金额为计税依据而课征的一种流转税。现行增值税法的基本规范是2008年11月10日国务院颁布的《中华人民共和国增值税暂行条例》（以下简称《增值税暂行条例》）和2008年12月15日财政部、国家税务总局颁布的《中华人民共和国增值税暂行条例实施细则》。上述法规均于2009年1月1日起施行。

2011年底国家决定在上海试点营业税改征增值税（以下简称“营改增”工作），近几年“营改增”试点地区已扩展到全国。《全面推开营业税改征增值税试点的通知》（财税［2016］36号）中规定，自2016年5月1日起，在全国范围内全面推开营业税改征增值税（以下称“营改增”）试点，将建筑业、房地产业、金融业、生活服务业等全部营业税纳税人纳入试点范围，由缴纳营业税改为缴纳增值税。至此，我国实现增值税对货物和服务的全覆盖，试点完成后营业税将退出历史舞台；同时，将所有企业新增不动产所含增值税纳入抵扣范围，比较完整地实现规范的消费型增值税制度。

根据《增值税暂行条例》和“营改增”的规定，在中华人民共和国境内销售货物，提供加工、修理修配劳务，销售服务、无形资产或者不动产以及进口货物的单位和个人，为增值税的纳税义务人。纳税义务人具体包括如下几类：

1. 单位

单位是指企业、行政单位、事业单位、军事单位、社会团体及其他单位。

2. 个人

个人是指个体工商户和自然人。单位租赁或承包给其他单位或者个人经营的，以承租人或承包人为纳税义务人。①

3. 扣缴义务人

中华人民共和国境外的单位或个人在境内销售货物或者提供加工、修理修配劳务、发生应税行为而在境内未设有经营机构的，以其境内代理人为扣缴义务人；在境内没有代理人的，以购买方为扣缴义务人。

二、增值税征税范围

1. 增值税征税范围的一般规定

现行增值税的征税范围包括以下几个方面：

（1）销售或者进口的货物。货物是指有形动产，包括电力、热力、气体在内。销售货物是指有偿转让货物的所有权。

（2）提供的加工、修理修配劳务。加工是指受托加工货物，即委托方提供原料及主要材料，受托方按照委托方的要求制造货物并收取加工费的业务；修理修配是指受托方对损伤和丧失功能的货物进行修复，使其恢复原状和功能的业务。提供加工、修理修配劳务是指有偿提供，不包括单位或个人聘用的员工为本单位或雇主提供加工、修理修配劳务。

（3）销售服务、无形资产或者不动产。销售服务、无形资产或者不动产，是指有偿提供服务、有偿转让无形资产或者不动产。有偿，是指取得货币、货物或者其他经济利益。销售服务，是指提供交通运输服务、邮政服务、电信服务、建筑服务、金融服务、现代服务、生活服务。销售无形资产，是指转让无形资产所有权或者使用权的业务活动。销售不动产，是指转让不动产所有权的业务活动。

2. 增值税征税范围的具体规定

（1）属于征税范围的特殊项目。

1）货物期货（包括商品期货和贵金属期货），应当征收增值税，在期货的实物交割环节纳税。

2）银行销售金银的业务，应当征收增值税。

3）典当业的死当物品销售业务和寄售业代委托人销售寄售物品的业务，均应征收增值税。

4）电力公司向发电企业收取的过网费，应当征收增值税。

5）对从事热力、电力、燃气、自来水等公用事业的增值税纳税人收取的一次性费用，凡与货物的销售数量有直接关系的，征收增值税；凡与货物的销售数量无直接关系的，不征收增值税。

---

① 《关于全面推开营业税改征增值税试点的通知》（财税［2016］36 号）附件 1 规定："单位以承包、承租、挂靠方式经营的，承包人、承租人、挂靠人（以下统称承包人）以发包人、出租人、被挂靠人（以下统称发包人）名义对外经营并由发包人承担相关法律责任的，以该发包人为纳税人。否则，以承包人为纳税人。"

6）印刷企业接受出版单位委托，自行购买纸张，印刷有统一刊号（CN）以及采用国际标准书号编序的图书、报纸和杂志，按货物销售征收增值税。

7）对增值税纳税人收取的会员费收入不征收增值税。

8）航空运输企业提供的旅客利用里程积分兑换的航空运输服务，不征收增值税。航空运输企业已售票但未提供航空运输服务取得的逾期票证收入，按照航空运输服务征收增值税。

9）药品生产企业销售自产创新药的销售额，为向购买方收取的全部价款和价外费用，其提供给患者后续免费试用的相同创新药，不属于增值税视同销售范围。创新药是指经国家食品药品监督管理部门批准注册、获批前未曾在中国境内外上市销售，通过合成或者半合成方法制得的原料药及其制剂。

10）各燃油电厂从政府财政专户取得的发电补贴不属于增值税规定的价外费用，不计入应税销售额，不征收增值税。

11）按照现行增值税政策，纳税人取得的中央财政补贴，不属于增值税应税收入，不征收增值税。

12）纳税人在资产重组过程中，通过合并、分立、出售、置换等方式，将全部或部分实物资产以及与其相关联的债权、负债和劳动力一并转让给其他单位和个人，不属于增值税的征税范围，其中涉及的货物转让不征收增值税。

纳税人在资产重组过程中，通过合并、分立、出售、置换等方式，将全部或部分实物资产以及与其相关联的债权、负债经多次转让后，最终的受让方与劳动力接受方为同一单位和个人，仍适用，其中的货物多次转让行为均不征收增值税。

13）罚没物品征免增值税的处理。①执罚部门和单位查处的属于一般商业部门经营的商品，具备拍卖条件的，由执罚部门或单位商同级财政部门同意后，公开拍卖。其拍卖收入作为罚没收入由执罚部门和单位如数上缴财政，不予征税。②执罚部门和单位查处的属于一般商业部门经营的商品，不具备拍卖条件的，由执罚部门、财政部门、国家指定销售单位会同有关部门按质论价，交由国家指定销售单位纳入正常销售渠道变价处理。执罚部门按商定价格所取得的变价收入作为罚没收入如数上缴财政，不予征税。国家指定销售单位将罚没物品纳入正常销售渠道销售的，应照章征收增值税。③执罚部门和单位查处的属于专管机关管理或专管企业经营的财物，如金银（不包括金银首饰）、外币、有价证券、非禁止出口文物，应交由专管机关或专营其余人收兑或收购。执罚部门和单位按收兑或收购价所取得的收入作为罚没收入如数上缴财政，不予征税。专管机关或专营企业经营上述物品中属于应征增值税的货物，应照章征收增值税。

（2）属于征税范围的特殊行为。

1）视同销售行为。单位或个体经营者的下列行为视同销售货物：①将货物交付他人代销。②销售代销货物。③设有两个以上机构并实行统一核算的纳税人，将货物从一个机构移送至其他机构用于销售，但相关机构设在同一县（市）的除外。④将自产或委托加工的货物用于非应税项目。⑤将自产、委托加工或购买的货物作为投资，提供给其他单位或个体经营者。⑥将自产、委托加工或购买的货物分配给股东或投资者。⑦将自产、委托加工的货物用于集体福利或个人消费。⑧将自产、委托加工或购买的货物无偿赠送他人。⑨单位和个体工商户向其他单位或者个人无偿提供服务、转让无形资产或者不动产，但用于公益事业或者以社会公众为对象的除外。⑩财政部和国家税务总局规定的其他情形。

上述10种行为确定为视同销售货物、提供加工、修理修配劳务、销售服务、无形资产或者不动产行为，均要征收增值税。其确定的目的有三个：一是保证增值税税款抵扣制度的实施，不致因发生上述行为而造成税款抵扣环节的中断；二是避免因发生上述行为而造成货物、应税劳务和应税服务销售税收负担不平衡的矛盾，防止上述行为逃避纳税的现象；三是体现增值税计算的配比原则。即购进货物、应税劳务和应税服务已经在购进环节实施了进项税额抵扣，这些购进货物、应税劳务和应税服务应该产生相应的销售额，同时就应该产生相应的销项税额，否则就会产生不配比情况，如上述④～⑧即属此种原因。

2）兼营。试点纳税人销售货物、加工修理修配劳务、服务、无形资产或者不动产使用不同税率或者征收率的，应当分别核算适用不同税率或者征收率的销售额，未分别核算销售额的，从高适用税率或征收率。

3. 增值税征税范围的其他特殊规定

（1）《增值税暂行条例》规定的免征增值税项目。①农业生产者销售的自产农产品。农产品是指种植业、养殖业、林业、牧业、水产业生产的各类植物、动物的初级产品。对上述单位和个人销售的外购农产品，以及单位和个人外购农产品生产、加工后销售的仍然属于规定征税范围的农产品，不属于免税的范围，应当按照规定的税率征收增值税。②避孕药品和用具。③古旧图书，古旧图书是指向社会收购的古书和旧书。④直接用于科学研究、科学试验和教学的进口仪器、设备。⑤外国政府、国际组织无偿援助的进口物资和设备。⑥由残疾人的组织直接进口供残疾人专用物品。⑦销售自己使用过的物品。自己使用过的物品，是指除游艇、摩托车和应征消费税的汽车外个人自己使用过的物品。

（2）财政部、国家税务总局规定的其他征免税项目。

1）对资源综合利用产品和劳务增值税优惠政策。《关于印发〈资源综合利用产品和劳务增值税优惠目录〉的通知》（财税［2015］78号）中规定，纳税人销售自产的资源综合利用产品和提供资源综合利用服务，可享受增值税即征即退政策。目录中将资源综合利用类别分为“共、伴生矿产资源”“废渣、废水（液）废气”“再生资源”“农林剩余物及其他”“资源综合利用劳务”五大类，每一类下列举了具体的综合利用资源名称、综合利用产品和劳务名称、技术标准和相关条件、退税比例。退税比例有30%、50%、70%和100%4个档次。

2）免征蔬菜流通环节增值税。《关于免征蔬菜流通环节增值税有关问题的通知》（财税［2011］137号）规定，自2012年1月1日起，对从事蔬菜批发、销售的纳税人销售的蔬菜免征增值税。蔬菜是指可作副食的草本、木本植物，包括各种蔬菜、菌类植物和少数可作副食的木本植物。经挑选、清洗、切分、晾晒、包装、脱水、冷藏、冷冻等工序加工的蔬菜，属于该通知所述的蔬菜范围。各种蔬菜罐头不属于该通知所述的蔬菜范围。蔬菜罐头是指蔬菜经处理、装罐、密封、杀菌或无菌包装而制成的食品。

纳税人既销售蔬菜又销售其他增值税应税货物的，应分别核算蔬菜和其他增值税应税货物的销售额；未分别核算的，不得享受蔬菜增值税免税政策。

3）粕类产品征免增值税政策[①]。豆粕属于征收增值税的饲料产品，除豆粕以外的其他粕类饲料产品，均免征增值税。

4）制种行业增值税政策。制种企业在下列生产经营模式下生产销售种子，属于农业生产者销售自产农业产品，应根据《增值税暂行条例》有关规定免征增值税：第一，制种企业利用自有土地或承租土地，雇佣农户或雇工进行种子繁育，再经烘干、脱粒、风筛等深加工后销售种子；第二，制种企业提供亲本种子委托农户繁育并从农户手中收回，再经烘干、脱粒、风筛等深加工后销售种子。

5）节能服务公司实施符合条件的合同能源管理项目，将项目中的增值税应税货物转让给用能企业，暂免征收增值税。符合条件是指同时满足以下条件：第一，节能服务公司实施合同能源管理项目相关技术应符合国家质量监督检验检疫总局和国家标准化管理委员会发布的《合同能源管理技术通则》（GB/T 24915—2010）规定的技术要求；第二，节能服务公司与用能企业签订《节能效益分享型》合同，其合同格式和内容，符合《中华人民共和国合同法》以及国家质量监督检验检疫总局和国家标准化管理委员会发布的《合同能源管理技术通则》（GB/T 24915—2010）等规定。

6）关于小微企业的优惠政策。《关于暂免征收部分小微企业增值税和营业税的通知》（财税［2013］52号）、《关于进一步支持小微企业增值税和营业税政策的通知》（财税［2014］71号）中规定，自2013年8月1日起，对增值税小规模纳税人中月销售额不超过2万元的企业或非企业性单位，暂免征收增值税。自2014年10月1日起至2015年12月31日，对月销售额2万元至3万元的增值税小规模纳税人，免征增值税。《关于继续执行小微企业增值税和营业税政策的通知》（财税［2015］96号）将该政策延续至2017年12月31日。

7）关于利用石脑油和燃料油生产乙烯芳烃类产品有关增值税政策。为解决因石脑油、燃料油征收消费税形成的增值税进项税额无法抵扣的问题，《关于利用石脑油和燃料油生产乙烯芳烃类产品有关增值税政策的通知》（财税［2014］17号）中规定，自2014年3月1日起，对外购用于生产乙烯、芳烃类化工产品的石脑油、燃料油（以下称2类油品），且使用2类油品生产特定化工产品的产量占本企业用石脑油、燃料油生产各类产品总量50%（含）以上的企业，其外购2类油品价格中消费税部分对应的增值税额，予以退还。

8）关于延续宣传文化事业增值税优惠的规定。《关于延续宣传文化增值税和营业税优惠政策的通知》（财税［2013］87号）中规定，自2013年1月1日起至2017年12月31日，执行下列增值税先征后退政策：

第一，对下列出版物在出版环节执行增值税100%先征后退的政策：①中国共产党和各民主党派各级组织的机关报纸和机关期刊，各级人大、政协、政府、工会、共青团、妇联、残联、科协的机关报纸和机关期刊，新华社的机关报纸和机关期刊，军事部门的机关报纸和机关期刊。上述各级组织不含其所属部门。机关报纸和机关期刊增值税先征后退范围掌握在一个单位一份报纸和一份期刊以内。②专为少年儿童出版发行的报纸和期刊，中小学的学生课本。③专为老年人出版发行的报纸和期刊。④少数民族文字出版物。⑤盲文

① 《财政部、国家税务总局关于豆粕等粕类产品征免增值税政策的通知》（财税［2001］30号）。

图书和盲文期刊。⑥经批准在内蒙古、广西、西藏、宁夏、新疆五个自治区内注册的出版单位出版的出版物。⑦列入本通知附件 1 的：适用增值税 100% 先征后退政策的特定图书，报纸和期刊名单的图书、报纸和期刊。

第二，对下列出版物在出版环节执行增值税先征后退 50% 的政策：各类图书、期刊、音像制品、电子出版物，但按规定执行增值税 100% 先征后退的出版物除外；列入本通知附件 2 的报纸。

第三，对下列印刷、制作业务执行增值税 100% 先征后退的政策：①对少数民族文字出版物的印刷或制作业务。②列入本通知附件 3 的新疆维吾尔自治区印刷企业的印刷业务。

自 2013 年 1 月 1 日起至 2017 年 12 月 31 日，免征图书批发、零售环节增值税。

9）关于有机肥产品免征增值税政策。《财政部、国家税务总局关于有机肥产品免征增值税的通知》（财税［2008］56 号）规定，自 2008 年 6 月 1 日起，纳税人生产、销售和批发、零售有机肥产品免征增值税。享受免税政策的有机肥产品是指有机肥料、有机—无机复混肥料和生物有机肥。纳税人销售免税的有机肥产品，应按规定开具普通发票，不得开具增值税专用发票。

10）对农民专业合作社的增值税政策。农民专业合作社，是指依照《中华人民共和国农民专业合作社法》规定设立和登记的农民专业合作社。《关于农民专业合作社有关税收政策的通知》（财税［2008］81 号）中规定，对农民专业合作社销售本社成员生产的农业产品，视同农业生产者销售自产农业产品免征增值税；增值税一般纳税人从农民专业合作社购进的免税农业产品，可按 13% 的扣除率计算抵扣增值税进项税额；对农民专业合作社向本社成员销售的农膜、种子、种苗、化肥、农药、农机，免征增值税。

11）转让企业全部产权涉及的应税货物的转让，不属于增值税的征税范围，不征收增值税。

12）按债转股企业与金融资产管理公司签订的债转股协议，债转股原企业将货物资产作为投资提供给债转股新公司的，免征增值税。

13）对电影产业的税收优惠政策。《关于支持电影发展若干经济政策的通知》（财教［2014］56 号）中规定，对电影制片企业销售电影拷贝（含数字拷贝）、转让版权取得的收入，电影发行企业取得的电影发行收入，电影放映企业在农村的电影放映收入，自 2014 年 1 月 1 日至 2018 年 12 月 31 日免征增值税。一般纳税人提供的城市电影放映服务，可以按现行政策规定，选择按照简易计税办法计算缴纳增值税。

（3）营业税改征增值税试点过渡政策的规定。

1）不征收增值税项目。①根据国家指令无偿提供的铁路运输服务、航空运输服务，属于相关规定的用于公益事业的服务。②存款利息。③被保险人获得的保险赔付。④房地产主管部门或者其指定机构、公积金管理中心、开发企业以及物业管理单位代收的住宅专项维修资金。⑤在资产重组过程中，通过合并、分立、出售、置换等方式，将全部或者部分实物资产以及与其相关联的债权、负债和劳动力一并转让给其他单位和个人，其中涉及的不动产、土地使用权转让行为。

2）免征增值税项目。①托儿所、幼儿园提供的保育和教育服务。②养老机构提供的养老服务。③残疾人福利机构提供的育养服务。④婚姻介绍服务。⑤殡葬服务。⑥残疾人员本人为社会提供的服务。⑦医疗机构提供的医疗服务。⑧从事学历教育的学校提供的教育服务。⑨学生勤工俭学提供的服务。⑩农业机耕、排灌、病虫害防治、植物保护、农牧保险以及相关技术培训业务，家禽、牲畜、水生动物的配种和疾病防治。⑪纪念馆、博物馆、文化馆、文物保护单位管理机构、美术馆、展览馆、书画院、图书馆在自己的场所提供文化体育服务取得的第一道门票收入。⑫寺院、宫观、清真寺和教堂举办文化、宗教活动的门票收入。⑬行政单位之外的其他单位收取的符合条件的政府性基金和行政事业性收费。⑭个人转让著作权。⑮个人销售自建自用住房。⑯2018 年 12 月 31 日前，公共租赁住房经营管理单位出租公共租赁住房。⑰台湾航运公司、航空公司从事海峡两岸海上直航、空中直航业务在大陆取得的运输收入。⑱纳税人提供的直接或者间接国际货物运输代理服务。⑲以下利息收入：2016 年 12 月 31 日前金融机构农户小额贷款；国家助学贷款；国债、地方政府债；人民银行对金融机构的贷款；住房公积金管理中心用住房公积金在指定的委托银行发放的个人住房贷款；外汇管理部门在从事国家外汇储备经营过程中，委托金融机构发放的外汇贷款；统借统还业务中，企业集团或企业集团中的核心企业以及集团所属财务公司按不高于支付给金融机构的借款利率水平或者支付的债券票面利率水平，向企业集团或者集团内下属单位收取的利息。⑳被撤销金融机构以货物、不动产、无形资产、有价证券、票据等财产清偿债务。㉑保险公司开办的一年期以上人身保险产品取得的保费收入。㉒下列金融商品转让收入：合格境外投资者（QFII）委托境内公司在我国从事证券买卖业务；香港市场投资者（包括单位和个人）通过沪港通买卖上海证券交易所上市 A 股；对香港市场投资者（包括单位和个人）通过基金互认买卖内地基金份额；证券投资基金（封闭式证券投资基金，开放式证券投资基金）管理人运用基金买卖股票、债券；个人从事金融商品转让业务。㉓金融同业往来利息收入，包括金融机构与人民银行所发生的资金往来业务；银行联行往来业务；金融机构间的资金往来业务；金融机构之间开展的转贴现业务。㉔同时符合下列条件的担保机构从事中小企业信用担保或者再担保业务取得的收入（不含信用评级、咨询、培训等收入）3 年内免征增值税：已取得监管部门颁发的融资性担保机构经营许可证，依法登记注册为企（事）业法人，实收资本超过 2000 万元；平均年担保费率不超过银行同期贷款基准利率的 50%，平均年担保费率 = 本期担保费收入/（期初担保余额 + 本期增加担保金额）×100%；连续合规经营 2 年以上，资金主要用于担保业务，具备健全的内部管理制度和为中小企业提供担保的能力，经营业绩突出，对受保项目具有完善的事前评估、事中监控、事后追偿与处置机制；为中小企业提供的累计担保贷款额占其两年累计担保业务总额的 80% 以上，单笔 800 万元以下的累计担保贷款额占其累计担保业务总额的 50% 以上；对单个受保企业提供的担保余额不超过担保机构实收资本总额的 10%，且平均单笔担保责任金额最多不超过 3000 万元人民币；担保责任余额不低于其净业产的 3 倍，且代偿率不超过 2%。㉕国家商品储备管理单位及其直属企业承担商品储备任务，从中央或者地方财政取得的利息补贴收入和价差补贴收入。㉖纳税人提供技术转让、技术开发和与之相关的技术咨询、技术服务。㉗同时符合下列条件的合同能源管理服务：节能服务公司实施合同能源管理项目相关技术，应当符合国家质量监督检验检疫总局和国家标准化管理委员会发布的《合同能源管理技术通则》（GB/T 24915—2010）规定的技术要求；节能服务公司与用能企业签订节能效益分享型合同，其合同格式和内容符合《中华人民共和国合同法》和《合同能源管理技术通则》

（GB/T 24915—2010）等规定。㉘2017年12月31日前，科普单位的门票收入以及县级及以上党政部门和科协开展科普活动的门票收入。㉙政府举办的从事学历教育的高等、中等和初等学校（不含下属单位），举办进修班、培训班取得的全部归该学校所有的收入。㉚政府举办的职业学校设立的主要为在校学生提供实习场所，并由学校出资自办、由学校负责经营管理、经营收入归学校所有的企业，从事《销售服务、无形资产或者不动产注释》中“现代服务”（不含融资租赁服务、广告服务和其他现代服务）、“生活服务”（不含文化体育服务、其他生活服务和桑拿、氧吧）业务活动取得的收入。㉛家政服务企业由员工制家政服务员提供家政服务取得的收入。㉜福利彩票、体育彩票的发行收入。㉝军队空余房产租赁收入。㉞为了配合国家住房制度改革，企业、行政事业单位按房改成本价、标准价出售住房取得的收入。㉟将土地使用权转让给农业生产者用于农业生产。㊱涉及家庭财产分割的个人无偿转让不动产、土地使用权。㊲土地所有者出让土地使用权和土地使用者将土地使用权归还给土地所有者。㊳县级以上地方人民政府或自然资源行政主管部门出让、转让或收回自然资源使用权（不含土地使用权）。㊴随军家属就业：为安置随军家属就业而新开办的企业，自领取税务登记证之日起，其提供的应税服务3年内免征增值税；从事个体经营的随军家属，自办理税务登记事项之日起，其提供的应税服务3年内免征增值税。㊵军队转业干部就业：从事个体经营的军队转业干部，自领取税务登记证之日起，其提供的应税服务3年内免征增值税；为安置自主择业的军队转业干部就业而新开办的企业，凡安置自主择业的军队转业干部占企业总人数60%（含）以上的，自领取税务登记证之日起，其提供的应税服务3年内免征增值税。

3）即征即退项目。①一般纳税人提供管道运输服务，对其增值税实际税负超过3%的部分实行增值税即征即退政策。②经人民银行、银监会或者商务部批准从事融资租赁业务试点纳税人中的一般纳税人，提供有形动产融资租赁服务和有形动产融资性售后回租服务，对其增值税实际税负超过3%的部分实行增值税即征即退政策。商务部授权的省级商务主管部门和国家经济技术开发区批准的从事融资租赁业务和融资性售后回租业务的试点纳税人中的一般纳税人，2016年5月1日后实收资本达到1.7亿元的，从达到标准的当月起按照上述规定执行；2016年5月1日后实收资本未达到1.7亿元但注册资本达到1.7亿元的，在2016年7月31日前仍可按照上述规定执行，2016年8月1日后开展的有形动产融资租赁业务和有形动产融资性售后回租业务不得按照上述规定执行。

4）扣减增值税规定。

其一，退役士兵创业就业。对自主就业退役士兵从事个体经营的，在3年内按每户每年8000元为限额依次扣减其当年实际应缴纳的增值税、城市维护建设税、教育费附加、地方教育附加和个人所得税。限额标准最高可上浮20%，各省、自治区、直辖市人民政府可根据本地区实际情况在此幅度内确定具体限额标准，并报财政部和国家税务总局备案。

对商贸企业、服务型企业、劳动就业服务企业中的加工型企业和街道社区具有加工性质的小型企业实体，在新增加的岗位中，当年新招用自主就业退役士兵，与其签订1年以上期限劳动合同并依法缴纳社会保险费的，在3年内按实际招用人数予以定额依次扣减增值税、城市维护建设税、教育费附加、地方教育附加和企业所得税优惠。定额标准为每人每年4000元，最高可上浮50%，各省、自治区、直辖市人民政府可根据本地区实际情况在此幅度内确定具体定额标准，并报财政部和国家税务总局备案。

上述税收优惠政策的执行期限为2016年5月1日至2016年12月31日，纳税人在2016年12月31日未享受满3年的，可继续享受至3年期满为止。

其二，重点群体创业就业。对持《就业创业证》（注明“自主创业税收政策”或“毕业年度内自主创业税收政策”）或2015年1月27日前取得的《就业失业登记证》（注明“自主创业税收政策”或附有《高校毕业生自主创业证》）的人员从事个体经营的，在3年内按每户每年8000元为限额依次扣减其当年实际应缴纳的增值税、城市维护建设税、教育费附加、地方教育附加和个人所得税。限额标准最高可上浮20%，各省、自治区、直辖市人民政府可根据本地区实际情况在此幅度内确定具体限额标准，并报财政部和国家税务总局备案。

对商贸企业、服务型企业、劳动就业服务企业中的加工型企业和街道社区具有加工性质的小型企业实体，在新增加的岗位中，当年新招用在人力资源社会保障部门公共就业服务机构登记失业半年以上且持《就业创业证》或2015年1月27日前取得的《就业失业登记证》（注明“企业吸纳税收政策”）人员，与其签订1年以上期限劳动合同并依法缴纳社会保险费的，在3年内按实际招用人数予以定额依次扣减增值税、城市维护建设税、教育费附加、地方教育附加和企业所得税优惠。定额标准为每人每年4000元，最高可上浮30%，各省、自治区、直辖市人民政府可根据本地区实际情况在此幅度内确定具体定额标准，并报财政部和国家税务总局备案。

上述税收优惠政策的执行期限为2016年5月1日至2016年12月31日，纳税人在2016年12月31日未享受满3年的，可继续享受至3年期满为止。

5）金融企业发放贷款后，自结息日起90天内发生的应收未收利息按现行规定缴纳增值税，自结息日起90天后发生的应收未收利息暂不缴纳增值税，待实际收到利息时按规定缴纳增值税。

6）个人将购买不足2年的住房对外销售的，按照5%的征收率全额缴纳增值税；个人将购买2年以上（含2年）的住房对外销售的，免征增值税。上述政策适用于北京市、上海市、广州市和深圳市之外的地区。

个人将购买不足2年的住房对外销售的，按照5%的征收率全额缴纳增值税；个人将购买2年以上（含2年）的比如别墅、普通住房对外销售的，以销售收入减去购买住房价款后的差额按照5%的征收率缴纳增值税；个人将购买2年以上（含2年）的普通住房对外销售的，免征增值税。上述政策仅适用于北京市、上海市、广州市和深圳市。

（4）跨境应税行为适用增值税零税率和免税政策的规定。

1）适用增值税零税率的跨境应税行为：①国际运输服务。②航天运输服务。③向境外单位提供的完全在境外消费的下列服务：研发服务、合同能源管理服务、设计服务、广播影视节目（作品）的制作和发行服务、软件服务、电路设计及测试服务、信息系统服务、业务流程管理服务、离岸服务外包业务、转让技术。④财政部和国家税务总局规定的其他服务。

2）免征增值税的跨境应税行为：①下列服务：工程项目在境外的建筑服务，工程项目在境外的工程监理服务，工程、矿产资源在境外的工程勘察勘探服务，会议展览地点在境外的会议展览服务，存储地点在境外的仓储服务，标的物在境外使用的有形动产租赁服务，在境外提供的广播影视节目（作品）的播映服务，在境外提供的文化体育服务、教育医疗服务、旅游服务。②为出口货物提供的邮政服务、收派服务、保险服务。③向境外单位提供的完全在境外消费的下列服务和无形资产：电信服务，知识产权服务，物流辅助服务（仓储服务、收派服务除外），鉴证咨询服务，专业技术服务，商务辅助服务，广告投放地在境外的广告服务，无形资产。④以与国际贸易运输代理服务类似的一种承运方式提供的国际运输服务。⑤为境外单位之间的货币资金融通及其他金融业务提供的直接收费金融服务，且该服务与境内的货物、无形资产和不动产无关。⑥财政部和国家税务总局规定的其他服务。

（5）增值税起征点的规定。个人发生应税行为的销售额未达到增值税起征点的，免征增值税；达到起征点的，全额计算缴纳增值税。增值税起征点不适用于登记为一般纳税人的个体工商户。增值税起征点的幅度规定如下：①按期纳税的，为月销售额 5000 ~ 20000 元（含本数）；②按次纳税的，为每次（日）销售额 300 ~ 500 元（含本数）。

上述所称的销售额，是指《增值税暂行条例实施细则》第三十条第一款所称小规模纳税人的销售额，即小规模纳税人的销售额不包括其应纳税额。

省、自治区、直辖市财政厅（局）和国家税务局应在规定的幅度内，根据实际情况确定本地区适用的起征点，并报财政部、国家税务总局备案。

纳税人销售额未达到国务院财政、税务主管部门规定的增值税起征点的，免征增值税；达到起征点的，依照本条例规定全额计算缴纳增值税。

（6）纳税人兼营免税、减税项目的，应当分别核算免税、减税项目的销售额；未分别核算销售额的，不得免税、减税。

（7）纳税人销售货物、提供加工修理修配劳务、发生应税行为适用免税规定的，可以放弃免税，依照《增值税暂行条例》的规定缴纳增值税。放弃免税后，36 个月内不得再申请免税。①生产和销售免征增值税货物或劳务的纳税人要求放弃免税权，应当以书面形式提交放弃免税权声明，报主管税务机关备案。纳税人自提交备案资料的次月起，按照现行有关规定计算缴纳增值税。②放弃免税权的纳税人符合一般纳税人认定条件尚未认定为增值税一般纳税人的，应当按现行规定认定为增值税一般纳税人，其销售的货物或劳务可开具增值税专用发票。③纳税人一经放弃免税权，其生产销售的全部增值税应税货物或劳务均应按照适用税率征税，不得选择某一免税项目放弃免税权，也不得根据不同的销售对象选择部分货物或劳务放弃免税权。④纳税人在免税期内购进用于免税项目的货物或者应税劳务所取得的增值税扣税凭证，一律不得抵扣。

三、增值税税率与征收率的确定

我国增值税采用比例税率形式。为了发挥增值税的中性作用，原则上增值税的税率应该对不同行业不同企业实行单一税率，称为基本税率。实践中为照顾一些特殊行业或产品增设了低税率档次，并对出口产品实行零税率。为了适应增值税纳税人分成两类的情况，故对这两类不同的纳税人又采用了不同的税率和征收率。因此，目前我国增值税具体有六种情况：基本税率 17%、低税率 13%、低税率 11%、低税率 6%、零税率、征收率（见表 3 - 1）。

表 3-1　增值税税目税率表

应税事项	税率类别	税率/征收率
一般纳税人销售或进口货物、通过应税劳务、发生应税行为，除低税率适用范围和销售个别旧货适用征收率外	基本税率	17%
一般纳税人销售或进口下列货物： （1）农产品（含粮食）、食用植物油 （2）自来水、暖气、冷气、热水、煤气、石油液化气、天然气、沼气、居民用煤炭制品 （3）图书、报纸、杂志 （4）饲料、化肥、农药、农机、农膜 （5）音像制品、电子出版物、二甲醚	低税率	11%
一般纳税人提供交通运输、邮政、基础电信、建筑、不动财产租赁服务，销售不动产，转让土地使用权	低税率	11%
一般纳税人发生其他应税行为，如提供增值电信服务、金融服务、生活服务等	低税率	6%
一般纳税人出口货物、应税服务、部分跨境应税行为： （1）国际运输服务 （2）航天运输服务 （3）向境外单位提供的完全在境外消费的下列服务：研发服务、合同能源管理服务、设计服务、广播影视节目（作品）的制作和发行服务、软件服务、电路设计及测试服务、信息系统服务、业务流程管理服务、离岸服务外包业务、转让技术	零税率	0%
《增值税暂行条例》及其他规定的免征增值税项目及部分跨境应税行为	免税	免税
小规模纳税人销售或进口货物、通过应税劳务、发生应税行为	征收率	3%
一般纳税人销售自己使用过的属于《增值税暂行条例》第十条规定不得抵扣且未抵扣进项税额的固定资产	征收率	依照3%征收率减按2%征收
小规模纳税人销售自己使用过的固定资产	征收率	减按2%
小规模纳税人销售自己使用过的除固定资产以外的物品	征收率	3%
纳税人销售旧货按照简易办法征收	征收率	依照3%征收率减按2%征收
一般纳税人销售服务、无形资产或者不动产，按规定可以选择简易计税方法计税的： （1）公共交通运输服务 （2）经认定的动漫企业为开发动漫产品提供的动漫脚本编撰、形象设计、背景设计、动画设计、分镜、动画制作、摄制、描线、上色、画面合成、配音、配乐、音效合成、剪辑、字幕制作、压缩转码（面向网络动漫、手机动漫格式适配）服务，以及在境内转让动漫版权（包括动漫品牌、形象或者内容的授权及再授权） （3）电影放映服务、仓储服务、装卸搬运服务、收派服务和文化体育服务 （4）以纳入营改增试点之日前取得的有形动产为标的物提供的经营租赁服务 （5）以纳入营改增试点之日前签订的尚未执行完毕的有形动产租赁合同 （6）以清包工方式提供的建筑服务	征收率	3%

续表

应税事项	税率类别	税率/征收率
（7）为甲供工程提供的建筑服务 （8）销售2016年4月30日前取得的不动产 （9）房地产开发企业销售自行开发的房地产老项目 （10）出租2016年4月30日前取得的不动产 （11）其他情形	征收率	3%
按照简易计税办法计税的销售不动产、不动产经营租赁服务（除试点前开工的高速公路的车辆通行费）	征收率	5%

注：财政部、国家税务总局关于简并增值税税率有关政策的通知（财税［2017］37号）规定：自2017年7月1日起，简并增值税税率结构，取消13%的增值税税率。纳税人销售或者进口该类货物，税率为11%。

1. 基本税率

增值税一般纳税人销售或进口货物、提供应税劳务、发生应税行为，除低税率适用范围和销售个别旧货适用征收率外，税率一律为17%。

2. 低税率

（1）增值税一般纳税人销售或进口下列货物，按低税率11%计征增值税：①农产品（含粮食）、食用植物油。②自来水、暖气、冷气、热水、煤气、石油液化气、天然气、沼气、居民用煤炭制品。③图书、报纸、杂志。④饲料、化肥、农药、农机、农膜。⑤音像制品、电子出版物、二甲醚。

（2）提供交通运输、邮政、基础电信、建筑、不动产租赁服务（有形动产租赁服务适用17%的税率），销售不动产，转让土地使用权，税率为11%。

（3）发生应税行为，除上述（1）（2）项，税率为6%。

3. 零税率

零税率适用于出口货物、国家税务总局规定的应税服务、境内单位和个人发生的跨境应税行为（国务院另有规定的除外）。出口货物包括两大类：一类是报关出境的货物；另一类是运往海关管理的保税工厂、保税仓库和保税区的货物。

零税率不是简单地等同于免税。出口货物、应税服务和跨境应税行为免税仅指在出口环节不征收增值税。零税率不但包括出口环节免增值税，还包括对该产品和服务在出口前已经缴纳的增值税进行退税，使该出口产品和服务在出口时完全不含增值税税款。

需要注意的是，并非全部出口产品都完全实行零税率，出口退税率已经成为国家根据经济形势变化调节出口产品结构的手段之一。

4. 征收率

增值税征收率为3%，财政部和国家税务总局另有规定的除外。

征收率适用于两种情况：一种是小规模纳税人；另一种是一般纳税人销售服务、无形资产或者不动产，按规定可以选择简易计税方法计税的。

按照简易计税方法计税的销售不动产、不动产经营租赁服务（除试点前开工的高速公路的车辆通行费），征收率为5%。其他情况，征收率为3%。

关于一般纳税人销售服务、无形资产或者不动产可以选择简易计税方法计税的情形，主要包括以下内容：

（1）公共交通运输服务。

（2）经认定的动漫企业为开发动漫产品提供的动漫脚本编撰、形象设计、背景设计、动画设计、分镜、动画制作、摄制、描线、上色、画面合成、配音、配乐、音效合成、剪辑、字幕制作、压缩转码（面向网络动漫、手机动漫格式适配）服务，以及在境内转让动漫版权（包括动漫品牌、形象或者内容的授权及再授权）。

（3）电影放映服务、仓储服务、装卸搬运服务、收派服务和文化体育服务。

（4）以纳入营改增试点之日前取得的有形动产为标的物提供的经营租赁服务。

（5）在纳入营改增试点之日前签订的尚未执行完毕的有形动产租赁合同。

（6）以清包工方式提供的建筑服务。

（7）为甲工程提供的建筑服务。

（8）销售2016年4月30日前取得的不动产。

（9）房地产开发企业销售自行开发的房地产老项目。

（10）出租2016年4月30日前取得的不动产。

（11）其他情形。

四、应纳税额的计算

1. 一般纳税人应纳税额的计算

一般纳税人在计算应纳增值税税额时，有两种计税方法，分别是一般计税方法和简易计税方法。

一般计税方法是先分别计算当期销项税额和进项税额，然后以进项税额抵扣销项税额后的余额为实际应纳税额。一般纳税人发生应税行为适用一般计税方法。

简易计税方法是按照销售额与征收率的乘积计算应纳税额，一般适用于小规模纳税人，一般纳税人销售服务、无形资产或者不动产，符合规定的，也可以适用简易计税方法。但一经选择，36个月内不得变更。

一般计税方法下应纳税额计算公式：当期销项税额 = 当期销售额 × 适用税率

当期应纳税额 = 当期销项税额 − 当期进项税额

公式中的销售额是指纳税人发生应税行为取得的全部价款和价外费用，但不包括收取的销项税额。

不含税销售额 = 含税销售额 ÷（1 + 税率）

（1）准予从销项税额中抵扣的进项税额。根据税法规定，准予从销项税额中抵扣的进项税额，限于下列增值税扣税凭证上注明的增值税税额和按规定的扣除率计算的进项税额。

1）从销售方取得的增值税专用发票（含税控机动车销售统一发票）上注明的增值税额。

2）从海关取得的进口增值税专用缴款书上注明的增值税额。

3）纳税人购进农产品，取得一般纳税人开具的增值税专用发票或海关进口增值税专用缴款书的，以增值税专用发票或海关进口增值税专用缴款书上注明的增值税额为进项税额；从按照简易计税方法依照3%征收率计算缴纳增值税的小规模纳税人取得增值税专用发票的，以增值税专用发票上注明的金额和11%的扣除率计算进项税额；取得（开具）农产品销售发票或收购发票的，以农产品销售发票或收购发票上注明的农产品买价和11%的扣除率计算进项税额。

4）从境外单位或者个人购进服务、无形资产或者不动产，自税务机关或者扣缴义务人取得的解缴税款的完税凭证上注明的增值税额。

（2）不得从销项税额中抵扣的进项税额。按《增值税暂行条例》及《营业税的征增情况试点实施办法》第二十七条，下列项目的进项税额不得从销项税额中抵扣。

1）用于简易计税方法计税项目、免征增值税项目、集体福利或者个人消费的购进货物、加工修理修配劳务、服务、无形资产和不动产。

2）非正常损失的购进货物及相关的加工修理修配劳务和交通运输服务。

3）非正常损失的在产品、产成品所耗用的购进货物（不包括固定资产）、加工修理修配劳务和交通运输服务。

4）非正常损失的不动产以及该不动产所耗用的购进货物、设计服务和建筑服务。

5）非正常损失的不动产在建工程所耗用的购进货物、设计服务和建筑服务；纳税人新建、改建、扩建、修缮、装饰不动产，均属于不动产在建工程。

6）购进的旅客运输服务、贷款服务、餐饮服务、居民日常服务和娱乐服务。

7）财政部和国家税务总局规定的其他情形。

除上述规定外，《营业税改征增值税试点有关事项的规定》中规定，营改增试点期间，试点纳税人接受贷款服务并向贷款方支付后，与该笔贷款直接相关的投融员顾问费、手续费、咨询费等费用，其进项税额不得从销项税额中抵扣。

2. 小规模纳税人应纳税额的计算

小规模纳税人发生应税行为，实行按照销售额和征收率计算应纳税额的简易办法，不得抵扣进项税额。

应纳税额 = 销售额 × 征收率

公式中的销售额同一般纳税人的销售额，也是指纳税人发生应税行为取得的全部价款和价外费用，但不包括按3%的征收率收取的增值税额。

不含税销售额 = 含税销售额 ÷（1 + 征收率）

3. 进口货物应纳税额的计算

纳税人进口货物，按照组成计税价格和规定的适用税率计算应纳增值税税额，不得抵扣任何税额。应纳税额的相关计算公式为：

组成计税价格 = 关税完税价格 + 关税 + 消费税

进口货物的应纳税额 = 组成计税价格 × 税率

4. 出口货物退（免）税的计算

纳税人出口适用零税率的货物，可以按照规定向税务机关申报办理该项出口货物的增值税退（免）。

5. 纳税人销售自己使用过的物品应纳税额的计算

（1）一般纳税人。一般纳税人销售自己使用过的属于《增值税暂行条例》第十条规定不得抵扣且未抵扣进项税额的固定资产，按简易办法依 3% 征收率减半征收增值税。

一般纳税人销售自己使用过的除固定资产以外的物品，应当按照适用税率征收增值税。

一般纳税人销售自己使用过的其他固定资产，按照《财政部、国家税务总局关于全国实施增值税转型改革若干问题的通知》（财税［2008］170 号）第四条的规定执行。即自 2009 年 1 月 1 日起，纳税人销售自己使用过的固定资产（以下简称已使用过的固定资产），应区分不同情形征收增值税：第一，销售自己使用过的 2009 年 1 月 1 日以后购进或者自制的固定资产，按照适用税率征收增值税。第二，2008 年 12 月 31 日以前未纳入扩大增值税抵扣范围试点的纳税人，销售自己使用过的 2008 年 12 月 31 日以前购进或者自制的固定资产，按照 4% 征收率减半征收增值税。第三，2008 年 12 月 31 日以前已纳入扩大增值税抵扣范围试点的纳税人，销售自己使用过的在本地区扩大增值税抵扣范围试点以前购进或者自制的固定资产，按照 3% 征收率减半征收增值税；销售自己使用过的在本地区扩大增值税抵扣范围试点以后购进或者自制的固定资产，按照适用税率征收增值税。

（2）小规模纳税人（除其他个人外，下同）。小规模纳税人销售自己使用过的固定资产，减按 2% 征收率征收增值税；小规模纳税人销售自己使用过的除固定资产以外的物品，应按 3% 的征收率征收增值税。

6. 纳税人销售旧货应纳税额的计算

对纳税人销售旧货，按照简易办法按 3% 征收率减按 2% 征收增值税。

上述所称旧货，是指进入二次流通的货物（含旧汽车、旧摩托车和旧游艇），但不包括自己使用过的物品。

五、征收管理

1. 纳税期限

根据《增值税暂行条例》及《关于全国推开营业税改征增值税试点的通知》财税［2016］36 号的规定，增值税的纳税期限分别为 1 日、3 日、5 日、10 日、15 日、1 个月或者 1 个季度。纳税人的具体纳税期限，由主管税务机关根据纳税人应纳税额的大小分别核定。以 1 个季度为纳税期限的规定适用于小规模纳税人、银行、财务公司、信托投资公司、信用社，以及财政部和国家税务总局规定的其他纳税人。不能按照固定期限纳税的，可以按次纳税。

纳税人以 1 个月或 1 个季度为一期纳税的，自期满之日起 15 日内申报纳税；以 1 日、3 日、5 日、10 日或 15 日为一个纳税期的，自期满之日起 5 日内预缴税款，于次月 1 日起 15 日内申报纳税并结清上月应纳税款。

纳税人进口货物，应当自海关填发税款缴纳书之日起 15 日内缴纳税款。纳税人出口适用税率为零的货物，可以按月向税务机关申报办理该项出口货物的退税。

2. 纳税地点

为了保证纳税人按期申报纳税，根据企业跨地区经营和搞活商品流通的特点及不同情况，税法还具体规定了增值税的纳税地点。

（1）固定业户的纳税地点。①固定业户应当向其机构所在地或者居住地主管税务机关申报纳税。总机构和分支机构不在同一县（市）的，应当分别向各自所在地主管税务机关申报纳税；经国家税务总局或其授权的税务机关批准，也可由总机构汇总向总机构所在地主管税务机关申报纳税。②固定业户到外县（市）销售货物的，应当向其机构所在地主管税务机关申请开具外出经营活动税收管理证明，向其机构所在地主管税务机关申报纳税。未持有其机构所在地主管税务机关核发的外出经营活动税收管理证明，到外县（市）销售货物或应税劳务的，应当向销售地或劳务发生地（自 2009 年 1 月 1 日起）主管税务机关申报纳税；未向销售地或劳务发生地（自 2009 年 1 月 1 日起）主管税务机关申报纳税的，由其机构所在地主管税务机关补征税款。

（2）非固定业户的纳税地点。①非固定业户应当向应税行为发生地（自 2009 年 1 月 1 日起）主管税务机关申报纳税。②非固定业户到外县（市）销售货物或者应税劳务未向应税行为发生地（自 2009 年 1 月 1 日起）主管税务机关申报纳税的，由其机构所在地或居住地主管税务机关补征税款。③进口货物应当由进口人或其代理人向报关地海关申报纳税。④扣缴义务人应当向其机构所在地或者居住地的主管税务机关申报缴纳其扣缴的税款。

（3）其他个人的纳税地点。其他个人提供建筑服务，销售或者租赁不动产，转让自然资源使用权，应向建筑服务发生地、不动产所在地、自然资源所在地主管税务机关申报纳税。

六、增值税税务筹划的基本思路

1. 一般纳税人的税务筹划思路

一般纳税人应纳税额的基本公式为：

应纳税额 = 当期销项税额 − 当期进项税额

因此，一般纳税人的税务筹划可以从当期销项税额和当期进项税额两方面入手。

（1）当期销项税额的筹划思路。由于当期销项税额计算公式：

销项税额 = 销售额 × 税率

所以对销项税额的筹划关键在于对销售额和税率的筹划。

1）增值税税率的筹划思路。一般来说，由于增值税的税率较固定，筹划的余地不大。可以考虑的只能是两个方面：一方面，一般纳税人兼营不同税率的产品或劳务应分别核算，否则从高适用税率。一般纳税人如果生产经营的项目有分别适用 17%、13%、11%、6% 和零税率或有先征后按一定比例退税的情况，应分别核算，分别适用相应的税率。同时，在生产业务的安排和会计核算方面，要尽量挂靠低税率。另一方面，根据一般纳税人的税率和小规模纳税人的征收率负担的不同来选择。

2）销售额的筹划思路。从增值税的计税方法和公式中可以看出，销售额大小与销项税额高低成正比；销项税额高低又直接与应缴税金的多少成正比。因此，要达到节税目的，必须在合法范围内尽量降低销售额，特别是不要把一些不该计入销售额的收入混入销售收入，更不能虚增销售收入。主要可以从以下方面考虑：①包装物如果可以二次回收使用，尽量不要随同货物销售，可以向客户收取押金，单独处理为“其他应付款”，不要计入销售收入。②销售过程中的折扣应注意要符合冲减销售收入的条件，不要因不符合条件被调增销售收入。③销售货物后加价收入或价外补贴收入，采取措施不要计入销售收入。④视同销售的货物，但可考虑采取低估价、次品折扣方式降低销售额。⑤注意销售收入实现的时间。在签订合同和交货时注意尽量在不影响客户的使用和自身信誉的前提下，将时间延后，可起到延缓纳税的目的。⑥纳税人因销货退回或折让而退还购买方的增值税额，应从销货退回或者在发生的当期销项税额中抵扣。

（2）当期进项税额的筹划思路。当期进项税额是应交增值税的抵减项目，进项税额越高，应交增值税越少。因此，在业务安排和会计核算中，应特别注意准予从销项税额中抵扣的进项税额的规定及相应的标准。具体考虑以下思路：①在价格同等的情况下，购买具有增值税专用发票的货物。②纳税人购买货物或应税劳务、服务时，不仅要向对方索要专用的增值税发票，而且要求销售方必须准确填写增值税款专用发票上价格、税率和增值税额。③纳税人委托加工货物时，不仅要向委托方收取增值税专用发票，而且要努力争取使发票上注明的增值税额尽可能大。④纳税人进口货物时，向海关收取增值税完税凭证，并注明增值税额。⑤购进农业生产者销售的农业产品，或者向小规模纳税人购买的农产品按照买价和 13% 的扣除率计算进项税额，为了顺利抵扣，购进免税农业产品应有购货发票或经税务机关认可的收购凭证。

以上两大类策略，是从合理筹划实际操作的角度而提出的。从本质上说，可归纳为一是争取缩小销项税额；二是争取扩大进项税额，其效果是从两个方向压缩应缴税额。

2. 小规模纳税人的筹划思路

小规模纳税人的应纳税额 = 销售额 × 征收率，其中征收率不能改变，只能从销售额方面考虑。销售额的合理筹划可以参考一般纳税人的方式。另外，增值税对一般纳税人和小规模纳税人的差别待遇，为小规模纳税人与一般纳税人进行合理筹划提供了可能性。对于小规模纳税人而言，可以利用纳税人身份认定这一点进行税务筹划。

第二节 一般纳税人和小规模纳税人

一、一般纳税人和小规模纳税人划分的法律依据

增值税纳税人依法划分为一般纳税人和小规模纳税人，不同身份的纳税人适用的税率不同，税收优惠政策也不同，而且差异较大。增值税对一般纳税人和小规模纳税人的差别待遇，以及增值税纳税人身份的可转换性规定，为增值税纳税人通过身份选择进行税务筹划提供了可能性。

1. 小规模纳税人

小规模纳税人是指年销售额在规定标准以下，并且会计核算不健全，不能按规定报送有关税务资料的增值税纳税人。所称会计核算不健全是指不能正确核算增值税的销项税额、进项税额和应纳税额。

根据《增值税暂行条例实施细则》的规定，小规模纳税人的认定标准如下：

（1）从事货物生产或提供应税劳务的纳税人，以及以从事货物生产或提供应税劳务为主并兼营货物批发或零售的纳税人，年应税销售额在50万元以下（含50万元）的。

（2）对上述规定以外的纳税人（不含提供应税服务的纳税人），年应税销售额在80万元（含80万元）以下的。

（3）应税销售额超过小规模纳税人标准的其他个人按小规模纳税人纳税；非企业性单位、不经常发生应税行为的企业可选择按小规模纳税人纳税；对应税服务年销售额超过规定标准但不经常提供应税服务的单位和个体工商户可选择按照小规模纳税人纳税。

（4）应税服务年销售额标准为500万元，应税服务年销售额未超过500万元的纳税人为小规模纳税人。

试点纳税人试点实施前的应税服务年销售额按以下公式换算：

应税服务年销售额 = 连续不超过12个月应税服务营业额合计 ÷（1 + 3%）

（5）旅店业和饮食业纳税人销售非现场消费的食品，属于不经常发生应税行为，可以选择按小规模纳税人缴纳增值税。

（6）兼有销售货物、提供加工修理修配劳务以及应税服务，且不经常发生应税行为的单位和个体工商户可选择按照小规模纳税人纳税。

2. 一般纳税人

（1）一般纳税人的认定标准。一般纳税人是指年应征增值税销售额（以下简称年应税销售额），超过财政部、国家税务总局规定的小规模纳税人标准的企业和企业性单位（以下简称企业）。

年应税销售额，是指纳税人在连续不超过12个月的经营期内累计应征增值税销售额，

包括纳税申报销售额、稽查查补销售额、纳税评估调整销售额、税务机关代开发票销售额和免税销售额。其中稽查查补销售额和纳税评估调整销售额计入查补税款申报当月的销售额，不计入税款所属销售额。经营期，是指在纳税人存续期内的连续经营期间，含未取得销售收入的月份。

下列纳税人不办理一般纳税人资格认定：①个体工商户以外的其他个人。②选择按照小规模纳税人纳税的非企业性单位。③选择按照小规模纳税人纳税的不经常发生应税行为的企业。

应税服务年销售额超过规定标准的其他个人不属于一般纳税人。应税服务年销售额超过规定标准但不经常提供应税服务的单位和个体工商户可选择按照小规模纳税人纳税。

（2）一般纳税人认定的相关规定。①小规模纳税人会计核算健全，能够提供准确税务资料的，可以向主管税务机关申请资格认定，不作为小规模纳税人，依照有关规定计算应纳税额。②试点实施前应税服务年销售额未超过500万元的试点纳税人，如符合相关规定条件，也可以向主管税务机关办理增值税一般纳税人资格登记。③为了加强对加油站成品油销售的增值税征收管理，对从事成品油销售的加油站，无论其年应税销售额是否超过80万元，一律按增值税一般纳税人征税。

（3）一般纳税人资格实行登记制，登记事项由纳税人向其主管税务机关办理。纳税人办理一般纳税人资格登记的程序如下：①纳税人向主管税务机关填报《增值税一般纳税人资格登记表》，并提供税务登记证件。②纳税人填报内容与税务登记信息一致的，主管税务机关当场登记。③纳税人填报内容与税务登记信息不一致，或者不符合填列要求的，税务机关应当场告知纳税人需要补正的内容。

（4）纳税人年应税销售额超过财政部、国家税务总局规定标准，且符合有关政策规定，选择按小规模纳税人纳税的，应当向主管税务机关提交书面说明。个体工商户以外的其他个人年应税销售额超过规定标准的，不需要向主管税务机关提交书面说明。

二、选择增值税纳税人身份应考虑的因素

从上述增值税一般纳税人和小规模纳税人身份的认定标准及相关的管理规定中可以看出，纳税人有一定的空间选择自己为一般纳税人还是小规模纳税人。企业在增值税纳税人身份的选择上应考虑如下因素：

1. 成本因素

（1）受增值率影响的纳税成本的高低。①对一般纳税人而言，当期应纳税额 = 当期销项税额 - 当期进项税额。增值率越大，可抵扣的进项税款相对越少，纳税负担越重；增值率越小，则可抵扣的进项税款相对越多，纳税负担相对越轻。②对小规模纳税人而言，应纳税额 = 销售额 × 征收率。纳税成本与销售额成正比，与增值率的高低无关，相应增值率越高税负越轻。

因此，企业在进行纳税人身份的选择上首先要考虑增值率因素。

（2）额外成本。在暂时无法扩大经营规模的前提下实现由小规模纳税人向一般纳税人的转换必然要增加会计成本。例如，增设会计账簿、培养或聘请有能力的会计人员等。

如果小规模纳税人转为一般纳税人而减少的税负尚不足以抵扣这些成本的支出，对企业来说是不利的，此时企业最好保持小规模纳税人的身份。

2. 限制因素

如果产品主要销售给一般纳税人，且购买方需增值税专用发票抵扣进项税，则应选择一般纳税人。

个人、非企业性单位、不经常发生增值税应税行为的企业，不能办理一般纳税人认定手续，只能选择小规模纳税人。

三、两种纳税人税负的定量分析方法——增值率判定法

前已述及，对一般纳税人而言，增值率越大，纳税负担越重；增值率越小，纳税负担越轻。对小规模纳税人而言，增值率高税负相对较轻。增值税纳税人类别的选择可以通过税负平衡点方法进行分析，即通过分析纳税人销售额增值率是否超过税负平衡点（增值率判定法）来决定。掌握了平衡点，就可以合理选择税负较轻的纳税人。

1. 一般纳税人不含税销售额的税负平衡点

设增值率为 V，不含税销售额为 X，不含税购进额为 Y：

$$V=\frac{X-Y}{X}\times 100\% - V = (X-Y)/X\times 100\%$$

两边乘以 X，再乘以 17%，得：

$V\times X\times 17\% = X\times 17\% - Y\times 17\%$

所以，一般纳税人应纳税额 $= V\times X\times 17\%$

小规模纳税人应纳税额 $= X\times 3\%$

当两者应纳税额相等时，

$V\times X\times 17\% = X\times 3\%$

$V=3\%/17\% \times 100\% = 17.65\%$

即对小规模纳税人而言，当增值率为 17.65% 时，一般纳税人和小规模纳税人税负相同；当增值率大于 17.65% 时，一般纳税人的税负重于小规模纳税人，这时企业应选择为小规模纳税人；若增值率小于 17.65%，一般纳税人税负轻于小规模纳税人，企业应创造条件，申请认定成为一般纳税人。

用同样方法可以计算出一般纳税人增值税税率为 11%、6% 和小规模纳税人的税负平衡点的增值率，如表 3－2 所示。

表 3－2 不含税销售额税负平衡点的增值率

一般纳税人增值税税率（%）	小规模纳税人征收率（%）	税负平衡点的增值率（%）
17	3	17.65
11	3	27.27
6	3	50.00

2. 一般纳税人含税销售额的税负平衡点

有时纳税人提供的资料是含税销售额，或者在增值税税负转嫁困难的情况下，纳税人实际上每次销售都是从含税销售额倒算出不含税销售额和应纳税额的。在这两种情况下，也可以计算纳税人的含税销售额增值率平衡点。

设增值率为 V_1，含税销售额为 X_1，含税购进额为 Y_1：

$V_1 = (X_1 - Y_1)/X_1 \times 100\%$

两边乘以 X_1，除以 117%，再乘以 17% 得：

$X_1/117\% \times V_1 \times 17\% = X_1/117\% \times 17\% - Y_1/117\% \times 17\%$

所以，一般纳税人应纳税额 $= X_1/117\% \times V_1 \times 17\%$

小规模纳税人应纳税额 $= X_1/103\% \times 3\%$

当两者应纳税额相等时，

$X_1/117\% \times V_1 \times 17\% = X_1/103\% \times 3\%$

$V_1 = 20.05\%$

即对小规模纳税人而言，当含税销售额增值率为 20.05% 时，一般纳税人和小规模纳税人税负相同；当含税销售额增值率大于 20.05% 时，一般纳税人的税负重于小规模纳税人，这时企业应选择为小规模纳税人；若增值率小于 20.05%，一般纳税人税负轻于小规模纳税人，企业应创造条件，申请认定成为一般纳税人。

用同样方法可以计算出一般纳税人含税销售额增值税税率为 11%、6% 和小规模纳税人的税负平衡点的增值率，如表 3－3 所示。

表 3－3　含税销售额税负平衡点的增值率

一般纳税人增值税税率（%）	小规模纳税人征收率（%）	税负平衡点的增值率（%）
17	3	20.05
11	3	29.39
6	3	51.46

【案例 3－1】

M 公司是一个年含税销售额在 45 万元的生产企业，公司每年购进的材料价格大致在 25 万元（含税价）。如果是一般纳税人，公司产品的增值税适用税率是 17%；如果是小规模纳税人则为 3%。该公司会计核算制度健全，有条件被认定为一般纳税人。该企业是否需要申请认定为一般纳税人？

【分析】 该公司的含税销售额增值率 $= (45 - 25)/45 \times 100\% = 44.45\%$，该公司维持小规模纳税人身份更为有利，因为其含税销售额增值率 44.45% > 20.05% 的税负平衡点，因此成为一般纳税人后的增值税税负会重于小规模纳税人。如果没有其他原因，如主要购买方均需要增值税专用发票抵扣进项税，企业不需要申请认定为一般纳税人。

一般纳税人应纳增值税税额 =45/117% ×17% -25/117% ×17% =2.91(万元)

小规模纳税人应纳增值税税额 =45/103% ×3% =1.31(万元)

可见，申请认定成为一般纳税人每年应多缴纳增值税1.60万元。

第三节 企业分立与合并的税务筹划

一、企业分立的税务筹划

企业分立是企业产权重组的一种重要类型。企业分立的动因很多，提高管理效率、提高资源利用效率、突出企业的主营业务等，都是企业分立的动因；另外，通过企业分立进行税务筹划而节约纳税支出也是企业分立的一个动因。

1. 将一般纳税人分立为小规模纳税人

一般纳税人和小规模纳税人的选择前面已经阐明，在不考虑其他限制因素的情况下，增值率高于税负平衡点时，小规模纳税人的税负低于一般纳税人。但如果企业已经是一般纳税人，希望降为小规模纳税人，销售额又已经超过一般纳税人的标准时，可以考虑的方式之一是将企业分立，使销售额低于一般纳税人的标准。

【案例3-2】

假定某商业批发企业，年应纳增值税销售额150万元，会计核算制度比较健全，符合作为一般纳税人条件，适用增值税率为17%，但该企业准予从销项税额中抵扣的进项税额较少，只占销项税额的10%。而且企业管理层估计，在未来的一段时间，企业规模不会有太大增长，经营业务项目也不会有大的改变，请问该企业应如何进行税务筹划?

【分析】该企业年应纳增值税 =150×17% -150×17% ×10% =22.95(万元)，同时在未来的一段时间，企业规模不会有太大增长，经营业务项目也不会有大的改变。因此可以考虑的税务筹划方式为将企业分设为A、B两个批发企业，各自作为独立核算单位，销售额分别为75万元和75万元，成为小规模纳税人，税率为3%，分设后:

A企业应纳增值税 =75×3% =2.25(万元)

B企业应纳增值税 =75×3% =2.25(万元)

减轻税负额 =22.95 -2.25 -2.25 =18.45(万元)

如果分立以后企业规模扩大，达到一般纳税人的标准；或者一些业务增值率高于税负平衡点，其他业务增值率低于税负平衡点，可以将两个公司之间的业务分类安排。增值率高于税负平衡点的业务由小规模纳税人经营，增值率低于税负平衡点的业务由一般纳税人经营。

2. 将综合性企业分设为若干专门性企业

（1）免税业务的分离。增值税法规定，一些特定产品是免税的，或者适用税率较低，这类产品在核算上有一些特殊要求，而企业往往由于种种原因不能满足这些特殊核算要求而丧失了纳税上的一些优惠。如果将经营这些特定产品的部门分立为独立的企业，可能会获得增值税免税或税负降低。例如，《增值税暂行条例》及相关法规规定避孕药品和用具、古旧图书等货物免征增值税。相应地，用于这些免税项目的购进货物或应税劳务的增值税进项税额不能从销项税额中抵扣。如果纳税人既经营免税项目的产品，又经营应税项目的产品，就必须准确划分不得抵扣的增值税进项税额。如果不能准确划分，按下列公式计算不得抵扣的增值税进项税额：

$$不得抵扣的增值税进项税额 = 当月无法划分的全部增值税进项税额 \times \frac{当月免税项目销售额 + 非应税项目营业额}{当月全部销售额 + 营业额}$$

【案例 3－3】

某制药厂主要生产抗菌类药物，也生产避孕药品。2016 年该厂抗菌类药物的销售收入为 800 万元，避孕药品的销售收入为 200 万元。全年购进货物的增值税进项税额为 80 万元。问该厂是否要把避孕药品车间分离出来，单独设立一个制药厂（假设合营时进项税额全部无法划分）？

【分析】 合并经营时不得抵扣的进项税额：80 ×（200/1000）＝16（万元）

合并经营时可以抵扣的进项税额：80－16＝64（万元）

可见，另外设立一个制药厂，如果避孕药品的进项税额为 16 万元，分设与合并可以抵扣的进项税相等。

如果避孕药品的进项税额大于 16 万元，则分设后原制药厂可抵扣的进项税低于 64 万元，分设可以抵扣的进项税低于企业合并可以抵扣的进项税，分设不利。

如果避孕药品的进项税额小于 16 万元，则分设后原制药厂可抵扣的增值税大于 64 万元，分设更有利。

（2）连续生产环节的分离。

【案例 3－4】

某乳品厂内部设有牧场和乳品加工分厂两个部分，牧场生产的原奶经乳品加工分厂加工为花色奶后出售。依据增值税有关政策的规定，该厂为工业生产企业，不属于农业生产者，其最终产品也非农产品，因而其加工出售的产品不享受农业生产者自产自销的免税待遇。而依据增值税条例的相关规定，该企业可以抵扣的进项税额主要是饲养奶牛所消耗的饲料，包括草料及精饲料，而草料大部分为向农民收购或牧场自产，因而收购部分可按农产品销售发票或收购发票上注明的买价的 11% 扣除进项税额；精料由于前一道环节（生产、经营饲料单位）按现行政策实行免税，因而乳品厂购进精饲料无法取得进项税额抵扣凭证——增值税专用发票。所以，纵观乳品厂的抵扣项目，仅为外购草料的11%以及一小部分辅助生产用品，但是该企业生产的产品花色奶，适用17%的基本税率，全额按17%税率计算销项税额，销项税额减去进项税额为该企业的应交税金。请根据该厂的具体情况，提出税务筹划方案。

【分析】《增值税暂行条例》第十五条规定：农业生产者销售的自产农产品，免征增值税。《增值税暂行条例实施细则》第三十五条规定：条例第十五条规定的部分免税项目的范围，限定如下："所称农业，是指种植业、养殖业、林业、牧业、水产业。农业生产者，包括从事农业生产的单位和个人。农产品，是指初级农产品。"《农业产品征税范围注释》（财税字［1995］52号）规定：鲜奶属于农业产品，用鲜奶加工的各种奶制品不属于农业产品的征税范围。

税务筹划思路：将牧场和乳品加工厂分为两个独立法人，独立核算，分别办理工商登记和税务登记，但在生产协作上仍按以前程序处理，即牧场生产的鲜奶仍供应给乳品加工厂加工销售，但牧场和乳品加工厂之间按正常的企业间购销关系结算。上述处理的效果如下：①对牧场来说，由于其自产自销未经加工的农产品（鲜牛奶）符合农业生产者自销农业产品的条件，可享受免税待遇，增值税税负为零。销售给乳品加工厂的鲜牛奶价格按正常的成本利润率核定。②对乳品加工厂来说，其购进牧场的鲜牛奶，可作为农产品收购处理，可按收购额抵扣11%的进项税额，这远远大于原来按草料收购额的11%抵扣的进项税额。销售的产品，仍按原办法计算销项税额。

（3）混合销售业务的分离。一项销售行为如果既涉及服务又涉及货物，为混合销售。需要明确的是，混合销售行为成立的行为标准有两点，一是其销售行为必须是一项；二是该行为必须既涉及服务又涉及货物，其"货物"是指增值税条例中规定的有形动产，包括电力、热力和气体；服务是指属于改征范围的交通运输服务、建筑服务、金融保险服务、邮政服务、电信服务、现代服务、生活服务等。例如，一个企业销售一台机器的同时负责把这台机器运到客户指定地点并安装调试完毕，就是属于这样一项不可分割的交易。因为没有前面的机器买卖行为，就没有后面的机器运输和安装调试行为，它们是一项有着紧密从属关系的买卖行为。因此，混合销售与前述的应税项目之间没有直接从属关系的兼营行为是完全不同的。

《关于全面推开营业税改征增值税试点的通知》（财税［2016］36号）对处理混合销售行为的规定：从事货物的生产、批发或者零售的单位和个体工商户的混合销售行为，按照销售货物缴纳增值税；其他单位和个体工商户的混合销售行为，按照销售服务缴纳增值税。此处所称从事货物的生产、批发或者零售的单位和个体工商户，包括以从事货物的生产、批发或者零售为主，并兼营销售服务的单位和个体工商户在内。

关于上述特别规定，在营改增实际执行中尚有空间。比如河北省国家税务局关于全面推开营改增有关政策问题的解答（二）第二十八条"关于销售建筑材料同时提供建筑服务征税问题"规定：销售建筑材料（例如钢结构企业）同时提供建筑服务的，可在销售合同中分别注明销售材料价款和提供建筑服务价款，分别按照销售货物和提供建筑服务缴纳增值税。未分别注明的，按照混合销售的原则缴纳增值税。此外山东省国家税务局、湖南省国家税务局也有类似规定。

【案例 3-5】

某纺机厂是生产纺机设备流水线的专业厂家，2015 年实现销售收入 8500 万元（不含税价）。由于该厂既负责流水线设备的生产，又负责设备的安装（包括现场设计项目在内），其中流水线设计安装费用占销售收入的 30%，所以企业的税收负担率一直较高。此外，由于流水线的安装期限较长，少则半年，多则一年，会计对销售时间常常把握不准，税务机关每次检查都会有问题被查出。请根据该厂的具体情况，提出税务筹划方案。

（1）税务筹划方案。成立专业安装公司，进行分类核算。

（2）法规依据。《增值税暂行条例》第六条规定，纳税人的销项税额为纳税人销售货物或者应税劳务向购买方收取的全部价款和价外费用。《增值税暂行条例实施细则》第十二条明确规定：条例所称价外费用，是指价外向购买方收取的手续费、补贴、基金、集资返还利润、运输装卸费、奖励费、违法金、包装费、包装物租金、储备费、邮资费、代收款项、代垫款项及其他各种性质的价外收费。

（3）筹划结果。组建独立核算安装公司，安装公司作为建筑安装业缴纳较低税率的增值税（税率 11%），这样将安装业务部分从缴纳 17% 的增值税转换成缴纳 11% 的增值税，从而节约纳税支出。此外，也使销售环节的会计核算问题得到了解决。

筹划前全部按 17% 缴纳增值税，应缴税额 = 8500 × 17% − 进项税

筹划后所属生产的部分（占全部价款 70%）按 17% 缴纳增值税，安装部分按 11% 缴纳增值税，故应缴税额 = 8500 × 70% × 17% − 该部分进项税 + 8500 × 30% × 11% − 该部分进项税

节约税款 =（8500 × 17% − 进项税）−（8500 × 70% × 17% − 该部分进项税 + 8500 × 30% × 11% − 该部分进项税）= 153（万元）

二、企业合并的税务筹划

在不考虑其他因素的情况下，单纯因为增值税原因进行的企业合并一般指由几个纳税人变为一个纳税人。如果作为小规模纳税人的企业处于整体链条的中间环节（上下游均是一般纳税人）且增值率不高，因不能开具增值税专用发票对企业销售或对外提供服务有巨大影响，可以考虑与其他小规模纳税人合并成为增值税一般纳税人。

第四节　日常经营业务的税务筹划

一、特殊销售方式下的销售额确认及税务筹划

1. 特殊销售方式下的销售额确认

在销售活动中，为了达到促销的目的有多种销售方式。不同销售方式下销售者取得的

销售额会有所不同。税法对以下几种销售方式分别做了规定：

（1）采取折扣方式销售。折扣销售是指销货方在销售货物或提供应税劳务和应税服务时，因购货方购货数量较大等原因而给予购货方的价格优惠（如购买5件，销售价格折扣10%；购买10件，折扣20%等）。由于折扣是在实现销售时发生的，因此，税法规定，如果销售额和折扣额在同一张发票上分别注明的，可按折扣后的余额作为销售额计算增值税；如果将折扣额另开发票，不论其在财务上如何处理，均不得从销售额中减除折扣额。这里需要做几点解释：

第一，折扣销售不同于销售折扣。销售折扣是指销货方在销售货物或提供应税劳务和应税服务后，为了鼓励购货方及早偿还货款而协议许诺给予购货方的一种折扣优待（如10天内付款，货款折扣2%；20天内付款，折扣1%；30天内全价付款）。销售折扣发生在销货之后，是一种融资性质的理财费用，因此，销售折扣不得从销售额中减除。企业在确定销售额时应把折扣销售与销售折扣严格区分开。另外，销售折扣又不同于销售折让。销售折让是指货物销售后，由于其品种、质量等原因购货方未予退货，但销货方需给予购货方的一种价格折让。销售折让与销售折扣相比较，虽然都是在货物销售后发生的，但因为销售折让是由于货物的品种和质量引起销售额的减少，因此，对销售折让可以折让后的货款为销售额。

第二，折扣销售仅限于货物价格的折扣，如果销货者将自产、委托加工和购买的货物用于实物折扣的，则该实物款额不能从货物销售额中减除，且该实物应按增值税条例“视同销售货物”中的“赠送他人”计算征收增值税。

第三，对折扣销售之所以规定销售额与折扣额须在同一张发票上注明，是从保证增值税征税、扣税相一致的角度考虑的。如果允许对销售额开一张销货发票，对折扣额再开一张退款红字发票，就可能造成销货方按减除折扣额后的销售额计算销项税额，而购货方却按未减除折扣额的销售额及其进项税额进行抵扣的问题。

（2）采取以旧换新方式销售。以旧换新是指纳税人在销售自己的货物时，有偿收回旧货物的行为。根据税法规定，采取以旧换新方式销售货物的，应按新货物的同期销售价格确定销售额，不得扣减旧货物的收购价格。另外，考虑到金银首饰以旧换新业务的特殊情况，对金银首饰以旧换新业务，可以按销售方实际收取的不含增值税的全部价款征收增值税。

（3）采取还本销售方式销售。还本销售是指纳税人在销售货物后，到一定期限由销售方一次或分次退还给购货方全部或部分价款。这种方式实际上是一种筹资，是以货物换取资金的使用价值，到期还本不付息的方法。税法规定，采取还本销售方式销售货物，其销售额就是货物的销售价格，不得从销售额中减除还本支出。

（4）采取以物易物方式销售。以物易物是一种较为特殊的购销活动，是指购销双方不是以货币结算，而是以同等价款的货物相互结算，实现货物购销的一种方式。税法规定，以物易物双方都应作购销处理，以各自发出的货物核算销售额并计算销项税额，以各自收到的货物按规定核算购货额并计算进项税额。应注意的是在以物易物活动中应分别开具合法的票据，如收到的货物不能取得相应的增值税专用发票或其他合法票据的，不能抵扣进项税额。

（5）包装物押金是否计入销售额。根据税法规定，纳税人为销售货物而出租、出借包装物收取的押金，单独记账核算的，时间在1年以内，又未过期的，不并入销售额征税；但对因逾期未收回包装物不再退还的押金，应按所包装货物的适用税率计算销项税额。其中，"逾期"是指按合同约定实际逾期或以1年为期限，对收取1年以上的押金，无论是否退还均并入销售额征税。当然，在将包装物押金并入销售额征税时，需要先将该押金换算为不含税价，再并入销售额征税。纳税人为销售货物出租出借包装物而收取的押金，无论包装物周转使用期限长短，超过1年（含1年）以上仍不退还的均并入销售额征税。另外，包装物押金不应混同于包装物租金，包装物租金在销货时作为价外费用并入销售额计算销项税额。《关于加强增值税征收管理若干问题的通知》（国税发［1995］192号）文件规定，从1995年6月1日起，对销售除啤酒、黄酒外的其他酒类产品而收取的包装物押金，无论是否返还以及会计上如何核算，均应并入当期销售额征税。对销售啤酒、黄酒所收取的押金，按上述一般押金的规定处理。

（6）对视同销售行为的销售额的确定。税法规定，对视同销售征税而无销售额的按下列顺序确定其销售额：①按纳税人最近时期同类货物的平均销售价格确定；②按其他纳税人最近时期同类货物的平均销售价格确定；③按组成计税价格确定。组成计税价格的公式为：

组成计税价格 = 成本 ×（1 + 成本利润率）

征收增值税的货物，同时又征收消费税的，其组成计税价格中应加计消费税税额。其组成计税价格公式为：

组成计税价格 = 成本 ×（1 + 成本利润率）+ 消费税税额

组成计税价格 = 成本 ×（1 + 成本利润率）÷（1 − 消费税税率）

公式中的成本，是指销售自产货物的为实际生产成本，销售外购货物的为实际采购成本。公式中的成本利润率按1993年12月28日国家税务总局颁发的《增值税若干具体问题的规定》确定为10%。但属于应从价定率征收消费税的货物，其组成计税价格公式中的成本利润率，为《消费税若干具体问题的规定》中规定的成本利润率。

"营改增"也规定，纳税人发生应税行为价格明显偏低或者偏高且不具有合理商业目的的（不具有合理商业目的，是指以谋取税收利益为主要目的，通过人为安排，减少、免除、推迟缴纳增值税税款，或者增加退还增值税税款），或者发生视同发生应税行为而无销售额的，主管税务机关有权按照下列顺序确定销售额：①按照纳税人最近时期销售同类服务、无形资产或者不动产的平均价格确定；②按照其他纳税人最近时期销售同类服务、无形资产或者不动产的平均价格确定；③按照组成计税价格确定。组成计税价格公式同上。

2. 折扣销售和折让的税务筹划

（1）销售折扣、销售折让、折扣销售的税务处理。

【案例3-6】

M电子有限公司是一家以批发销售电视机及相关产品为主要业务的企业，2015年2月，共销售彩色电视机500台，记录如下（售价均为含税价）：

（1）销售给某宾馆彩色电视机300台，对方在规定期限内付清货款。每台电视机2000元，现金折扣为2%，共取得销售额588000元。

（2）将积压在仓库中100台旧型号电视机卖给某学校，折扣额为25%，每台售价1000元，开出销售额和折扣额发票各一张，取得销售额75000元。

（3）将100台彩色电视机卖给某商场，每台售价1800元，商场收到货后发现有问题，但对方并没有提出退货，而是要求M公司给予一定价格折让。M公司给予的价格折让为10%，共取得销售额1800×100×(1－10%)＝162000(元)。

同月，从电视机厂购进一批产品，取得增值税专用发票，发票上注明的货款为160000元，增值税为27200元。

公司财务主管计算出6月应纳增值税税额如下：

销项税额＝588000/117%×17%＋75000/117%×17%＋162000/117%×17%＝119871.29(元)

进项税额＝27200(元)

应纳税额＝119871.29－27200＝92671.29(元)

【分析】某一税务专家在检查该公司纳税情况时，指出由于公司财务主管没有按税法规定确定不同折扣方式销售货物或应税劳务所取得的销售额，导致了错误，实际应纳税额如下：

该厂应纳税额＝(300×2000)/117%×17%＋(100×1000)/117%×17%＋(162000/117%×17%)－27200＝98047.86(元)

（2）折扣销售的税务筹划。

【案例3－7】

2015年，某家电生产企业规定：经销商销售本公司产品，月销售额50万～100万元（不含100万元）的，月度终了给予1%折扣；月销售额100万～500万元的，月度终了给予2%折扣。年终结算后，经销商年销售额在1000万～1500万元的，年终给予2%折扣；年销售额在1500万～3000万元的，年终给予2.5%折扣；年销售额在3000万元以上的，年终给予3%折扣。同时规定代理商若违反企业市场管理制度将根据其情节轻重给予相应的处罚。

从以上可以看出，折扣的作用在于：一是能充分调动经销商的积极性，鼓励多销，销得越多所获得的报酬也越高，经销商的规模大了，公司相应也提高了市场占有率，最终提高了企业的经济效益；二是使经济杠杆的作用发挥得淋漓尽致。

但是在日常销售业务中，由于家电生产企业不知道每家经销商到月末或年底究竟能达到多少销售额，也就不能确定每家经销商应享受的折扣标准。

这就形成了一对矛盾：不给商业折扣或给的比例不合适，会影响产品销售；给商业折扣，如果不能在同一张发票上体现，增值税、消费税、所得税及相应的附加税费的征收将使企业税负大大增重。兼顾二者，要做到既满足税法要求，又便于市场管理，可用以下两种方法：

第一种方法，以递延方式反映折扣。月度折扣推迟至下一个月来反映，年度折扣推迟至下一个年度来反映。如【案例3－7】中，假如某经销商2015年1月分两次采购家电产品，销售额分别为30万元和40万元，那么该客户1月应享受的月度折扣为7000元，待该客户2月来开票时，便将其1月折扣7000元在票面予以反映，客户按减除折扣后的净额付款。如果客户上月应结折扣大于当天开票金额，则可分几次在票面予以体现。年度折扣的主要目的是加强对市场网络的管理，如无非常特殊的情况，一般推迟到次年的3月进行结算，其处理方法与月度折扣一样，在其次年3月开票时在票面上反映出来即可。

这种方法的优点是操作非常简便。缺点是如果月度间和年度间销量和折扣标准差异较大，不能较真实地反映当月和本年度实际的经营成果，而且12月和年终折扣在进行所得税汇算清缴时可能会遇到一些障碍。该法适用于市场比较成熟、稳定，月份和年度间销量和折扣标准变化不大的企业。

第二种方法，采取现场结算和递延结算相结合的办法。现场结算和递延结算相结合的办法，是指日常开票时企业可设定一个现场结算折扣的最低标准，比如0.5%，所有客户都按照这一标准来结算，并在发票上体现，客户按折扣后的净额付款，月末计算出当月应结给客户的折扣总额，减去在票面上已经反映了的折扣额即为应结付的折扣额，将该差额在下月的票面上予以反映，年度折扣仍然放在下一个年度。

这种方法的优点是缓解了客户的资金压力，操作也相对简便。缺点是因部分月度折扣放在下一个月、年度折扣放在下一个年度了，如果销量起伏太大，便不能真实地反映月度和年度的经营成果。这种方法适用于客户资金有一定压力或有特殊要求的企业。

3. 促销方式的选择

【案例3－8】

某商场为增值税一般纳税人，销售利润率为20%，现销售200元商品，其成本为160元，国庆期间为了促销欲采用四种方案。

方案一：采取以旧换新的方式销售，旧货的价格定为20元，即买新货时可以少缴20元。

方案二：商品九折销售。

方案三：购买物品满200元时返还20元。

方案四：购买物品满200元时赠送价值20元的小商品，其成本为12元，均为含税价格。

假设上述四种方案对消费者的吸引力一样，应选择哪个方案？

【分析】 不考虑其他税种的情况下，四种情况分析如下：

方案一：应纳增值税 $=200\div(1+17\%)\times17\%-160\div(1+17\%)\times17\%=5.81$（元）

方案二：将折扣额和销售额开在同一张发票上。

应纳增值税 $=180\div(1+17\%)\times17\%-160\div(1+17\%)\times17\%=2.91$（元）

方案三：按税法规定应按200元缴纳销项税额。

应纳增值税 $=[200\div(1+17\%)]\times17\%-[160\div(1+17\%)]\times17\%=5.81$（元）

方案四：应纳增值税 $=\{[200\div(1+17\%)]\times17\%-[160\div(1+17\%)\times17\%]\}+\{[20\div(1+17\%)]\times17\%-[12\div(1+17\%)]\times17\%\}=5.81+1.16=6.97$（元）

【结论】如果上述四种方案对消费者的吸引力一样，四种方案中第二种税负最轻，为2.91元；第四种方案税负最重，为6.97元。

上述实例中，涉及采取以旧换新方式销售、折扣销售、返还现金和附送赠品四种销售方式。

以旧换新是指纳税人在销售自己货物时，有偿回收旧货物的行为，由于销售货物和收购货物是两种不同的交易活动，销售额与收购价款是不能相互抵减的。因此，税法规定，采取以旧换新方式销售货物的，应按新货物的同期销售价格确定销售额，不得抵扣旧货物的收购价格。

折扣销售是指销货方在销售货物或应税劳务时，根据购货方购货数量的大小，而给予购货方不同价格优惠的一种销售方式。根据税法规定，如果销售额和折扣额在同一张发票上分别注明，可以按照折扣后的余额作为销售额计算增值税；如果将折扣额另开发票，不论其在财务上如何处理，均不得从销售额中减除折扣额。在上述实例中，如果折扣额和销售额不同时反映在一张发票上，其折扣额不允许从销售额中减除。

返还现金属于采取还本销售方式销售货物。税法规定，采取还本销售方式销售货物，其销售额就是货物的销售价格，不得从销售额中减除还本支出，因此，返还的20元现金不能从销售额中扣除。

附送赠品应视同销售，计算缴纳增值税。

4. 以物易物的税务筹划

以物易物在企业经济活动中较普遍，即企业以自己的产品与客户的货物互换。但不少企业把抵账的货物销售后不计算销项税，也不注意索要增值税专用发票，使企业遭受了不必要的损失。正确的方法应当是，双方都应作购销处理，以各自发出的货物核算销售额并计算销项税额，以各自收到的货物按规定核算购货额并计算进项税额。应注意，易货双方应分别开具合法的票据，如收到的货物不能取得相应的增值税专用发票或其他合法票据的，不能抵扣进项税额。在实务操作中，抵账的货物价格一般高于该种产品的再次销售价格，如果严格按规定计算销项税，同时向对方索要增值税专用发票，该以物易物视为销售的应交的增值税将会是负值，对企业会更有利。

【案例3-9】

假定有购货方（甲）与售货方（乙）两个企业，如果购货方欠售货方货款1.17万元，付款时无现金支付，抵给售货方价值1.17万元的货物，根据售货方要求开具专用发票。请问乙方可以以何种方式进行税务筹划？

【分析】乙方可以1万元的价格将该批货物卖出，按规定应视为销售处理，销售该批货物应交增值税税金：

$10000 \div (1+17\%) \times 17\% - 11700 \div (1+17\%) \times 17\% = -247.01$（元）

按规定，它可以抵顶该企业其他货物的销项税额247.01元，因此易货贸易视为销售处理对企业是有利的。

增值税一般纳税人企业发生易货贸易时，既要注意索取增值税专用发票，又要注意及时视为销售处理。如果不依规定视为销售处理，一旦查实，既要按销售额全额补税，另外还要受到罚款及加收滞纳金等处罚。

二、代理销售和买断销售的选择

生产厂家与经销商之间的销售通常有两种方式：一是生产厂家委托经销商按规定的价格代理销售，经销商收取手续费的方式，即经销商根据所代销的商品数量向委托方收取手续费，这对受托方来说是一种提供应税服务行为，需要按6%缴纳增值税；二是买断销售方式，即委托方不采用支付手续费的方式委托代销商品，而是通过制定较低的协议价格直接将产品出售给经销商，经销商对外销售的价格由其自行决定，与生产厂家无关。如果生产厂家为了统一市场价格，执意要受托方按一定的价格销售，那么双方可以调整协议价格以达到共同满意的结果。这种情况受托方应视为正常销售行为缴纳17%的增值税。两种经销方式对双方的税务处理及总体税负水平是不相同的，合理选择经销方式可以达到合法节税的目的。

【案例3-10】

A生产企业拟委托B企业销售一批商品。其市场销售单价为100元。现在有两种方案可供双方选择：方案一，B企业以每件100元的售价向市场销售该产品，并收取代销商品销售收入10%的手续费，即每销售一件商品获得10元手续费；方案二，B企业以每件90元的价格向A企业买断该商品，再按照每件100元的价格对外销售，获得10元的价差收入（设A企业一件产品可以抵扣的进项税为8元，A、B企业均为增值税一般纳税人，适用税率17%）。请问双方应选择哪一种方案？

【分析】在两种方案下，A、B两企业的纳税种类和负担有差异。在方案一中，A企业作为销售产品的业务，应缴纳增值税。由于B企业采用收取手续费的方式，因此属于提供应税服务，应按6%税率缴纳增值税。在方案二中，A企业仍然缴纳增值税，B企业属于商品买卖业务，也应缴纳增值税。A、B企业在两个方案中不同的纳税情况如下所示：

方案一：

A企业应交增值税，应交税金 $= [100 \div (1+17\%)] \times 17\% - 8 = 6.53$（元）

B企业应交增值税，应交税金 $= 10 \times 6\% = 0.6$（元）

方案二：

A企业应交增值税，应交税金 $= 90 \div (1+17\%) \times 17\% - 8 = 5.07$（元）

B 企业应交增值税，应交税金 =100 ÷ (1 +17%) ×17% −90 ÷ (1 +17%) ×17% = 1.45(元)

方案二与方案一相比较，A 企业的税收负担降低了 1.16 元，B 企业的税收负担升高了 0.85 元。但二者税收负担的总额还是下降了 0.31 元。

【结论】方案一对 B 有利，对 A 不利；方案二对 A 有利，对 B 不利。

在买断方式下，虽然委托双方的总体税收负担下降了，但作为受托方的 B 企业税负却有所上升。这部分税收负担，实际上可以理解为是从 A 企业转嫁过来的。因此，B 企业税收负担上升与 A 企业税收负担下降是有本质联系的，B 企业完全可以要求 A 企业对其进行一定的补偿，使双方能够分享买断销售方式下的税务筹划收益。

三、混业经营的税务筹划

混业经营是指纳税人生产或销售不同税率的货物，或者既销售货物又提供应税劳务和应税服务。《关于全面推开营业税改征增值税试点的通知》(财税［2016］36 号) 规定，纳税人兼营销售货物、劳务、服务、无形资产或者不动产，适用不同税率或者征收率的，应当分别核算适用不同税率或者征收率的销售额；未分别核算的，从高适用税率。如农村供销社既销售税率为 17% 的家用电器，又销售税率为 13% 的化肥、农药等。

【案例 3 −11】

某装饰材料公司为增值税一般纳税人。当月购进装饰材料 200 万元 (不含税价)，当月销售装饰材料取得收入 400 万元 (不含税价)。另完成一项装修工程获得装修款 50 万元。装修中购进一些货物供使用，有电器、五金材料 3 万元，辅助材料 4 万元，电焊机一台 0.3 万元，金属切割机一台 0.2 万元。上述各项购销货物均取得增值税专用发票，所购材料均已入库。该企业应如何核算更有利?

【分析】该装饰材料公司在其经营活动中，既涉及高税率增值税销售货物项目，又涉及较低税率增值税提供应税劳务或服务项目，属于混业经营行为。财税［2016］36 号规定，纳税人兼营销售货物、劳务、服务、无形资产或者不动产，适用不同税率或者征收率的，应当分别核算适用不同税率或者征收率的销售额；未分别核算的，从高适用税率。

如果该公司不分别核算，应一并按 17% 征收增值税。

应交增值税 =400 ×17% +50 ÷ (1 +17%) ×17% − (200 +3 +4) ×17% =40.07 (万元)

如果该公司分别核算，则销售装饰材料取得收入 400 万元按 17% 缴纳增值税，装修工程收入 50 万元按 11% 缴纳增值税。

应交增值税 =400 ×17% +50 ÷ (1 +11%) ×11% − (200 +3 +4) ×17% =37.76 (万元)

分别核算比合并核算节约 40.07 −37.76 =2.31(万元)

第五节 利用税收优惠政策的税务筹划

一、减免税政策的合理利用

1. 积极创造条件，达到减免税要求

企业并不是在任何时候、任何条件下都可以享受到国家给予的税收优惠政策，这便要求企业发挥主观能动性，自己创造条件达到减免税要求。具体措施包括：①从企业性质上创造符合优惠政策的条件，如国家对环境保护、资源综合利用企业、校办企业、福利企业、小微企业等的优惠政策等。②从经营业务上创造符合优惠政策的条件，如国家对利用再生资源进行生产经营活动的即征即退政策、对出口产品的退免税政策。③获得税务机关的认可。

2. 减免税政策优惠的综合考虑

在享受增值税减免税政策的条件下，纳税人必须考虑在增值税多环节纳税链条中自己所处的位置。如果是购入免税产品，除以专用收购凭证收购免税农产品可以按 13% 抵扣进项税额外，其余均不得抵扣进项税额。这样该环节的销项税额实际上成了应缴税额，税负非但没有减轻，反而还加重了。如果本环节是生产免税产品，产品销售时免缴增值税，不能开出专用发票，这可能影响企业的产品销售，而其进项税额又不得抵扣。因此，若企业处于中间环节，要根据获利情况和销售两方面原因考虑是否需要申请免税，如免税后既影响销售，进项税又不能抵扣，不如放弃免税。

二、典型案例分析

【案例 3－12】

湖北省某市属橡胶集团拥有固定资产 7 亿多元，员工 4000 多人，主要生产橡胶轮胎，同时也生产各种橡胶管和橡胶汽配件。

该集团位于某市 A 村，在生产橡胶制品的过程中，每天产生近 30 吨的废煤渣。为了妥善处理废煤渣，使其不造成污染，该集团尝试过多种办法，如与村民协商用于乡村公路的铺设、维护和保养，与有关学校、企业联系用于简易球场、操场的修建等，但效果并不理想。由于排放废煤渣使周边乡村水质受到不同程度污染，导致附近许多村民经常堵住厂区大门不让工人上班，工厂生产受到很大影响。此事曾惊动过各级领导，该集团也因污染问题受到环保部门的多次警告和罚款，最高一次罚款曾达 10 万元。

该集团要想维持正常的生产经营，就必须治污。如何治污，成了该集团一个迫在眉睫的大问题。该集团根据有关人士的建议，拟定了以下两个方案：

方案一：把废煤渣的排放处理全权委托给A村村委会，每年支付该村村委会40万元的运输费用，以保证该集团生产经营的正常进行。此举可缓解该集团同当地村民的紧张关系，但每年40万元的费用是一笔不小的支出。

方案二：将准备支付给A村的40万元煤渣运输费用改为投资兴建墙体材料厂，利用该集团每天排放的废煤渣生产免烧空心砖，这种砖有较好的销路。此方案有三个好处：一是符合国家的产业政策，能获得一些节税利益。财政部、国家税务总局《关于印发〈资源综合利用产品和劳务增值税优惠目录〉的通知》（财税［2015］78号）明确规定纳税人销售自产的资源综合利用产品和提供资源综合利用劳务，可享受增值税即征即退政策。其中，利用废渣生产砖瓦（产品原料70%以上来自所列资源）可享受70%的退税比例。二是解决了长期以来困扰企业发展的废煤渣所造成的工业污染问题。三是部分解决了企业的就业压力，使一批待岗职工能重新就业。

【分析】对两个方案进行比较可以看出：

方案一：该方案是以传统的就治污而论治污的思维模式得出的。由这种模式形成的方案，一般不会有意识、有目的地去考虑企业的节税利益，而仅以是否解决排污为标准。此种方案并没彻底解决废渣问题。

方案二：该方案既考虑治污，又追求企业收益最大化。此方案的建议者懂得企业要想获得税收减免，就必须努力生产出符合税收政策规定的资源综合利用产品。

该集团最终采纳了第二种方案，并迅速建成投产，全部消化了废煤渣，当年实现销售收入100多万元，因增值税即征即退，该厂获得了十多万元的增值税节税利益。

在实际操作过程中，为了顺利获得增值税减免，该集团特别注意了以下几个问题：一是墙体材料厂实行独立核算，独立计算销售额、进项税额和销项税额。二是当工程项目完工投入生产时及时向当地经贸委提供了书面申报材料。三是认真填写了“资源综合利用企业项目申报表”，同时提供了具体的文字分析材料。具体内容包括工程项目竣工投产情况以及生产工艺、技术指标、技术标准情况和利用效率等。在文字材料中还附上了不造成二次污染的证明以及产品销售及效益的分析预测情况等。四是该厂生产的免烧空心砖经过湖北省资源综合利用认定委员会的审定并获得该委员会颁发的认定证书，并向所在地税务机关提交了免缴增值税的申请报告。当地税务机关根据认定证书及相关材料，办理了有关退税手续。

通过以上程序，该集团兴办的墙体材料厂顺利获得了增值税减免的税收优惠，该集团的生产经营得以顺利进行，墙体材料厂还有发展壮大的计划。

【案例3-13】

安徽某人造板生产企业成立于1996年，是由马来西亚投资者和当地一家人造板厂共同投资成立的合资企业。主要生产中密度纤维板（人造板），年生产能力为5万立方米。企业从当地木材加工点采购木片，通过生产加工后制造成人造板出售。

该企业1997年开始获利，由于属于生产性的外商投资企业，报经税务部门批准后，开始享受“两免三减半”的所得税优惠政策，到2001年年底优惠期已结束。从投入生产起，企业就一直觉得增值税税负过高，税收负担率在9%以上。能享受所得税优惠时对增值税税负过高没有太注意。

2002年，该企业参加税务筹划培训后，产生了筹划增值税的强烈愿望，于是聘请了税务顾问，对企业的涉税问题进行诊断分析。经过深入查看、分析财税资料，税务顾问发现了导致该企业税负过高的原因，找到了筹划的途径。

该企业生产使用的原材料是从当地小规模纳税人企业采购的木片。由于各种原因，企业无法从这些小规模纳税人处取得增值税专用发票，没有进项税额可以抵扣，从而造成企业增值税税负明显偏高。由于当地生产销售木片的企业都是小规模纳税人，改变进货渠道或者压低进价都不可行。那么，还会有什么其他好的办法吗？

【分析】

（1）筹划原料购进。直接收购木片无法取得进项税额，转而收购原木会有什么变化？木片和原木属于不同的产品。按照税法规定，纳税人购进农业生产者生产的初级农业产品，可按收购凭证所列金额的13%计算进项税额。木片不属于初级农产品范围，直接收购木片不能抵扣进项税；原木属于初级农产品，企业可计算进项税额。因此，企业改变购货渠道，到当地农户手里采购原木，再将采购的原木委托小规模纳税人加工成木片，该公司付给加工费。这样，企业解决了进项税额抵扣的问题，减轻了公司的税收负担。该企业2002年进行上述操作后，节省了170多万元的增值税支出。

（2）筹划“即征即退”。2002年年底[①]，该企业在采购原木中发现，他们所收购的原木属当地的一种细小的木种，很可能属于一种薪材类的木料。如果其属于国家规定的次小薪材类，则企业可以享受更大优惠。通过查阅大量的税收法规，并对原料的规格进行测量，结果显示，该企业使用的小原木规格为长2米以下，直径8厘米以下，应属于次小薪材类木料。

根据以上分析，该企业提出了《申请享受利用次小薪材生产加工产品实行即征即退增值税优惠政策的报告》，经当地国税局审核批准后，企业享受了增值税即征即退的优惠政策。国税部门在批准企业享受即征即退增值税优惠政策后，要求企业严把进料关，不准采购国家税收优惠政策规定以外的原材料进行生产。

（3）筹划企业“结构调整”。该公司为了长远发展，在原有人造板生产的基础上，又对人造板进行了二次加工，生产家具进行销售。由于增加生产家具产品的业务，加之独立核算难，使企业享受的即征即退增值税优惠政策受到影响。因为企业的最终产品不是人造板，而是家具，税法没有规定利用次小薪材生产家具可以享受优惠政策。

为了避免上述问题，该企业进行了“结构调整”筹划。由该企业投资组建了一家“安华家具厂”，家具厂属该企业的子公司，独立核算。该企业将人造板按正常价格销售给家具厂，家具厂生产家具对外销售。这样操作，该企业作为独立核算的企业，采购、生产都符合税法规定的要求，可以享受税法规定的有关优惠政策。家具厂作为独立核算的企

① 根据《关于以三剩物和次小薪材为原料生产加工的综合利用产品增值税优惠政策的通知》（国家税务总局［2001］72号）的规定，对企业以三剩物和次小薪材为原料生产加工的综合利用产品，在2005年12月31日以前由税务部门实行增值税即征即退政策。

业，对母公司的优惠政策没有任何影响。

上述案例说明，企业要想做好税务筹划工作，不仅要了解税收政策，更重要的是如何运用好税收政策。必须将企业的业务与税收政策紧密地联系到一起，使税务筹划具备超前性、合法性、实用性，才能真正减轻企业的税收负担。上述对该公司的筹划实际上就是灵活运用税收政策，在了解企业业务的基础上，根据税收政策对企业业务进行了合理的安排。

第六节 纳税期限的税务筹划

一、增值税纳税期限的相关规定

《增值税暂行条例》及《关于全面推开营业税改征增值税试点的通知》(财税[2016]36号)规定：增值税的纳税期限分别为1日、3日、5日、10日、15日，1个月或1个季度。纳税人的具体纳税期限由主管税务机关根据纳税人应纳税额的大小分别核定，不能按照固定期限纳税的可以按次纳税。以1个季度为纳税期限的规定适用于小规模纳税人、银行、财务公司、信托投资公司、信用社以及财政部和国家税务总局规定的其他纳税人。

纳税人以1个月或1个季度为一期纳税的，自期满之日起15日内申报纳税；以1日、3日、5日、10日或者15日为一期纳税的，自期满之日起5日内预缴税款，于次月1日起15日内申报纳税并结清上月应纳税款。

扣缴义务人解缴税款的期限，依照前两款规定实行。

纳税人进口应税消费品，应当自海关填发进口增值税专用缴款书之日起15日内缴纳税款。

根据上述规定，纳税人应在规定的纳税期限内尽可能延期纳税，充分利用资金的时间价值。

二、注意进项税额申报抵扣时间

第一，增值税一般纳税人取得2010年1月1日以后开具的增值税专用发票、公路内河货物运输业统一发票（现为货物运输业增值税专用发票）和机动车销售统一发票，应在开具之日起180日内到税务机关办理认证，并在认证通过的次月申报期内，向主管税务机关申报抵扣进项税额。

第二，自2013年7月1日起，增值税一般纳税人进口货物取得的属于增值税扣税范围的海关缴款书，需经税务机关稽核比对相符后，其增值税额方能作为进项税额在销项税额中抵扣。纳税人进口货物取得的属于增值税扣税范围的海关缴款书，应自开具之日起180天内向主管税务机关报送《海关完税凭证抵扣清单》（电子数据），申请稽核比对，逾期未申请的其进项税额不予抵扣。

第三，增值税一般纳税人取得2010年1月1日以后开具的增值税专用发票、公路内河货物运输业统一发票（现为货物运输业增值税专用发票）、机动车销售统一发票以及海关缴款书，未在规定期限内到税务机关办理认证、申报抵扣或者申请稽核比对的，不得作为合法的增值税扣税凭证，不得计算进项税额抵扣。

企业在实务中要特别注意进项税额申报抵扣时间的相关规定，不要因为错过认证或抵扣期限导致不能抵扣的事情发生。

三、利用购进扣税法进行进项税抵扣的税务筹划

购进扣税法即企业购进货物（包括外购货物所支付的运输费用），取得增值税专用发票后就能申报抵扣，计入当期的进项税额（当期进项税额不足以抵扣的部分，可以结转到下期继续抵扣）。

增值税购进扣税法尽管不会降低企业应税产品的总体税负，但却为企业通过各种方式延缓纳税，并利用通货膨胀和时间价值因素相对降低税负创造了条件。

需要注意的是对税款的延缓缴纳应该在法律允许的范围内操作。纳税人必须严格把握当期进项税额从当期销项税额中抵扣这个要点。只有在纳税期限内实际发生的销项税额、进项税额才是法定的当期销项税额或当期进项税额。

【案例3－14】

某工业企业1月购进增值税应税商品1000件，增值税专用发票上记载：购进价款100万元，进项税额17万元。该商品经生产加工后销售单价1200元（不含增值税），实际月销售量100件（税率17%），则各月销项税额均为2.04万元。但由于进项税额采用购进扣税法，1～8月因销项税额16.32万元（2.04×8），不足抵扣进项税额17万元，在此期间不纳增值税。9月、10月两个月分别缴纳1.36万元和2.04万元，共计3.4万元。这样，尽管纳税的账面金额是完全相同的，但如果月资金利率为2%，通货膨胀率为3%，则3.4万元的税款折合为1月初的金额为：

$$1.36 \div (1+2\%)^{9} \times (1+3\%)^{9} + 2.04 \div (1+2\%)^{10} \times (1+3\%)^{10} = 2.117(\text{万元})$$

显而易见，这比各月均衡纳税的税负要轻。

四、利用纳税义务发生时间进行筹划

纳税义务发生时间，是纳税人发生应税行为应当承担纳税义务的起始时间。

1. 销售货物或者提供应税劳务的纳税义务发生时间

纳税人销售货物或者提供应税劳务，其纳税义务发生时间为收讫销售款项或者取得索取销售款项凭据的当天；先开具发票的，为开具发票的当天。其中，收讫销售款项或者取得索取销售款项凭据的当天按销售结算方式的不同，具体如下：

（1）采取直接收款方式销售货物，不论货物是否发出，均为收到销售款或取得索取销售款的凭据，并将提货单交给买方的当天。

（2）采取托收承付和委托银行收款方式销售货物，为发出货物并办妥托收手续的当天。

（3）采取赊销和分期收款方式销售货物，为书面合同约定的收款日期当天；无书面合同的或者书面合同没有约定收款日期的，为货物发出的当天。

（4）采取预收货款方式销售货物，为货物发出的当天；但生产销售生产工期超过12个月的大型机械设备、船舶、飞机等货物，为收到预收款或者书面合同约定的收款日期当天。

（5）委托其他纳税人代销货物，为收到代销单位的代销清单或者收到全部或部分货款的当天。未收到代销清单或者货款的，为发出代销货物满180天的当天。

（6）销售应税劳务，为提供劳务同时收讫销售款或取得索取销售款凭据的当天。

（7）纳税人发生本章第一节视同销售货物行为第③项至第⑧项的，为货物移送的当天。

2. 提供应税服务（发生应税行为）的纳税义务发生时间

（1）纳税人发生应税行为并收讫销售款项或者取得索取销售款项凭据的当天；先开具发票的，为开具发票的当天。收讫销售款项，是指纳税人销售服务、无形资产、不动产过程中或者完成后收到款项。取得索取销售款项凭据的当天，是指书面合同确定的付款日期；未签订书面合同或者书面合同未确定付款日期的，为服务、无形资产转让完成的当天或者不动产权属变更的当天。

（2）纳税人提供建筑服务、租赁服务采取预收款方式的，其纳税义务发生时间为收到预收款的当天。

（3）纳税人从事金融商品转让的，为金融商品所有权转移的当天。

（4）纳税人发生视同销售服务、无形资产或者不动产的，其纳税义务发生时间为服务、无形资产转让完成的当天或者不动产权属变更的当天。

（5）增值税扣缴义务发生时间为纳税人增值税纳税义务发生的当天。

上述销售货物或应税劳务纳税义务发生时间的确定，明确了企业在计算应纳税额时，对“当期销项税额”时间的限定，是增值税计税和征收管理中重要的规定。企业不按照上述规定的纳税义务发生时间将实现的销售收入及时入账并计算纳税，而是采取延迟入账或不计销售收入等做法，以拖延纳税或逃避纳税，这些做法都是错误的。

根据上述规定，只有在推迟纳税义务发生时间上进行筹划，才能达到延期纳税的目的。要推迟纳税义务的发生，关键是采取何种结算方式。根据税法对各种结算方式纳税义务发生时间的规定，在筹划时要注意把握以下基本原则：

第一，赊销和分期收款结算方式，以合同约定的日期为纳税义务发生时间。因此，企业在产品销售过程中，在应收货款一时无法收回或部分无法收回的情况下，可选择赊销或分期收款结算方式，避免垫付税款。

第二，未收到货款不提前开发票。这样可以达到递延税款的目的。例如，对发货后一时难以回笼的货款，或将货物作为委托代销商品处理等情况，等收到货款时，再出具发票纳税。

第三，尽量避免采用托收承付与委托收款的结算方式，防止垫付税款。

第四，在采取直接收款方式时，延缓提货单交付的时间，获取时间价值。

五、利用定价自主权进行筹划

增值税的有关法规对企业市场定价的幅度没有具体限定，即企业拥有充分的市场定价自主权。这就使市场法人主体，可以在利益统一体的关联企业之间，通过转移价格及利润合理分配，进行税务筹划，达到延期纳税，减轻税负水平的目的。

【案例3－15】

甲、乙、丙为集团公司内部三个独立核算的企业，彼此存在着购销关系：甲企业生产的产品可以作为乙企业的原材料，而乙企业制造的产品80%提供给丙企业。有关资料见表3－4。

表3－4　甲、乙、丙三企业基本资料

企业名称	增值税率（%）	所得税率（%）	生产销售数量（件）	正常市价（元）	转移价格（元）
甲	17	25	1000	500	400
乙	17	25	1000	600	500
丙	17	25	800	800	800

注：以上价格均为含税价。

【分析】假设甲企业进项税额40000元，如果三个企业均按正常市价结算货款，应纳增值税税额如下：

甲企业应纳增值税＝500×1000×17%÷（1＋17%）－40000＝72650－40000＝32650（元）

乙企业应纳增值税＝600×1000×17%÷（1＋17%）－500×1000×17%÷（1＋17%）＝87179－72650＝14529（元）

丙企业应纳增值税＝800×800×17%÷（1＋17%）－600×1000×17%÷（1＋17%）×80%＝92991－69743＝23248（元）

集团合计应纳增值税＝32650＋14529＋23248＝70427（元）

但是，当三个企业采用转移价格时，应纳增值税情况如下：

甲企业应纳增值税＝400×1000×17%÷（1＋17%）－40000＝58120－40000＝18120（元）

乙企业应纳增值税＝（500×800＋600×200）×17%÷（1＋17%）－400×1000×17%÷（1＋17%）＝75596－58120＝17436（元）

丙企业应纳增值税＝800×800×17%÷（1＋17%）－500×800×17%÷（1＋17%）＝92991－58120＝34871（元）

集团合计应纳增值税 = 18120 + 17436 + 34871 = 70427（元）

如从静态的总额来看，前后应纳的增值税额是完全一样的，而集团公司总体税负的减轻恰恰是隐藏在这一外显数额的相同之中。在此具有决定性作用的是纳税支付时间的差异，即采用转移价格后，将部分增值税额缴纳的时间延后到丙企业这一环节。

思考练习题

1. 在选择不同的纳税人身份时，主要应考虑哪些因素进行税收筹划？如何运用增值率判断纳税人应采取何种身份才能取得节税效果？

2. 企业组织结构的不同设计对增值税纳税有何影响？

3. 在进行销项税计税依据的筹划时，应主要考虑哪些因素？如何结合不同的销售方式进行筹划？

4. 某生产企业为增值税一般纳税人，适用增值税税率为 17%，主要耗用甲材料加工产品，现有 A、B、C 三个企业提供甲材料。其中 A 企业为生产甲材料的一般纳税人，能够出具增值税专用发票，适用税率为 17%；B 企业为生产甲材料的小规模纳税人，能够委托主管税务局代开增值税征收率为 3% 的专用发票；C 企业为个体工商户，只能出具普通发票。A、B、C 三个企业所提供的材料质量相同，但是含税价格却不同，分别为 133 元、103 元、100 元。

要求：分析该企业应当与 A、B、C 三家企业中的哪一家企业签订购销合同？

5. 某计算机公司是增值税一般纳税人。该公司既销售计算机硬件，也从事软件的开发与转让，2017 年 8 月硬件销售额为 18 万元，另接受委托开发并转让软件取得收入 2 万元，该企业应作何种税务筹划？

6. 某商场为增值税一般纳税人，拟于国庆长假期间开展某种产品的促销活动，假设其销售价为 200 元，成本价为 160 元（均为含税价），销售利润率为 20%，现有四种促销方案如下：

方案一：以旧换新。顾客以旧产品换取新产品，可以少付 20 元。其后商场可将旧产品以 20 元卖给废旧物资企业。

方案二：降价销售。商品打九折，销售价为 180 元。

方案三：赠送代币券。购货满 200 元，送一张价值 20 元的代币券，可在本商场购买任何商品。假设该商场所有商品利率润均为 20%，顾客必然会将此代币券购买价值 20 元、成本为 16 元的商品（不考虑顾客再加上一部分钱购买更多的商品）。

方案四：赠送礼品。购货满 200 元，送一件价值 20 元的小商品，其成本价为 16 元。

假定上述四种方案对消费者的吸引力是一样的，请提出你的建议（暂不考虑所得税的影响）。

7. 某服装厂 A 委托纺织厂 B 加工棉线 8 吨，双方商定，如果采用经销加工生产，每吨棉线 12000 元，供应棉纱 10 吨，每吨作价 8000 元，不能提供增值税专用发票；如果采用加工生产方式，每吨棉线支付加工费 1800 元，供应的棉纱不作价，B 企业电费等可抵扣的增值税税额为 500 元。

要求：分析 A、B 企业应该如何选择加工方式？

第四章 消费税税务筹划

第一节　消费税法简介

一、消费税纳税义务人

消费税是指对消费品和特定的消费行为按消费流转额征收的一种商品税。根据《中华人民共和国消费税暂行条例》（以下简称《消费税暂行条例》）的规定，在中华人民共和国境内生产、委托加工和进口应税消费品的单位和个人，以及国务院确定的销售《消费税暂行条例》规定的消费品的其他单位和个人，为消费税纳税义务人。

单位是指国有企业、集体企业、私有企业、股份制企业、外商投资企业和外国企业、其他企业和行政单位、事业单位、军事单位、社会团体及其他单位。

个人是指个体经营者及其他个人。

在中华人民共和国境内，是指生产、委托加工和进口属于应当缴纳消费税的消费品的起运地或所在地在境内。

二、税目、税率

按照《消费税暂行条例》规定，确定征收消费税的只有烟、酒、化妆品等 15 个税目，有的税目还进一步划分若干子目。消费税属于价内税，并实行单一环节征收，一般在应税消费品的生产、委托加工和进口环节缴纳，在以后的批发、零售等环节中，由于价款中已包含消费税，因此不必再缴纳消费税。从 1995 年 1 月 1 日起，金银首饰由生产销售环节征税改为零售环节征税；从 2002 年 1 月 1 日起，钻石及钻石饰品由生产、进口环节改为零售环节征税。自 2009 年 5 月 1 日起，在卷烟批发环节加收一道消费税。

消费税采用比例税率和定额税率两种形式，以适应不同应税消费品的实际情况。经整理汇总的消费税税目、税率（税额）见表 4－1。

表4-1 消费税税目、税率（税额）表①

税　目	税　率
一、烟	
1. 卷烟	
（1）甲类卷烟（生产或进口环节）	56%加0.003元/支
（2）乙类卷烟（生产或进口环节）	36%加0.003元/支
（3）批发环节	11%加0.005元/支
2. 雪茄烟	36%
3. 烟丝	30%
二、酒及酒精	
1. 白酒	20%加0.5元/500克 （或者500毫升）
2. 黄酒	240元/吨
3. 啤酒	
（1）甲类啤酒	250元/吨
（2）乙类啤酒	220元/吨
4. 其他酒	10%
三、化妆品	30%
四、贵重首饰及珠宝玉石	
1. 金银首饰、铂金首饰和钻石及钻石饰品	5%
2. 其他贵重首饰及珠宝玉石（生产环节）	10%
五、鞭炮焰火	15%
六、成品油	
1. 汽油	1.52/升
2. 柴油	1.2元/升
3. 航空煤油	1.2元/升
4. 石脑油	1.52元/升
5. 溶剂油	1.52元/升
6. 润滑油	1.52元/升
7. 燃料油	1.2元/升
七、摩托车	
1. 汽缸容量（排气量，下同）在250毫升（含250毫升）以下的	3%
2. 汽缸容量在250毫升以上的	10%
八、小汽车	

① 该表按《关于调整消费税政策的通知》（财税［2014］93号）、《调整卷烟消费税的通知》（财税［2015］60号）调整以后的税目、税率。

续表

税　目	税　率
1. 乘用车	
气缸容量（排气量，下同）在1.0升（含1.0升）以下的	1%
气缸容量在1.0升以上至1.5升（含1.5升）的	3%
气缸容量在1.5升以上至2.0升（含2.0升）的	5%
气缸容量在2.0升以上至2.5升（含2.5升）的	9%
气缸容量在2.5升以上至3.0升（含3.0升）的	12%
气缸容量在3.0升以上至4.0升（含4.0升）的	25%
气缸容量在4.0升以上的	40%
2. 中轻型商用客车	5%
九、高尔夫球及球具	10%
十、高档手表	20%
十一、游艇	10%
十二、木制一次性筷子	5%
十三、实木地板	5%
十四、电池	4%
十五、涂料	4%

三、应纳税额的计算

按照现行消费税法的基本规定，消费税应纳税额的计算分为从价计征（从价定率）、从量计征（从量定额）、从价从量复合计征三种方法。具体计算方法如下。

1. 从价计征计算方法

在从价计征计算方法下，应纳税额的计算取决于应税消费品的销售额和适用税率两个因素。其基本计算公式为：

应纳税额 = 应税消费品的销售额 × 适用税率

（1）销售额的确定。销售额为纳税人销售应税消费品向购买方收取的全部价款和价外费用。“价外费用”是指价外收取的手续费、补贴、基金、集资费、返还利润、奖励费、违约金、滞纳金、延期付款利息、赔偿金、代收款项、代垫款项、包装费、包装物租金、储备费、优质费、运输装卸费以及其他各种性质的价外收费。但下列项目不包括在内：

1）同时符合以下条件的代垫运输费用：①承运部门的运费发票开具给购买方的。②纳税人将该项发票转交给购买方的。

2）同时符合以下条件的代为收取的政府性基金或者行政事业性收费。①由国务院或者财政部批准设立的政府性基金，由国务院或者省级人民政府及其财政、价格主管部门批准设立的行政事业性收费。②收取时开具省级以上财政部门印制的财政票据。③所收款项全部上缴财政。

其他价外费用，无论是否属于纳税人的收入，均应并入销售额计算征税。

实行从价定率办法计算应纳税额的应税消费品连同包装销售的，无论包装是否单独计价，也不论在会计上如何核算，均应并入应税消费品的销售额中征收消费税。如果包装物不作价随同产品销售，而是收取押金，此项押金则不应并入应税消费品的销售额中征税。但对因逾期未收回的包装物不再退还的或者已收取的时间超过 12 个月的押金，应并入应税消费品的销售额，按照应税消费品的适用税率征收消费税。

对既作价随同应税消费品销售，又另外收取的包装物押金，凡纳税人在规定的期限内没有退还的，均应并入应税消费品的销售额，按照应税消费品的适用税率缴纳消费税。

对酒类产品生产企业销售酒类产品（黄酒、啤酒除外）而收取的包装物押金，无论押金是否返还与会计上如何核算，均需并入酒类产品销售额中，依酒类产品的适用税率征收消费税。

纳税人销售的应税消费品，以外汇结算销售额的，其销售额的人民币折合率可以选择结算的当天或者当月 1 日的国家外汇牌价（原则上为中间价）。纳税人应在事先确定采取何种折合率，确定后 1 年内不得变更。

（2）含增值税销售额的换算。应税消费品在缴纳消费税的同时，与一般货物一样，还应缴纳增值税。按照《中华人民共和国消费税暂行条例实施细则》的规定，应税消费品的销售额，不包括应向购货方收取的增值税税款。如果纳税人应税消费品的销售额中未扣除增值税税款或者因不得开具增值税专用发票而发生价款和增值税税款合并收取的，在计算消费税时，应将含增值税的销售额换算为不含增值税税款的销售额。其换算公式为：

应税消费品的销售额 = 含增值税的销售额 ÷（1 + 增值税税率或征收率）

2. 从量计征计算方法

在从量计征计算方法下，应纳税额的计算取决于应税消费品的销售数量和单位税额两个因素。其基本计算公式为：

应纳税额 = 应税消费品的销售数量 × 单位税额

从量定额计算方法的销售数量是指纳税人生产、加工和进口应税消费品的数量。具体规定为：①销售应税消费品的，为应税消费品的销售数量。②自产自用应税消费品的，为应税消费品的移送使用数量。③委托加工应税消费品的，为纳税人收回的应税消费品数量。④进口的应税消费品，为海关核定的应税消费品进口征税数量。

3. 从价从量复合计征计算方法

现行消费税的征税范围中，只有卷烟、白酒采用复合计算方法。其基本计算公式为：

应纳税额 = 应税销售数量 × 定额税率 + 应税销售额 × 比例税率

生产销售卷烟、白酒从量计征计税依据为实际销售数量。进口、委托加工、自产自用卷烟、白酒从量计征计税依据分别为海关核定的进口征税数量、委托方收回数量、移送使用数量。

4. 计税依据的特殊规定

（1）卷烟从价定率计税办法的计税依据为调拨价格或核定价格。调拨价格是指卷烟生产企业通过卷烟交易市场与购货方签订的卷烟交易价格。计税调拨价格由国家税务总局按照中国烟草交易中心和各省烟草交易（订货）会2000年各牌号、规格卷烟的调拨价格确定。核定价格是指由税务机关按其零售价倒算一定比例的办法核定计税价格。

$$某牌号规格卷烟消费税计税价格=\frac{该牌号规格卷烟市场零售价格}{1+56\%}$$

不进入省和省以上烟草交易场所交易、没有调拨价格的卷烟，消费税计税价格由省国家税务局按照下列公式核定：

$$没有调拨价格的某牌号规格卷烟计税价格=\frac{该牌号规格卷烟市场零售价格}{1+35\%}$$

实际销售价格高于计税价格和核定价格的卷烟，按实际销售价格征收消费税；实际销售价格低于计税价格和核定价格的卷烟，按计税价格或核定价格征收消费税。

非标准条包装卷烟应当折算成标准条包装卷烟的数量，依其实际销售收入计算确定其折算成标准条包装后的实际销售价格，并确定适用的比例税率。

（2）纳税人通过自设非独立核算门市部销售的自产应税消费品，应当按照门市部对外销售额或者销售数量征收消费税。

（3）纳税人用于换取生产资料和消费资料，投资入股和抵偿债务等方面的应税消费品，应当以纳税人同类应税消费品的最高销售价格作为计税依据计算消费税。

5. 外购应税消费品已纳税款的扣除

某些应税消费品是用外购已缴纳消费税的应税消费品连续生产出来的，在对这些连续生产出来的应税消费品计算征税时，税法规定应按当期生产领用数量计算准予扣除外购的应税消费品已纳的消费税税款。扣除范围包括：①外购已税烟丝生产的卷烟。②外购已税化妆品生产的化妆品。③外购已税珠宝玉石生产的贵重首饰及珠宝玉石。④外购已税鞭炮焰火生产的鞭炮焰火。⑤外购已税摩托车生产的摩托车（如用外购两轮摩托车改装三轮摩托车）。⑥以外购的已税杆头、杆身和握把为原料生产的高尔夫球杆。⑦以外购的已税木制一次性筷子为原料生产的木制一次性筷子。⑧以外购的已税实木地板为原料生产的实木地板。⑨以外购已税汽油、石脑油、柴油、燃料油、润滑油用于连续生产的应税成品油。

另外根据《葡萄酒消费税管理办法（试行）》的规定，自2015年5月1日起，从葡萄酒生产企业购进、进口葡萄酒连续生产应税葡萄酒的，准予从葡萄酒的消费税应纳税额中扣除所耗用应税葡萄酒已纳消费税税款。如本期消费税应纳税额不足抵扣的，余额留待下期抵扣。

上述当期准予扣除外购应税消费品已纳消费税税款的计算公式为：

当期准予扣除的外购应税消费品已纳税款＝当期准予扣除的外购应税消费品买价或数量×外购应税消费品适用税率或税额

当期准予扣除的外购应税消费品买价或数量＝期初库存的外购应税消费品的买价或数

量＋当期购进的应税消费品的买价或数量－期末库存的外购应税消费品的买价或数量

外购已税消费品的买价是指购货发票上注明的销售额（不包括增值税税款）。

需要说明的是，纳税人用外购的已税珠宝玉石生产的应该在零售环节征收消费税的金银首饰（镶嵌首饰）、钻石首饰，在计税时一律不得扣除外购珠宝玉石的已纳税款。

对自己不生产应税消费品，而只是购进后再销售应税消费品的工业企业，其销售的化妆品、鞭炮焰火和珠宝玉石，凡不能构成最终消费品，直接进入消费品市场，而需进一步生产加工的，应当征收消费税，同时允许扣除上述外购应税消费品的已纳税款。

允许扣除已纳税款的应税消费品只限于从工业企业购进的应税消费品和进口环节已缴纳消费税的应税消费品，对从境内商业企业购进应税消费品的已纳税款一律不得扣除。

6. 税额减征的规定

为保护生态环境，促进替代污染排放汽车的生产和消费，推进汽车工业技术进步，对生产销售达到低污染排放值（相当于"欧洲Ⅱ号标准"）的小轿车、越野车和小客车减征30%的消费税。计算公式为：

减征税额＝按法定税率计算的消费税额×30%

应征税额＝按法定税率计算的消费税额－减征税额

7. 酒类关联企业间关联交易消费税问题处理

根据《中华人民共和国税收征收管理法实施细则》第三十八条规定，纳税人与关联企业之间的购销业务，不按照独立企业之间的业务往来作价的，税务机关可以按照下列方法调整其计税收入额或者所得额，核定其应纳税额：①按照独立企业之间进行相同或者类似业务活动的价格。②按照再销售给无关联关系的第三者的价格所取得的收入和利润水平。③按照成本加合理的费用和利润。④按照其他合理的方法。

白酒生产企业向商业销售单位收取的"品牌使用费"是随着应税白酒的销售而向购货方收取的，属于应税白酒销售价款的组成部分，因此，不论企业采取何种方式或以何种名义收取价款，均应并入白酒的销售额中缴纳消费税。

四、消费税税务筹划的基本思路

1. 销售额的合理确定

消费税应纳税额的计算分为从价计征、从量计征、从价从量复合计征三种方法，其计税基础包括销售数量和销售额。销售数量没有筹划的余地，只能从销售额方面考虑，在合法范围内尽量少计销售额，这方面增值税销售额筹划的方法均适用于消费税。同时根据消费税的特殊规定，主要提出如下思路：

（1）销售部门独立核算。其依据为纳税人通过自设非独立核算门市部销售的自产应税消费品，应当按照门市部对外销售额或者销售数量征收消费税。因此独立核算的销售部门可以使生产环节的销售额低于企业整体核算。

（2）独立核算的销售部门应以最优惠价格从生产企业购入应税商品。

（3）用合理的会计处理方法，尽量降低自产自用应税消费品的组成计税价格。

（4）包装物尽量不随同产品销售，采取收取“押金”的方式回收利用。

（5）采取先销售后入股（换货、抵债）的方式，达到减轻税负的目的。其依据为纳税人用于换取生产资料和消费资料、投资入股和抵偿债务等方面的应税消费品，应当以纳税人同类应税消费品的最高销售价格作为计税依据计算消费税。

2. 税率的合理选择

（1）经营不同税率的应税消费品应分别核算，否则从高适用税率。

（2）采取“先销售后包装”的方式销售成套消费品。其依据为纳税人将应税消费品与非应税消费品，以及适用税率不同的应税消费品组成成套消费品销售的，应根据销售金额按应税消费品的最高税率纳税。

3. 外购应税消费品已纳税款的扣除

（1）购买应税消费品时，应选择生产厂家，而不是商家。其依据为允许扣除已纳税款的应税消费品只限于从工业企业购进的应税消费品和进口环节已缴纳消费税的应税消费品，对从境内商业企业购进应税消费品的已纳税款一律不得扣除。

（2）小规模生产企业购进已税消费品要求对方开具普通发票。

第二节　企业分立与合并的税务筹划

一、非独立销售部门与独立销售公司的选择

税法规定，纳税人通过自设非独立核算部门销售的自产应税消费品，应当按照门市部对外销售额或者销售数量计算征收消费税。税法对独立法人实体的公司则没有限制。

根据消费税法的规定，消费税的纳税行为发生在生产领域（包括生产、委托加工和进口），而非流通领域或终极消费环节（金银首饰除外）。因而，关联企业中生产（委托加工、进口）应税消费品的企业，在零售等特殊情况下，如果以较低但不违反公平交易的销售价格将应税消费品销售给其独立核算的销售部门，则可以降低销售额，从而减少应纳消费税税额。而独立法人实体的销售公司，由于处在销售环节，只缴纳增值税，不缴纳消费税，可使集团的整体消费税税负下降，但增值税税负不变。

这里应当注意的是由于独立销售公司与生产企业之间存在关联关系，按照《中华人民共和国税收征收管理法》第二十四条的规定：“企业或者外国企业在中国境内设立的从事生产、经营的机构、场所与其关联企业之间的业务往来，应当按照独立企业之间的业务往来收取或者支付价款、费用；不按照独立企业之间的业务往来收取或者支付价款、费用，而减少其应纳税收入或者所得额的，税务机关有权进行合理调整。”因此，企业销售给下属独立核算销售部门的价格应当参照销售给其他商家的平均价格合理确定，如果销售

价格“明显偏低”，主管税务机关将会对价格重新进行调整。

【案例4-1】

某酒厂主要生产粮食白酒，产品销售给全国各地的批发商。同时，本地的一些小批发商、商业零售户、酒店、消费者每年也会直接到工厂购买白酒，根据历年的数据，这类销售每年大约7000箱（每箱10瓶，每瓶500克）。为了方便消费者，也为了提高企业的盈利水平，该厂在市区设立了非独立核算的门市部，酒厂按同类批发价800元/箱与门市部结算。门市部按880元/箱对外销售。粮食白酒适用消费税比例税率20%，定额税率每斤（500克）0.5元。请计算该酒厂应纳消费税额，并为其提供税务筹划方案。

【分析】 该批7000箱酒应纳消费税为 $7000\times880\times20\%+7000\times10\times0.5=1267000$（元）。

【税务筹划方案】 将市区的非独立核算门市部改为独立法人实体的销售公司。由于销售公司不属于生产环节，不缴纳消费税。该批白酒由酒厂缴纳消费税，应纳消费税为 $7000\times800\times20\%+7000\times10\times0.5=1155000$（元），节税额 $=1267000-1155000=112000$（元）。

经过上述筹划后，酒厂管理层看到了独立销售公司的优势，第二年，该厂进一步改革企业组织结构：酒厂只进行生产，将原销售处设立为具有独立法人资格的销售总公司，负责全厂产品的销售。这样，缴纳消费税的主体只是酒厂，进一步降低了消费税负担。

二、独立销售公司与关联生产企业转移定价的税务筹划

由于消费税的纳税行为发生在生产领域（包括生产、委托加工和进口），而非流通领域或终极消费环节（金银首饰除外）。因而销售部门成为独立法人实体，可使集团的整体消费税税负下降，但增值税税负不变。

进一步，独立的销售公司与生产应税消费品的企业之间的转移价格的确定也需要进行筹划。如果生产企业能以较低的销售价格将应税消费品销售给独立核算的销售公司，将能更大限度地降低消费税税额。

另外，《中华人民共和国税收征收管理法实施细则》第三十八条规定，纳税人与关联企业之间的购销业务，不按照独立企业之间的业务往来作价的，税务机关可以规定其计税收入额或者所得额，核定其应纳税额。国家税务总局在《关于酒类产品消费税政策问题的通知》（国税发［2002］109号）中对关于酒类生产企业利用关联企业间关联交易规避消费税问题进行了规范，指出对已检查出的酒类生产企业发生的利用关联企业关联交易行为规避消费税问题，各省、自治区、直辖市、计划单列市国家税务局可根据本地区被查酒类生产企业与其关联企业间不同的核算方式，调整其酒类产品消费税计税收入额，核定应纳税额，补缴消费税。这提醒我们，利用关联企业之间的关系进行节税是有限度的，超出了税务机关所能容忍的程度就会受到处罚。但是，在市场经济条件下，价格的确定是有弹

性的，在弹性区间内，利用价格的差异可以在一定程度上取得节税的效果。

【案例4-2】

某化妆品厂生产化妆品，批发给一般批发商单价300元/件（不含增值税）。销售给独立的销售公司按市场最低批发价280元/件（不含增值税）结算，该销售公司当年共销售产品10000件。请计算按最低批发价批发给独立销售公司的节税额。

【分析】按一般批发价：

该1000件产品应纳消费税=300×1000×30%=90000(元)

按最低批发价：

该1000件产品应纳消费税=280×1000×30%=84000(元)

转移定价前后的差额=90000-84000=6000(元)

按最低批发价使该化妆品厂节税6000元。

三、企业合并的税务筹划

消费税是针对特定的税目税率而征收的，对具有上下游关联业务需要分别缴纳消费税的企业采取合并的方式，可以使原来企业间按正常购销价格缴纳消费税的环节，转变为不用缴税的企业内部原材料转让环节，从而降低或延缓消费税支出。具体表现：如果后一销售环节的消费税税率较前一环节的税率低，则可直接减轻企业的消费税税负。如果后一销售环节的消费税税率与前一环节的税率一致，也可以起到延缓纳税的目的。

【案例4-3】

四川省某地有一家大型白酒厂A。该厂以当地生产的大米和玉米为原料进行酿造，适用消费税税率20%，定额税税率为0.5元/500克。为扩大市场，A酒厂经过调研，决定与当地中药专家合作生产药酒。该药酒厂以A厂生产的白酒为原料，生产系列药酒，适用消费税率为10%。预计如果药酒厂单独设立为独立法人实体B，A酒厂每年要向B药酒厂提供价值2亿元，计5000万千克的白酒，药酒的年销售额为2.5亿元。请问A酒厂是要把药酒厂单独设立为独立法人实体还是把其设立为A酒厂的内部分支机构?

【分析】

方案一：药酒厂单独设立成为独立法人实体。

A酒厂向B药酒厂销售的白酒，每年应缴纳的消费税：

20000×20%+5000×2×0.5=9000(万元)

B药酒厂销售药酒，每年应缴纳的消费税：

25000×10%=2500(万元)

两酒厂应纳消费税额合计=9000+2500=11500(万元)

方案二：药酒厂不单独设立成为独立法人实体，而是成为A酒厂的内部分支机构。

由于药酒厂是内部分支机构，5000万千克的白酒从白酒生产企业到药酒生产企业为内部调拨，未对外销售，不缴纳消费税。仅在药酒出售时缴纳消费税：

药酒销售应纳消费税额 = 25000 × 10% = 2500（万元）

方案二节约消费税税额 = 11500 − 2500 = 9000（万元）

通过【案例4－3】可以看出，具有上下游关系的企业合并，将原来的两家企业都作为消费税的纳税人转变成为仅有一家企业为消费税的纳税人，避免了中间购销环节的重复纳税①，节约了纳税支出。

第三节　日常经营业务的税务筹划

一、销售收入的筹划

1. 自产自用计税价格的节税筹划

消费税纳税人自产自用的应税消费品，除用于连续生产应税消费品以外，凡用于其他方面的，于移送使用时纳税。用于其他方面的是指用于生产非应税消费品、在建工程、管理部门、非生产机构，提供劳务以及用于馈赠、赞助、集资、广告、样品、职工福利、奖励等方面。税法规定，纳税人自产自用应税消费品，凡用于其他方面应当纳税的，按照纳税人当月销售的同类消费品的销售价格计算纳税。如果当月同类消费品各期销售价格高低不同，应按销售数量加权平均计算。如果当月无销售或者当月未完结，按照同类消费品上月或最近月份的售价计算纳税。没有同类消费品销售价格的，按组成计税价格计算纳税。按组成计税价格计算纳税，其公式如下：

从价计征的：

组成计税价格 =（成本 + 利润）÷（1 − 比例税率）

应纳税额 = 组成计税价格 × 适用税率

复合计税的：

组成计税价格 =（成本 + 利润 + 自产自用数量 × 定额税率）÷（1 − 比例税率）

应纳税额 = 组成计税价格 × 适用税率 + 自产自用数量 × 定额税率

上述公式中的利润，是根据应税消费品全国平均成本利润率计算的利润。1993年12月28日与2006年3月，国家税务总局颁发的《消费税若干具体问题的规定》确定了应税消费品的全国平均成本利润率（见表4－2）。

由于成本是计算组成计税价格的重要因素，成本高低直接影响组成计税价格的高低，进而影响税额的高低。而产品成本又是通过企业自身的会计核算计算出来的。按照会计制度的核算要求，很多间接费用如制造费用要通过一定的分配方法在各步骤的成品、半成品

---

① 根据财税［2001］84号《财政部、国家税务总局关于调整酒类产品消费税政策的通知》规定，从2001年5月1日起，酒类产品在征收消费税时明确一律不能再抵扣上一环节已纳消费税。

表 4-2 应税消费品的全国平均成本利润率

货物名称	利润率	货物名称	利润率
(1) 甲类卷烟	10	(10) 贵重首饰及珠宝玉石	6
(2) 乙类卷烟	5	(11) 摩托车	6
(3) 雪茄烟	5	(12) 高尔夫球及球具	10
(4) 烟丝	5	(13) 高档手表	20
(5) 粮食白酒	10	(14) 游艇	10
(6) 薯类白酒	5	(15) 木制一次性筷子	5
(7) 其他酒	5	(16) 实木地板	5
(8) 化妆品	5	(17) 乘用车	8
(9) 鞭炮、焰火	5	(18) 中轻型商用客车	5

及产品中间进行分配，最后计算出产成品、半成品的成本。因此，企业可以选用适当的生产费用分配方法将自用产品应负担的间接费用分摊少一些，将更多的费用分摊给其他产成品、半成品，就会降低用来计算组成计税价格的成本，从而使计算出来的组成计税价格降低，自用产品应负担的消费税相应地减少。

【案例 4-4】

某企业按统一的材料、费用分配标准计算的自制自用产成品成本为 150000 元，假设利润率为 10%，消费税率 25%，请计算其组成计税价格和应纳消费税，并为其提供税务筹划思路。

【分析】

组成计税价格 = (150000 + 150000 × 10%) ÷ (1 - 25%) = 220000(元)

应纳消费税 = 220000 × 25% = 55000(元)

假设企业采取措施降低自制自用产品的成本，将其成本降低为 130000 元，其组成计税价格和应纳消费税计算如下：

组成计税价格 = (130000 + 130000 × 10%) ÷ (1 - 25%) = 190666.67(元)

应纳消费税 = 190666.67 × 25% = 47666.67(元)

企业降低自制自用产品的成本后，

少纳消费税额 = 55000 - 47666.67 = 7333.35(元)

2. 包装物的节税核算筹划

税法规定，实行从价计征办法计算应纳税额的应税消费品连同包装销售的，无论包装是否单独计价，也不论在会计上如何核算，均应并入应税消费品的销售额中征收消费税。如果包装物不作价随同产品销售，而是收取押金（收取酒类产品的包装物押金除外），且单独核算又未过期的，此项押金则不应并入应税消费品的销售额中征税。但对因逾期未收回的包装物不再退还的和已收取 1 年以上的押金，应并入应税消费品的销售额，按照应税消费品的适用税率征收消费税。

对既作价随同应税消费品销售，又另外收取的包装物押金，凡纳税人在规定的期限内不予退还的，均应并入应税消费品的销售额，按照应税消费品的适用税率征收消费税。

对酒类产品生产企业销售酒类产品（黄酒、啤酒除外）而收取的包装物押金，无论押金是否返还与会计上如何核算，均需并入酒类产品销售额中，依酒类产品的适用税率征收消费税。

因此，企业如果想在包装物上节约消费税时，关键是包装物不能作价随同产品出售，而应采用收取"押金"的方式，此"押金"不并入销售额计算消费税税额，尤其当包装物价值较大时，更加必要。

【案例 4-5】

某实木地板生产企业每月大约生产销售1000件实木地板，每件价格2200元（不含增值税价），其中含包装物价值200元，消费税税率为5%。

【分析】如企业采取连同包装物一并销售实木地板的方式，销售额为 2200×1000 = 220（万元），因此应纳实木地板的消费税税额为 220×5% =11（万元）。

如果企业采用收取包装物押金的方式，将1000件实木地板的包装物单独收取押金200元，则销售额为20000×1000 =200（万元），应纳实木地板消费税税额为 200×6% = 10（万元）。

如果购买方在一年以内赎回包装物押金，该企业每月可以节税1万元，而且还有一笔资金可供企业长期使用。

运用此法，必须对节税成本与利润减少进行综合权衡。例如，如果该案例中的包装物的价值等于其采购成本，那么就可以按照案例所述的办法进行。如果包装物的价值高于其采购成本，那么情况比较复杂，必须分别核算、比较两种销售方式的总体收益，才能做出正确的决策。

3. 先销售后入股（换货、抵债）的节税法

税法规定，纳税人用于换取生产资料和消费资料，投资入股和抵偿债务等方面的应税消费品，应当以纳税人同类应税消费品的最高销售价格作为计税依据计算消费税。在实际操作中，当纳税人用应税消费品换取货物或者投资入股时，一般是按照双方的协议价或评估价确定计税依据的，而协议价往往是市场的平均价。但应计消费税将按照同类应税消费品的最高销售价作为计税依据，这样，对纳税人来说，会增加纳税负担。如果采取先销售后入股（换货、抵债）的方式，会达到减轻税负的目的。

【案例 4-6】

某摩托车生产企业，2015年6月对外销售某型号的摩托车时共有三种价格，以4000元的单价销售50辆，以4500元的单价销售10辆，以4800元的单价销售5辆。当月以20辆同型号的摩托车抵偿欠甲企业的货款80000元。该摩托车消费税税率为10%。请为该摩托车生产企业提供税务筹划思路。

【分析】该摩托车生产企业应纳消费税 =4800×20×10% =9600(元)

如果该企业按照每辆4000元将这20辆摩托车销售后，再抵偿欠款，则：

应纳消费税 =4000×20×10% =8000(元)

节税额 =9600 -8000 =1600(元)

采取先销售后入股（换货、抵债）的方式，达到减轻税负的目的。

如果该企业能以每辆4500元将摩托车卖出，则：

应纳消费税 =4500×20×10% =9000(元)

消费税会比直接抵债低600元，而且，销售收入为90000元，缴纳欠款后还余10000元。这样，先销售后还款的收益更大。

当然，这样做的前提是产品销售情况较好。如果用产品直接与对方抵债或换货，也可以先签订销售合同，将产品以较低价格卖给对方，过一段时间后以应收款抵偿应付款。

4. 汽车“先买后配”的税务筹划

汽车“先买后配”是指汽车本身配置较低，消费者以较低的价格购入并上牌后再增加个性配置，如真皮座椅、豪华音响、防盗器、天窗等。“先买后配”方式既满足了消费者的个性化需求，推动了汽车消费，也为商家和消费者节省了保险和税收。

汽车消费税的征收环节是生产厂家对外销售汽车时（进口车则在进口报关时），多数是在厂家将汽车销售给销售商时缴纳。采用“先买后配”销售方式，可以合理降低汽车价格，节省消费税。例如，某汽车厂家生产的汽车，如果装有真皮座椅、气囊、豪华音响、防盗器、中控锁等，这款车就成为高档车，市场售价为20万元；如果不配这些豪华配件，则价格为15万元，消费税按5%计征。售价20万元则要缴纳10000元消费税，售价15万元则消费税为7500元，每辆汽车可以降低消费税2500元。

对生产厂家来说，高档车的销售没有任何问题，当然会获得更大的利润。但由于豪华配置提高了汽车售价，可能引不起消费者的兴趣。而实行“先买后配”，消费者可以先购买价格便宜的车，然后再由厂家的特约维修站或其他机构为其配置真皮座椅、天窗、高级防盗器等配件，生产厂家既卖出了车和配件，又节省了部分消费税。

对于消费者来说，通过“先买后配”省去了购买不必要配置的开支，购车环节的车辆购置税也因为汽车价格的下降而降低。但要注意，采取“先买后配”消费者需特别谨慎，因为在原车上增加配置有一定难度，消费者最好事先和生产厂家、经销商协商好。

二、税率方面的筹划

1. 分别核算与合并核算的税务筹划

税法规定，纳税人兼营不同税率的应税消费品，应当分别核算不同税率应税消费品的销售额、销售数量。未分别核算销售额、销售数量，或者将不同税率的应税消费品组成成套消费品出售的，从高适用税率。

因此，从节税角度，应当分别核算不同税率的应税消费品的销售额、销售数量。

【案例 4－7】

某烟草公司，既生产雪茄烟，又生产烟丝。2010 年销售额共计 9000 万元，企业合并向税务机关报税，按 36% 的税率计交消费税为：

9000×36%＝3240（万元）

2011 年年初，经税务人员提醒，公司要求实行两类产品分别核算，分别申报纳税。2011 年，该公司全年共计销售额为 8700 万元，其中雪茄烟 4600 万元，烟丝 4100 万元，则应纳消费税为：

雪茄烟应纳税额：4600×36%＝1656（万元）

烟丝应纳税额：4100×30%＝1230（万元）

合计应纳税总额：2886 万元

如果合并核算，应纳税额：8700×36%＝3132（万元）

分别核算后，节税额：3132－2886＝246（万元）

税务筹划对公司的影响：因采用正确分类进行核算，共计节税 246 万元。

2. 采取“先销售后包装”方式销售成套消费品

税法规定，纳税人将应税消费品与非应税消费品，以及适用税率不同的应税消费品组成成套消费品销售的，应根据销售金额按应税消费品的最高税率纳税。

习惯上，工业企业销售产品，都采取“先包装后销售”的方式进行。按照上述规定，如果改成“先销售后包装”方式，可以大大降低消费税税负，且增值税税负仍然保持不变。

【案例 4－8】

某日用化妆品厂，将生产的化妆品、护肤护发品、小工艺品等组成成套消费品销售。每套消费品由下列产品组成：化妆品包括一瓶香水 100 元、一瓶指甲油 50 元、一支口红 50 元；护肤护发品包括两瓶浴液 70 元、一瓶摩丝 20 元、一块香皂 10 元；化妆工具及小工艺品 20 元、塑料包装盒 10 元。化妆品消费税税率为 30%，护肤护发品不纳税，上述价格均不含税。

【分析】按照习惯做法，将产品包装后再销售给商家，应纳消费税为：

（100＋50＋50＋70＋20＋10＋20＋10）×30%＝99（元）

若改变做法，将上述产品先分别销售给商家，再由商家包装后对外销售（注：实际操作中，只是换了个包装地点，并将产品分别开具发票，账务上分别核算销售收入即可）。由于护肤护发品和化妆工具及小工艺品不纳消费税，因而，应纳消费税为（100＋50＋50）×30%＝60（元）

每套化妆品节税额为 99－60＝39（元）

三、应税消费品扣除已纳税款的筹划

1. 法律规定

消费税法的相关法律规定，某些应税消费品是用外购已缴纳消费税的应税消费品连续生产出来的，在对这些连续生产出来的应税消费品计算征税时，税法规定应按当期生产领用数量计算准予扣除外购的应税消费品已纳的消费税税款。

根据外购应税消费品已纳税款扣除的相关规定，当期准予扣除外购应税消费品已纳消费税税款的计算公式如下：

当期准予扣除的外购应税消费品已纳税款 = 当期准予扣除的外购应税消费品买价 × 外购应税消费品适用税率

当期准予扣除的外购应税消费品买价 = 期初库存的外购应税消费品的买价 + 当期购进的应税消费品的买价 - 期末库存的外购应税消费品的买价

外购已税消费品的买价是指购货发票上注明的销售额（不包括增值税税款）。

同时，税法还针对抵扣中的一些具体问题进行了详细规定，包括以下几个方面：

（1）外购应税消费品已纳税款的扣除只限于从工业企业购进的应税消费品，对从商业企业购进应税消费品的已纳税款一律不能扣除。

（2）纳税人用外购的或委托加工收回的已税珠宝玉石生产的应在零售环节征收消费税的金银首饰，在计税时一律不能扣除外购或委托加工收回的珠宝玉石的已纳消费税税款。

（3）对纳税人用外购已税烟丝等应税消费品连续生产应税消费品扣除已纳税款的计算方法统一后，如果企业购进的已税消费品开具的是普通发票，在换算为不含增值税的销售额时，应一律采取 3% 的征收率换算。具体计算公式如下：

不含增值税的外购已税消费品的销售额 = 外购已税消费品的含税销售额/(1 + 3%)

2. 筹划思路

根据上述规定，纳税人在进行税务筹划时，应注意以下几点：

（1）首先要了解哪些消费品已纳税款可以扣除，其次要将可扣除的已纳税款尽可能扣除，提供必要的会计财务核算记录。

（2）纳税人外购应税消费品时，选择的供货方应是工业企业，而不是商业企业，以便合法地抵扣外购应税消费品的已纳税款。

（3）以外购或委托加工收回的已税珠宝玉石为原料生产贵重首饰及珠宝玉石时，尽可能不要生产在零售环节纳税的金银首饰。

（4）当小规模纳税人生产企业向一般纳税人购进应税消费品时，应从对方取得普通发票，以获取更多的消费税抵扣。

（5）要将可扣除的已纳税款尽可能扣除，并提供必要的会计财务核算记录。

【案例4-9】

东江卷烟厂2015年6月1日库存外购烟丝的进价成本为200000元。6月8日从佳佳烟叶加工厂购入烟丝一批，价款为500000元，增值税专用发票注明增值税税额为85000元。6月末企业库存外购烟丝的进价成本为100000元，其余被当月生产卷烟领用。烟丝适用的消费税税率为30%。

【分析】按照规定，企业用外购已税烟丝生产的卷烟可以从应纳消费税税额中扣除部分已纳消费税税款，则当月准予扣除的外购烟丝的已纳税款：

当月准予扣除的外购烟丝买价 = 200000 + 500000 - 100000 = 600000（元）

当月准予扣除外购应税消费品的已纳税款 = 600000 × 30% = 180000（元）

如果上述烟丝不是从生产企业购进，而是从商业企业购进，上述180000元将不能扣除。

【案例4-10】

某小规模纳税人生产企业从某厂家购进某种应税消费品用于连续生产，支付价税合计200000元，消费税税率为30%。

若取得普通发票，那么允许抵扣的消费税为：

200000 ÷（1 + 3%）× 30% = 58252.43（元）

若取得专用发票，那么允许抵扣的消费税为：

200000 ÷（1 + 17%）× 30% = 51282.05（元）

可见，取得普通发票比取得专用发票能够多抵扣消费税6970.38元。

该笔业务对销售方来说，无论是开具何种发票，其应纳增值税和消费税是不变的；对购买方来说，由于小规模纳税人不享受增值税抵扣，所以并不增加增值税税负。很显然，对购买方来说，在这里普通发票的“身价”超过了专用发票。

四、委托加工与自行加工的税务筹划

1. 委托加工应税消费品的确定

委托加工的应税消费品是指由委托方提供原料和主要材料，受托方只收取加工费和代垫部分辅助材料加工的应税消费品。对于由受托方提供原材料生产的应税消费品，或者受托方先将原材料卖给委托方，然后再接受加工的应税消费品，以及由受托方以委托方名义购进原材料生产的应税消费品，不论纳税人在财务上是否作销售处理，都不得作为委托加工应税消费品，而应当按照销售自制应税消费品缴纳消费税。

2. 代收代缴税款的规定

对于确实属于委托方提供原料和主要材料，受托方只收取加工费和代垫部分辅助材料加工的应税消费品，税法规定，由受托方在向委托方交货时代收代缴消费税。这样，受托方就是法定的代收代缴义务人。如果受托方对委托加工的应税消费品未代收代缴或少代收代缴消费税，就要按照《税收征收管理法》的规定，承担代收代缴的法律责任。因此，受托方必须严格履行代收代缴义务，正确计算和按时代缴税款。为了加强对受托方代收代缴税款的管理，1994 年 5 月，国家税务总局在颁发的《关于消费税若干征税问题的通知》中，对委托个体经营者加工应税消费品纳税问题做了调整，由原定一律由受托方代收代缴税款，改为纳税人委托个体经营者加工应税消费品，一律于委托方收回后在委托方所在地缴纳消费税。

对于受托方没有按规定代收代缴税款的，并不能因此免除委托方补缴税款的责任。在对委托方进行税务检查中，如果发现其委托加工的应税消费品受托方没有代收代缴税款，委托方要补缴税款（对受托方不再重复补税了，但要按《税收征管法》的规定，处以应代收代缴税款 50% 以上 3 倍以下的罚款）。对委托方补征税款的计税依据：如果在检查时，收回的应税消费品已经直接销售的，按销售额计税；收回的应税消费品尚未销售或不能直接销售的（如收回后用于连续生产等），按组成计税价格计税。组成计税价格的计算公式如下：

实行从价计征的：

组成计税价格 =（材料成本 + 加工费）÷（1 – 消费税税率）

实行从价从量复合计征的：

组成计税价格 =（材料成本 + 加工费 + 委托加工数量 × 定额税率）÷（1 – 比例税率）

应纳税额 = 组成计税价格 × 适用税率

对公式的特别说明如下：

（1）材料成本。按照《消费税暂行条例实施细则》的解释，“材料成本”是指委托方所提供加工材料的实际成本。

委托加工应税消费品的纳税人，必须在委托加工合同上如实注明（或以其他方式提供）材料成本，凡未提供材料成本的，受托方所在地主管税务机关有权核定其材料成本。从这一条规定可以看出，税法对委托方提供原料和主要材料，并要以明确的方式如实提供材料成本，要求是很严格的，其目的就是防止假冒委托加工应税消费品或少报材料成本，逃避纳税的现象。

（2）加工费。《消费税暂行条例实施细则》规定，“加工费”是指受托方加工应税消费品向委托方所收取的全部费用（包括代垫辅助材料的实际成本，不包括增值税税金），这是税法对受托方的要求。受托方必须如实提供向委托方收取的全部费用，这样才能既保证组成计税价格及代收代缴消费税准确地计算出来，也使受托方按加工费正确计算其应纳的增值税。

3. 委托加工收回的应税消费品已纳税款的扣除

《中华人民共和国消费税暂行条例》规定，“委托加工的应税消费品由受托方在向委托方交货时代收代缴税款。委托方加工的应税消费品，委托方用于连续生产应税消费品的，所纳税款准予按规定抵扣”。《消费税暂行条例实施细则》规定，“委托加工的应税消费品收回后直接出售的，不再征收消费税”。

为避免重复征税，按照国家税务总局的现行规定，下列连续生产的应税消费品准予从应纳消费税税额中按当期生产领用数量计算扣除委托加工收回的应税消费品已纳消费税税款：①以委托加工收回的已税烟丝为原料生产的卷烟。②以委托加工收回的已税化妆品为原料生产的化妆品。③以委托加工收回已税珠宝玉石为原料生产的贵重首饰及珠宝玉石。④以委托加工收回已税鞭炮焰火为原料生产的鞭炮焰火。⑤以委托加工收回的已税摩托车生产的摩托车。⑥以委托加工收回的已税杆头、杆身和握把为原料生产的高尔夫球杆。⑦以委托加工收回的已税木制一次性筷子为原料生产的木制一次性筷子。⑧以委托加工收回的已税实木地板为原料生产的实木地板。⑨以委托加工收回的已税石脑油为原料生产的应税消费品。⑩以委托加工收回的已税润滑油为原料生产的润滑油。

上述当期准予扣除委托加工收回的应税消费品已纳消费税税款的计算公式：

当期准予扣除的委托加工应税消费品已纳税款 = 期初库存的委托加工应税消费品已纳税款 + 当期收回的委托加工应税消费品已纳税款 - 期末库存的委托加工应税消费品已纳税款

需要说明的是，纳税人用委托加工收回的已税珠宝玉石生产的改在零售环节征收消费税的金银首饰（含镶嵌首饰）、钻石首饰，在计税时一律不得扣除委托加工收回的珠宝玉石的已纳消费税税款。

4. 委托加工与自行加工的选择

作为消费税的纳税人，应事先弄清楚委托加工与自行加工哪一种方式税负较轻。

（1）委托加工方式的税负。

1）委托加工后，在本企业继续加工成另一种应税消费品销售。

【案例 4 - 11】

东江卷烟厂委托佳佳烟叶加工厂将一批价值 100 万元的烟叶加工成烟丝，协议规定加工费 75 万元；对于受托加工的烟丝，佳佳烟叶加工厂没有同类消费品的售价作参考。加工的烟丝运回东江厂后，东江厂继续加工成卷烟，加工成本、分摊费用共计 95 万元，该批卷烟售出价格不含增值税每标准箱（50000 支）700 元，共售出 10000 箱。烟丝消费税税率 30%，卷烟消费税定额税率为 0.003 元/支，比例税率为 36%。在计算消费税的同时，还应计算增值税，作为价外税，它与加工方式无关，本题不予涉及。

【分析】 东江厂向佳佳烟叶加工厂支付加工费的同时，向受托方支付其代收代缴的消费税：

消费税组成计税价格 = (100 + 75) ÷ (1 - 30%) = 250(万元)

应缴消费税 = 250 × 30% = 75(万元)

东江厂销售卷烟后，应缴消费税：700 × 36% + 0.003 × 50000 - 75 = 327(万元)

东江厂的税后利润（所得税税率 25%）：(700 - 100 - 75 - 75 - 95 - 327) × (1 - 25%) = 21(万元)

2）委托加工的消费品收回后，直接对外销售。

【案例4-12】如果委托加工收回的应税消费品运回后，委托方不再继续加工，而是直接对外销售。仍以【案例4-11】为例，如果东江厂委托佳佳烟叶加工厂将烟叶加工成卷烟，烟叶成本不变，加工费用为160万元；对于受托加工的卷烟，佳佳烟叶加工厂没有同类消费品的售价作参考。加工完毕，运回东江厂后，东江厂对外售价仍为700万元。

【分析】东江厂向佳佳烟叶加工厂支付加工费的同时，并向其支付代收代缴的消费税，计算如下：

(100+160)÷(1-30%)×30%=111.43(万元)

由于委托加工应税消费品直接对外销售，东江厂在销售时，不必再缴消费税。其税后利润计算如下：

(700-100-160-111.43)×(1-25%)=246.43(万元)

3）两种情况比较。在被加工材料成本相同、最终售价相同的情况下，后者显然比前者对企业有利得多，税后利润多225.43万元。即使后一种情况东江厂向佳佳厂支付的加工费等于前者之和170万元（75万元+95万元），后者的税后利润也比前者多。

对受托方来讲，不论哪种情况，代收代缴的消费税都与利润无关，只有收取的加工费与利润相关。

（2）自行加工方式的税负。

【案例4-13】

如果生产者购入原料后，自行加工成应税消费品对外销售，其税负比委托加工方式是轻还是重呢？仍以【案例4-12】为例，东江厂将购入的价值100万元的烟叶自行加工成甲类卷烟，加工成本、分摊费用共计175万元，售价700万元。

【分析】

应缴消费税：700×36%+0.003×50000=402(万元)

税后利润：(700-100-175-402)×(1-25%)=17.25(万元)

（3）委托加工与自行加工的税负分析。委托加工的应税消费品与自行加工的应税消费品的税基不同，委托加工时，受托方（个体工商户除外）代收代缴税款，税基为组成计税价格[(材料成本+加工费)/(1-消费税税率)]或同类产品销售价格；自行加工时，计税的税基为产品销售价格。在通常情况下，委托方收回委托加工的应税消费品后，要以高于成本的价格售出以求盈利。不论委托加工费大于或小于自行加工成本，只要收回的应税消费品的计税价格低于收回后的直接出售价格，委托加工应税消费品的税负就会低于自行加工的税负。对委托方来说，其产品对外售价高于收回委托加工应税消费品的计税价格部分，实际上并未纳税。

通过上面分析，可以得出以下结论：在各相关因素相同的情况下，自行加工方式的税后利润最少，其税负最重，而彻底的委托加工方式（收回后不再加工直接销售）又比委托加工后再自行加工后销售的税负要低，因此，企业可根据这个结果，结合企业的实际情况确定应税消费品的加工方式。

第四节 纳税期限的税务筹划

一、消费税纳税期限的相关规定

按照《消费税暂行条例》规定，消费税的纳税期限分别为1日、3日、5日、10日、15日、1个月或者1个季度。纳税人的具体纳税期限，由主管税务机关根据纳税人应纳税额的大小分别核定；不能按照固定期限纳税的，可以按次纳税。

纳税人以1个月或者1个季度为一期纳税的，自期满之日起15日内申报纳税；以1日、3日、5日、10日或者15日为一期纳税的，自期满之日起5日内预缴税款，于次月1日起15日内申报纳税并结清上月应纳税款。

纳税人进口应税消费品，应当自海关填发税款缴款书之日起15日内缴纳税款。

如果纳税人不能按照规定的纳税期限依法纳税，将按《税收征收管理法》的有关规定处理。

纳税人应在纳税期限的上述规定中通过合理安排消费税纳税义务发生的时间进行筹划，制造条件，尽可能地增加纳税期限，并尽量推迟纳税，达到节税目的。

二、消费税纳税义务发生时间

税法对消费税纳税义务发生时间的规定如下：纳税人生产的应税消费品于销售时纳税，进口消费品应当于应税消费品报关进口环节纳税，但金银首饰、钻石及钻石饰品在零售环节纳税。消费税纳税义务发生的时间，以货款结算方式或行为发生时间分别确定。

其一，纳税人销售的应税消费品，其纳税义务的发生时间如下：①纳税人采取赊销和分期收款结算方式的，其纳税义务的发生时间，为销售合同规定的收款日期的当天。②纳税人采取预收货款结算方式的，其纳税义务的发生时间，为发出应税消费品的当天。③纳税人采取托收承付和委托银行收款方式销售的应税消费品，其纳税义务的发生时间，为发出应税消费品并办妥托收手续的当天。④纳税人采取其他结算方式的，其纳税义务的发生时间，为收讫销售款或者取得索取销售款的凭据的当天。

其二，纳税人自产自用的应税消费品，其纳税义务的发生时间，为移送使用的当天。

其三，纳税人委托加工的应税消费品，其纳税义务的发生时间，为纳税人提货的当天。

其四，纳税人进口的应税消费品，其纳税义务的发生时间，为报关进口的当天。

三、消费税纳税期限和时间的筹划

上述税法对消费税各种结算方式纳税义务发生时间的规定，与增值税是一致的。因此在筹划时可以参照上一章增值税纳税时间筹划的方法。

【案例4-14】

某化妆品厂以1个月为消费税纳税期间。2015年1月，该厂召开订货会，会后向全国各地专营经销商赊销成套化妆品一批，总销售额涉及消费税税额为300万元。签订合同时销售部经理拟订收款时间为2015年6月30日，财务部经理考虑到近期资金宽裕，授权税务科进行筹划后，最终确定收款日期延后1天，为2015年7月1日。

筹划前，该笔销售业务对应的纳税义务发生在2015年6月，该笔税款应在2015年7月申报缴纳；筹划后，在2015年8月申报缴纳。

【案例4-15】

丽华化妆品有限责任公司成立于2014年8月8日，是一家生产香粉、口红、指甲油、胭脂等日用化妆品的企业。由于该企业处于成立初期，所以企业实行市场领先的原则，立足于占有市场。但是到了年底，公司的刘经理发现，企业的应收账款累计已经有1000多万元，由于大量的业务事实上没有实现，而税收却要先行缴纳，企业的现金流量出现了较大的负值，公司的资金周转出现了严重的问题，但又不知道问题的根源在哪里。

针对这个问题，2015年2月16日，公司聘请普利安达税务事务所的注册税务师来企业进行理财会诊。注册税务师小王到后对该公司2014年度的经营情况和会计核算情况进行了全面的评估。该公司在开业的4个月里发生了以下几笔比较大的业务：

（1）2014年8月18日，与南京甲商场签订了一笔化妆品销售合同，销售金额为300万元，货物于2014年8月18日、2014年12月18日、2015年6月18日，分三批、每批100万元发给商场，货款于每批货物发出后两个月内支付。公司的会计已于2014年8月底和12月底分别按100万元的销售额计算缴纳消费税。

（2）2014年8月20日，与上海乙商场签订了一笔化妆品销售合同，货物价值180万元，于2014年8月26日发出，货款于2015年6月30日支付。公司的会计已于2014年8月底将180万元的销售额计算缴纳消费税。

（3）2014年11月8日，与北京丙商场签订一笔销售合同，合同标的为100万元，货物于2015年4月31日前发出，考虑到支持丽华化妆品有限责任公司的生产，丙商场已将该货款先汇到公司的账上。公司的会计已于2014年11月底将100万元的销售额计算缴纳消费税。

【分析】经过检查，小王认为公司的销售人员不熟悉经济业务合同的书立对税收的影响，财务人员对待税收问题十分谨慎，从而导致企业资金出现暂时困难。接着，小王对以上几笔业务从税收角度进行了具体分析（考虑从简说明，这里不分析增值税和其他税费问题）：

对于第一笔业务，合同没有明确销售方式，公司会计人员依法对其按直接销售业务处理，并于业务发生的当月底提计并缴纳消费税60万元（200万元×30%）。

如果公司的销售人员在与甲商场签订该笔业务的销售合同时，明确“分期收款结算方式销售”业务，那么，该笔业务的纳税义务就可以向后推延。将“销售合同规定的收款日期的当天”作为纳税义务实现的时间，企业就可以将30万元消费税分别向后推延两个月。

对于第二笔业务，如果公司的销售人员在与乙商场签订该笔业务的销售合同时，明确“赊销”业务，那么，该笔业务的纳税义务54万元（180万元×30%）就可以向后推延10个月。

对于第三笔业务，从销售合同的性质上来看，显然属于“预收货款结算方式销售”的业务，如果公司的财务人员认识到这一点，那么，该笔业务的纳税义务30万元（100万元×30%）就可以向后推延6个月。

思考练习题

1. 消费税委托加工的计税依据是什么？为什么可以利用委托加工进行税务筹划？

2. 消费税包装物的计税依据是什么？如何利用包装物的纳税规定避税？

3. 消费税的纳税期限的法律规定是什么？如何利用纳税期限进行税务筹划？

4. 某日化厂2015年2月将生产的化妆品、护肤护发品组成套装礼品盒销售，已知礼品盒由下列产品组成：香水1瓶150元（不含增值税，下同）、口红1支50元、浴液1瓶30元、包装盒5元。根据税法规定，该礼品盒应纳消费税的情况如下：

应纳消费税 $=(150+50+30+5)\times30\%=70.5$（元）

要求：根据消费税法的有关规定，进行节税操作。

5. 某汽车厂2015年7月以小汽车20辆对外投资，当期该小汽车的销售价格分别为10万元、10.5万元、10.8万元，适用的税率为5%。根据税法的规定，该投资行为应纳消费税的情况如下：

应纳消费税：$10.8\times20\times5\%=10.8$（万元）

要求：根据消费税法的有关规定，进行节税操作。

第五章
企业所得税税务筹划

第一节　企业所得税法简介

一、纳税义务人

企业所得税是对我国境内的企业和其他取得收入的组织生产经营所得和其他所得征收的一种税，企业所得税的纳税义务人是指在中华人民共和国境内的企业和其他取得收入的组织。《中华人民共和国企业所得税法》（以下简称《企业所得税法》）第一条规定，除个人独资企业、合伙企业不适用企业所得税法外，凡在我国境内，企业和其他取得收入的组织（以下统称企业）为企业所得税的纳税义务人。

为了保障我国税收管理权的有效行使，根据企业纳税义务范围的宽窄将企业所得税的纳税义务人分为居民企业和非居民企业。

1. 居民企业

居民企业是指依法在中国境内成立，或者依照外国（地区）法律成立但实际管理机构在中国境内的企业。包括国有企业、集体企业、私营企业、联营企业、股份制企业、外商投资企业、外国企业，以及有生产、经营所得和其他所得的其他组织。

2. 非居民企业

非居民企业是指依照外国（地区）法律成立且实际管理机构不在中国境内，但在中国境内设立机构、场所的，或者在中国境内未设立机构、场所，但有来源于中国境内所得的企业。

二、征税对象

1. 确定企业所得税征税对象的原则

企业所得税的征税对象是指企业的生产经营所得、其他所得和清算所得。确定企业的一项所得是否属于征税对象要遵循以下原则：必须是有合法来源的所得。应纳税所得是扣除成本费用以后的纯收益。企业所得税的应纳税所得必须是实物或货币所得；各种荣誉性、知识性及体能、心理上的收益，都不是应纳税所得。居民企业负全面纳税义务，就来源于中国境内、境外的所得缴纳所得税；非居民企业负有限纳税义务，仅就来源于中国境内的所得缴纳所得税。

2. 企业所得税征税对象的具体规定

（1）居民企业的征税对象。居民企业应就来源于中国境内、境外的所得作为征税对象。所得包括销售货物所得、提供劳务所得、转让财产所得、股息红利等权益性投资所得、利息所得、租金所得、特许权使用费所得、接受捐赠所得和其他所得。

（2）非居民企业的征税对象。非居民企业在中国境内设立机构、场所的，应当就其所设机构、场所取得的来源于中国境内的所得，以及发生在中国境外但与其所设机构、场所有实际联系的所得，缴纳企业所得税。非居民企业在中国境内未设立机构、场所的，或者虽设立机构、场所但取得的所得与其所设机构、场所没有实际联系的，应当就其来源于中国境内的所得缴纳企业所得税。

上述所称实际联系，是指非居民企业在中国境内设立的机构、场所拥有的据以取得所得的股权、债权以及拥有、管理、控制据以取得所得的财产。

3. 所得来源的确定

（1）销售货物所得，按照交易活动发生地确定。

（2）提供劳务所得，按照劳务发生地确定。

（3）转让财产所得。转让财产所得包括以下几个方面的内容：不动产转让所得按照不动产所在地确定；动产转让所得按照转让动产的企业或者机构、场所所在地确定；权益性投资资产转让所得按照被投资企业所在地确定。

（4）股息、红利等权益性投资所得，按照分配所得的企业所在地确定。

（5）利息所得、租金所得、特许权使用费所得，按照负担、支付所得的企业或者机构、场所所在地确定，或者按照负担、支付所得的个人住所地确定。

（6）其他所得，由国务院财政、税务主管部门确定。

三、税率和应纳税额的计算

企业所得税实行比例税率。根据 2007 年 3 月 16 日发布的《企业所得税法》的规定，企业所得税税率如下：

（1）基本税率为 25%。适用于居民企业和在中国境内设有机构、场所且所得与机构、场所有关联的非居民企业。

（2）低税率为 20%。适用于在中国境内未设立机构、场所的，或者虽设立机构、场所但取得的所得与其所设机构、场所没有实际联系的非居民企业。但实际征税时适用 10% 的税率（详见税收优惠部分）。

四、应纳税额的计算

1. 居民企业应纳税额的计算

居民企业应纳税额的计算公式：

居民企业应纳税额 = 应纳税所得额 × 适用税率 − 减免税额 − 抵免税额

应纳税所得额 = 收入总额 − 不征税收入 − 免税收入 − 各项扣除 − 允许弥补的以前年度亏损

2. 境外所得抵扣税额的计算

企业取得的下列所得已在境外缴纳的所得税税额，可以从其当期应纳税额中抵免，抵免限额为该项所得依照《企业所得税法》规定计算的应纳税额；超过抵免限额的部分，可以在以后5个年度内，用每年抵免限额抵免当年应纳税额后的余额进行抵补。可以抵免的情况如下：居民企业来源于中国境外的应税所得；非居民企业在中国境内设立机构、场所，取得发生在中国境外但与该机构、场所有实际联系的应税所得。

居民企业从其直接或间接控制的外国企业分得的来源于中国境外的股息、红利等权益性投资收益，外国企业在境外实际缴纳的所得税税额中属于该项所得负担的部分，可以作为该居民企业的可抵免境外所得税税额，在《企业所得税法》规定的抵免限额内抵免。

抵免限额是指企业来源于中国境外的所得，依照《企业所得税法》及其实施条例的规定计算的应纳税额。除国务院财政、税务主管部门另有规定外，该抵免限额应当分国（地区）不分项计算，计算公式如下：

抵免限额 = 中国境内、境外所得依照《企业所得税法》及其实施条例规定计算的应纳税总额 × 来源于某国（地区）的应纳税所得额/中国境内、境外应纳税所得总额

3. 非居民企业应纳税额的计算

对于在中国境内没有设立机构、场所的，或者虽设立机构、场所但取得的所得与其所设机构、场所没有实际联系的非居民企业的所得，按照下列方法计算应纳税所得额：

（1）股息、红利等权益性投资收益和利息、租金、特许权使用费所得，以收入全额为应纳税所得额。

（2）转让财产所得，以收入全额减除财产净值后的余额为应纳税所得额。

（3）其他所得，参照前两项规定的方法计算应纳税所得额。

财产净值是指财产的计税基础减去已经按照规定扣除的折旧、折耗、摊销、准备金等后的余额。

五、应纳税所得额的计算

应纳税所得额是企业所得税的计税依据，按照《企业所得税法》的规定，应纳税所得额为企业每一个纳税年度的收入总额，减除不征税收入、免税收入、各项扣除以及允许

弥补的以前年度亏损后的余额。基本公式如下：

应纳税所得额 = 收入总额 - 不征税收入 - 免税收入 - 各项扣除 - 允许弥补的以前年度亏损

企业应纳税所得额的计算以权责发生制为原则，属于当期的收入和费用，不论款项是否收付，均作为当期的收入和费用；不属于当期的收入和费用，即使款项已经在当期收付，均不作为当期的收入和费用。应纳税所得额的正确计算直接关系到国家财政收入和企业的税收负担，并且同成本、费用核算关系密切。因此，企业所得税法对应纳税所得额的计算有明确规定。主要内容如下：

1. 收入总额

企业的收入总额包括以货币形式和非货币形式从各种来源取得的收入，具体包括销售货物收入、提供劳务收入、转让财产收入、股息、红利等权益性投资收益，以及利息收入、租金收入、特许权使用费收入、接受捐赠收入、其他收入。除此之外，还包括一些特殊收入的确认：

（1）以分期收款方式销售货物的，按照合同约定的收款日期确认收入的实现。

（2）企业受托加工制造大型机械设备、船舶、飞机，以及从事建筑、安装、装配工程业务或者提供其他劳务等，持续时间超过 12 个月的，按照纳税年度内完工进度或者完成的工作量确认收入的实现。

（3）采取产品分成方式取得收入的，按照企业分得产品的日期确认收入的实现，其收入额按照产品的公允价值确定。

（4）企业发生非货币性资产交换，以及货物、财产、劳务用于捐赠、偿债、赞助、集资、广告、样品、职工福利或者利润分配等用途的，应当视同销售货物、转让财产或者提供劳务，但国务院财政、税务主管部门另有规定的除外。

企业取得收入的货币形式，包括现金、存款、应收账款、应收票据、准备持有至到期的债券投资以及债券的豁免等；企业取得收入的非货币形式，包括固定资产、生物资产、无形资产、股权投资、存货、不准备持有至到期的债券投资、劳务以及有关权益等，这些非货币资产应当按照公允价值确定收入额。

2. 不征税收入和免税收入

国家为了扶持和鼓励某些特殊的纳税人和特定的项目，或者避免因征税影响企业的正常经营，对企业取得的某些收入予以不征税或免税的特殊政策，以减轻企业的负担，促进经济的协调发展。或准予抵扣应纳税所得额，或者是对专项用途的资金作为非税收入处理，减轻企业的税负，增加企业可用资金。

（1）不征税收入。不征税收入包括财政拨款，依法收取并纳入财政管理的行政事业性收费、政府性基金，以及国务院规定的其他不征税收入。

（2）免税收入。免税收入包括以下几项：①国债利息收入。②符合条件的居民企业之间的股息、红利等权益性收益。③在中国境内设立机构、场所的非居民企业从居民企业取得与该机构、场所有实际联系的股息、红利等权益性投资收益（不包括连续持有居民企业公开发行并上市流通的股票不足 12 个月取得的投资收益）。④符合条件的非营利组织的收入。符合条件的非营利组织指投入人对投入该组织的财产不保留或者不享有任何财产权利，工作人员工资福利开支控制在规定比例内的不变相分配该组织的财产，以及国务院财政、税务主管部门规定的其他条件。

3. 税前扣除的原则、范围和标准

（1）税前扣除项目的原则。企业申报的税前扣除项目和金额要真实、合法。除税收法规另有规定外，税前扣除一般应遵循以下原则：①权责发生制原则，即企业费用应在发生的所属期扣除，而不是在实际支付时确认扣除。②配比原则，即企业发生的费用应当与收入配比扣除。除特殊规定外，企业发生的费用不得提前或者滞后申报扣除。③相关性原则，即企业可扣除的费用从性质和根源上必须与取得应税收入直接相关。④确定性原则，即企业可扣除的费用不论何时支付，其金额必须是确定的。⑤合理性原则，即符合生产经营活动常规，应当计入当期损益或者有关资产成本的必要和正常的支出。

（2）扣除项目的范围。《企业所得税法》规定，企业实际发生的与取得收入有关的、合理的支出包括成本、费用、税金、损失和其他支出准予在计算应纳税所得额时扣除。在实际中，计算应纳税所得额时还应注意三个方面的内容：①企业发生的支出应当区分收益性支出和资本性支出。收益性支出在发生当期直接扣除；资本性支出应当分期扣除或者计入有关资产成本，不得在发生当期直接扣除。②企业的不征税收入用于支出所形成的费用或者财产，不得扣除或者计算对应的折旧、摊销扣除。③除《企业所得税法》和本条例另有规定外，企业实际发生的成本、费用、税金、损失和其他支出，不得重复扣除。

（3）扣除项目及标准。在计算应纳税所得额时，下列项目可按照实际发生额或规定的标准扣除：

1）工资、薪金支出。企业发生的合理的工资、薪金支出准予据实扣除。“合理的工资、薪金”，是指企业按照股东大会、董事会、薪酬委员会或相关管理机构制定的工资、薪金制度规定实际发放给员工的工资、薪金。税务机关在对工资、薪金进行合理性确认时，可按以下原则掌握：①企业制定了较为规范的员工工资、薪金制度。②企业所制定的工资、薪金制度符合行业及地区水平。③企业在一定时期所发放的工资、薪金是相对固定的，工资、薪金的调整是有序进行的。④企业对实际发放的工资、薪金，已依法履行了代扣代缴个人所得税义务。⑤有关工资、薪金的安排，不以减少或逃避税款为目的。

2）职工福利费、工会经费、职工教育经费。企业发生的职工福利费、工会经费不超过工资薪金总额14%、2%的部分准予扣除，超过标准只能按标准扣除。除国务院财政、税务主管部门另有规定外，企业发生的职工教育经费支出，不超过工资薪金总额2.5%的部分准予扣除，超过部分准予结转以后纳税年度扣除。

3）社会保险费。企业依照国务院有关主管部门或者省级人民政府规定的范围和标准为职工缴纳的基本养老保险费、基本医疗保险费、失业保险费、工伤保险费、生育保险费等基本社会保险费和住房公积金，准予扣除。企业为投资者或者职工支付的补充养老保险费、补充医疗保险费，在国务院财政、税务主管部门规定的范围和标准内，准予扣除。除企业依照国家有关规定为特殊工种职工支付的人身安全保险费和国务院财政、税务主管部门规定可以扣除的其他商业保险费外，企业为投资者或者职工支付的商业保险费，不得扣除。

4）利息费用。企业在生产、经营活动中发生的利息费用，按下列规定扣除：一是非金融企业向金融企业借款的利息支出、金融企业的各项存款利息支出和同业拆借利息支出、企业经批准发行债券的利息支出可据实扣除；二是非金融企业向非金融企业借款的利息支出，不超过按照金融企业同期同类贷款利率计算的数额的部分可据实扣除，超过部分不许扣除。

5）借款费用。企业在生产经营活动中发生的合理的不需要资本化的借款费用，准予扣除。企业为购置、建造固定资产、无形资产和经过 12 个月以上的建造才能达到预定可销售状态的存货发生借款的，在有关资产购置、建造期间发生的合理的借款费用，应当作为资本性支出计入有关资产的成本；有关资产交付使用后发生的借款利息，可在发生当期扣除。企业通过发行债券、取得贷款、吸收保户储金等方式融资而发生的合理的费用支出，符合资本化条件的，应计入相关资产成本；不符合资本化条件的，应作为财务费用，准予在企业所得税前据实扣除。

6）汇兑损失。企业在货币交易中，以及纳税年度终了时将人民币以外的货币性资产、负债按照期末即期人民币汇率中间价折算为人民币时产生的汇兑损失，除已经计入有关资产成本以及与向所有者进行利润分配相关的部分外，准予扣除。

7）业务招待费。企业发生的与生产经营活动有关的业务招待费支出，按照发生额的 60% 扣除，但最高不得超过当年销售（营业）收入的 5‰。

8）广告费和业务宣传费。企业发生的符合条件的广告费和业务宣传费支出，除国务院财政、税务主管部门另有规定外，不超过当年销售（营业）收入 15% 的部分，准予扣除；超过部分，准予在以后纳税年度结转扣除。企业申报扣除的广告费支出应与赞助支出严格区分，企业申报扣除的广告费支出必须符合下列条件：广告是通过工商部门批准的专门机构制作的，已实际支付费用并已取得相应发票，通过一定的媒体传播。

9）环境保护专项资金。企业依照法律、行政法规有关规定提取的用于环境保护、生态恢复等方面的专项资金，准予扣除。上述专项资金提取后改变用途的，不得扣除。

10）保险费。企业参加财产保险，按照规定缴纳的保险费，准予扣除。

11）租赁费。企业根据生产经营活动的需要以经营租赁方式租入固定资产发生的租赁费支出，按照租赁期限均匀扣除；企业以融资租赁方式租入固定资产发生的租赁费支出，按照规定构成融资租入固定资产价值的部分应当提取折旧费，分期扣除。

12）劳动保护费。企业发生的合理的劳动保护支出，准予扣除。自 2011 年 7 月 1 日起，企业根据其工作性质和特点，由企业统一制作并要求员工工作时统一着装所发生的工作服饰费用，根据《实施条例》第二十七条的规定，可以作为企业合理的支出给予税前扣除。

13）公益性捐赠支出。公益性捐赠，是指企业通过公益性社会团体或者县级（含县级）以上人民政府及其部门，用于《中华人民共和国公益事业捐赠法》规定的公益事业的捐赠。企业发生的公益性捐赠支出，不超过年度利润总额 12% 的部分，准予在计算应纳税所得额时扣除。年度利润总额，是指企业按照国家统一会计制度的规定计算的年度会计利润。

14）有关资产的费用。企业转让各类固定资产发生的费用，允许扣除。企业按规定计算的固定资产折旧费、无形资产和递延资产的摊销费，准予扣除。

15）总机构分摊的费用。非居民企业在中国境内设立的机构、场所，就其中国境外总机构发生的与该机构、场所生产经营有关的费用，能够提供总机构出具的费用汇集范围、定额、分配依据和方法等证明文件，并合理分摊的，准予扣除。

16）资产损失。企业当期发生的固定资产和流动资产盘亏、毁损净损失，由其提供清查盘存资料，经主管税务机关审核后，准予扣除。

17）依照有关法律、行政法规和国家有关税法规定准予扣除的其他项目，如会员费、合理的会议费、差旅费、违约金、诉讼费等。

18）手续费及佣金支出。企业发生的与生产经营有关的手续费及佣金支出，不超过以下规定计算限额以内的部分，准予扣除；超过部分，不得扣除。①保险企业。财产保险企业按当年全部保费收入扣除退保金等后余额的15%（含本数，下同）计算限额；人身保险企业按当年全部保费收入扣除退保金等后余额的10%计算限额。②其他企业。按与具有合法经营资格的中介服务机构或个人（不含交易双方及其雇员、代理人和代表人等）所签订服务协议或合同确认收入金额的5%计算限额。

4. 不得扣除项目

在计算应纳税所得额时，下列支出不得扣除：①向投资者支付的股息、红利等权益性投资收益款项。②企业所得税税款。③税收滞纳金，指纳税人违反税收法规，被税务机关处以的滞纳金。④罚金、罚款和被没收财务的损失，指纳税人违反国家有关法律法规规定，被有关部门处以的罚款，以及被司法机关处以的罚金和被没收的财物。⑤超过规定标准的捐赠支出。⑥赞助支出，指企业发生的与生产经营活动无关的各种非广告性质支出。⑦未经核定的准备金支出，指不符合国务院财政、税务主管部门规定的各项资产减值准备、风险准备等准备金支出。⑧企业之间支付的管理费、企业内营业机构之间支付的租金和特许权使用费，以及非银行企业内营业机构之间支付的利息，不得扣除。⑨与取得收入无关的其他支出。

5. 亏损弥补

亏损是指企业依照《企业所得税法》和暂行条例的规定，将每一纳税年度的收入总额减除不征税收入、免税收入和各项扣除后小于零的数额。税法规定，企业某一纳税年度发生的亏损可以用下一年的所得弥补，下一年的所得不足以弥补的，可以逐年延续弥补，但最长不得超过5年。而且，企业在汇总计算缴纳企业所得税时，其境外营业机构的亏损不得抵减境内营业机构的盈利。

六、企业所得税税务筹划的基本思路

由于企业所得税应纳税额 = 应纳税所得额 × 税率 − 减免税额 − 抵免税额，因此，减少应纳税额的基本思路有两条：

1. 降低应纳税所得额

（1）降低收入总额。在这方面，由于流转税如增值税、消费税的高低直接与收入相

关，前面介绍的流转税中合法降低收入额的方法已经同时降低了所得税的应纳税所得额。同时，对所得税法规规定免税的收入，企业在业务安排和计算应纳税所得额时应充分考虑，如国债利息收入、分回的税后利润等。

（2）合法筹划准予扣除项目金额。企业应了解准予扣除项目金额的相关规定，至少注意不要因为会计核算和业务安排的原因导致调增应纳税所得额。影响准予扣除项目金额的因素主要有以下方面：

1）企业生产经营业务的安排。企业在生产经营业务发生之前，应根据税法对税前扣除项目的要求进行安排，这样安排的目标有三点：①避免发生的费用因不符合税法规定的要求不能在税前扣除。②对税法规定了扣除规模或比例的项目，应尽量在规定范围内安排支出，尽量减少因超过税前扣除比例导致纳税调整。③在最终目标不变的情况下，将不能税前扣除或超过扣除比例的项目向允许据实扣除的项目转化。

2）会计核算方法的选择。不同的会计核算方法会直接影响准予扣除项目金额的高低，因此企业应在全面考虑的基础上选择合理的会计核算方法。影响企业准予扣除项目金额高低的会计核算方法包括固定资产折旧方法的选择，费用分摊方法的选择、存货计价方法的选择等。

3）取得税务机关的认可。企业发生的一些损失，会计上确认为营业外支出，但必须取得税务机关的认可才能在税前进行扣除。因此，企业如发生这些业务，应注意税法的相关规定，及时申报扣除财产损失，需要相关税务机关审核的，应及时报核，以免实际发生的损失在所得税年终汇算时被剔除出予扣除项目金额，例如自然灾害发生的损失。

2. 降低适用税率

所得税在税率方面的优惠非常多，有长期性的，也有期间性的。为了利用好这些优惠政策，企业必须对从企业性质到生产业务等各方面进行全面安排。例如，为了鼓励各类企业投资到国家鼓励的地区或行业，《中华人民共和国企业所得税法》《中华人民共和国企业所得税法实施条例》及相关规定制定了大量的所得税优惠政策，其中最主要的就是所得税税率的优惠。其中一些优惠政策如对投资于经济特区的优惠、对某些特殊行业的优惠，等等，与企业设立时选择的企业性质、投资地区、行业等直接相关，且这些优惠政策的享受与企业整个生命周期相关。因此，企业从设立时就必须考虑选择合适的企业性质、投资地区和行业等问题，为享受税率优惠政策做好长期打算。

另外，一些所得税的优惠政策需要企业达到一定的条件才能享受，如对高新技术企业、小型微利企业等的优惠政策，企业必须在了解这些优惠政策的基础上，争取通过筹划安排达到相应的条件，以便顺利享受这些优惠政策。

【案例5－1】

某小型企业在2014年底结账前核算的应税所得额为300980元，如希望根据小型微利企业的优惠税率[①]进行税务筹划，可以采取哪些措施？

---

① 小微企业的流转税、所得税多次调整，详见第九章。

【分析】根据《企业所得税法》规定，企业所得税适用比例税率25%。考虑到许多小型微利企业，减按20%的所得税税率征收企业所得税。《企业所得税法实施条例》规定，小型微利企业的条件如下：

（1）工业企业，年度应纳税所得额不超过30万元，从业人数不超过100人，资产总额不超过3000万元。

（2）其他企业，年度应纳税所得额不超过30万元，从业人数不超过80人，资产总额不超过1000万元。

因此，30万元就是所得税税率变化的临界点。为了防止纳税负担增加，小企业应当在平时的会计核算中充分考虑上述规定的要求，在应纳税所得额的临界点附近进行合理筹划，通过会计核算和业务安排将应纳税所得额控制在临界点以下。

根据上述规定，如果该小型企业已经符合资产和从业人数要求，可以采取如下筹划方案：

（1）向希望工程捐资2000元。《企业所得税法》规定，企业发生的公益性捐赠支出，不超过年度利润总额12%的部分，准予扣除。若该企业2015年度利润总额为301980元，允许税前扣除的捐赠额为301980元×12% =36237.6元。因此，捐赠的2000元全部可以在税前扣除。

如果不捐赠，则应纳税所得为300980元，适用税率为25%，应纳税额为75245元；如果捐赠2000元，则应纳税所得为298980元，适用税率为20%，应纳税额为59796元，两者相差15449元，减少净支出17449元。

（2）购买1000元办公用品。因为办公用品可以根据购买发票据实入账在税前扣除，即使当时未使用也不影响计入当期“管理费用”，从而起到降低应纳税所得额的目的。

第二节　收入的税务筹划

对收入的税务筹划主要是通过减少应税收入总额、推迟应税收入确认时间来达到节税的目的。

企业销售货物或者提供劳务，按销售结算方式的不同，其收入确认时间也不相同：①采取直接收款方式销售货物，不论货物是否发出，均为收到销售额或取得索取销售额的凭证，并将提货单交给买方的当天。②采取托收承付和委托银行收款方式销售货物，为发出货物并办妥托收手续的当天。③采取赊销和分期收款方式销售货物，为按合同约定的收款日期的当天。④采取预收货款方式销售货物，为货物发出的当天。⑤委托代销货物的，为收到代销单位销售的代销清单的当天。⑥销售劳务，为提供劳务同时收讫销售额或取得索取销售额的凭据的当天。⑦视同销售货物行为，为货物移送的当天。

由于存在不同的结算方式和商品交易方式，企业应当针对不同情况确认商品交易收入的实现。通过销售方式结算的选择，控制收入确认的时间，可以合理归属所得年度，以达到减税或延缓纳税的目的。

一、长期工程收入确认方法的选择

《企业会计制度》第九十五条规定，建造承包商建造工程合同收入及费用应按以下原则确认和计量：

1. 建造合同能够可靠估计

如果建造合同的结果能够可靠地估计，企业应当根据完工百分比法在资产负债表日确认合同收入和费用。完工百分比法，是指根据合同完工进度确认收入与费用的方法。

（1）固定造价合同的结果能够可靠估计，是指合同同时具备以下四项条件：①合同总收入能够可靠地计量。②与合同相关的经济利益能够流入企业。③在资产负债表日合同完工进度和为完成合同尚需发生的成本能够可靠地确定。④为完成合同已经发生的合同成本能够清楚地区分和可靠地计量，以便实际合同成本能够与以前的预计成本相比较。

（2）成本加成合同的结果能够可靠估计，是指合同同时具备以下两项条件：①与合同相关的经济利益能够流入企业。②实际发生的合同成本能够清楚地区分并且能够可靠地计量。

2. 当期完成的建造合同

当期完成的建造合同应按实际合同总收入减去以前会计年度累计已确认的收入后的余额作为当期收入，同时按累计实际发生的合同成本减去以前会计年度累计已确认的费用后的余额作为当期费用。

3. 建造合同不能可靠估计

如果建造合同的结果不能可靠地估计，应当区别不同情况进行处理：①合同成本能够收回的，合同收入根据能够收回的实际合同成本加以确认，合同成本在其发生的当期作为费用。②合同成本不可能收回的，应当在发生时立即作为费用，不确认收入。

4. 一个会计年度内完成的建造合同

在一个会计年度内完成的建造合同，应当在完成时确认合同收入和合同费用。

5. 合同预计总成本超过合同预计总收入

如果合同预计总成本将超过合同预计总收入，应当将预计损失立即作为当期费用。

根据上述规定，企业应根据自己的情况，尽量满足使用对自己更有利的收入确认方法与成本计算确认方法以节约纳税支出。例如，一般情况下，采用全部完工法较为有利。因为：①全部完工法于工程完工年度申报所得税，故可延缓纳税；而完工百分比法则无此优点。②全部完工法可反映实际毛利，尤其在物价全年上涨时，其成本及费用均大幅增加；若采用完工百分比法则易造成前盈后亏的现象。③企业每年均不发生亏损时，宜采用全部完工法较有利，因采用此法可享受延缓交纳及合并计算费用限额的利益；但是，企业若符合前5年盈亏互抵的条件，且开工前已有亏损，则采用完工百分比法较有利。这时，为了符合采用完工百分比法的条件，在无其他影响的情况下，企业应将工期延后到下一年。

二、投资收益的筹划

根据《企业所得税法》的有关规定，企业取得的国债利息收入免征企业所得税；如果购买的是国家重点建设债券、金融债券或企业债券，其取得的利息收入则应缴纳所得税。因此，企业如有资金准备投资于债券，应在利率较高、风险较大且要缴纳所得税的一般债券与利率较低、风险低、免所得税的国债之间进行权衡。

【案例5-2】

总规模为50亿元的国家电网企业债券于2015年12月31日起正式发行。电网债券为实名制记账式企业债券，期限10年，分固定利率债券和浮动利率债券两种。其中，固定利率债券30亿元，票面年利率4.61%；浮动利率债券20亿元，票面年利率为1年期银行定期存款利率上浮1.75个百分点。全部采用按年付息，到期还本。2015年9月17日国家发行了163.8亿元的10年期国债，其年利率为3.02%。计算用100万元人民币购买上述固定利率企业债券和国债一年以后的收益差额。

（1）购入企业债券的利息收入 = 100 × 4.61% = 4.61（万元）

税后收入 = 4.61 ×（1 − 25%）= 3.4575（万元）

（2）国债利息收入 = 100 × 3.02% = 3.02（万元）

由于国债利息收入免所得税，因此，其收入即等于税后收入，可见，在不考虑风险的情况下，企业债券收益高于国债。

三、关联企业年度收入总额的筹划

关联方是指与企业存在下列关联关系之一的企业、其他组织或者个人，具体指：①在资金、经营、购销等方面存在直接或者间接的控制关系。②直接或者间接地同为第三者控制。③在利益上具有相关联的其他关系。

当关联企业之间税率存在差异时，可通过转让定价法，将利润转移到适用所得税率低的企业，谋求总税负最小的节税效果。具体做法：税率高的企业低价销售商品给税率低的企业，使税率低的企业实现更多利润，即将应纳税所得额转移至税率低的企业，以减少整体应纳税额；税率低的企业高价销售商品给税率高的企业，使税率高的企业实现更少利润，即将应纳税所得额转移至税率低的企业，以减少整体应纳税额。

《企业所得税法》规定，“企业与其关联方之间的业务往来，不符合独立交易原则而减少企业或者其关联方应纳税收入或者所得额的，税务机关有权按照合理方法调整”，“企业与其关联方共同开发、受让无形资产或者共同提供、接受劳务发生的成本，在计算应纳税所得额时应当按照独立交易原则进行分摊”。该规定完善了转让定价税制，并对企业利用转让定价避税加以限制。所以企业在使用转让定价法进行税务筹划时必须注意符合关联交易的条件和独立交易原则，还必须考虑到转让价格后该企业是否盈利，是否达到同行业的平均利润水平。

【案例5－3】

成都东郊某电子集团公司生产一种电子器件，每件市场最终接受价格为200元，有关单件产品情况如下：生产成本120元，销售费用30元。该集团公司这种电子器件每年的销量约为50万只。另外，集团公司下有一家国家认定的需要重点扶持的高新技术企业。若暂不考虑管理费用、财务费用等，请为该集团设计纳税筹划方案。

【分析】该产品年应交所得税额：

(200－120－30)×50×25%＝625(万元)

若集团公司把50万只电子器件全部销售给高新技术子公司，并给子公司的价格为单件150元。则集团公司应交所得税：

(150－120)×50×25%＝375(万元)

子公司应交所得税：

(200－150－30)×50×15%＝150(万元)

合计纳税＝375＋150＝525(万元)

通过筹划节约纳税支出100万元(625－525)。

第三节　准予扣除项目的税务筹划

税法规定的准予扣除项目与会计里的当期成本费用有联系，也有区别。会计里的成本、费用确认的基本原则是以在权责发生制和配比原则的基础上，以实际发生的成本费用入账。所得税法中在计算应税所得额时准予从收入额中扣除的项目，虽然也以权责发生制和配比原则为确认基础，但是它是其中判定“必要”和“正常”的认定要以税法的相关规定为标准。因此，企业在业务和项目的安排上必须考虑税法的要求，对纳税准予扣除项目进行事先的筹划，以实现准予税前扣除项目金额最大化，从而达到对企业所得税的节税筹划目的。

一、资产计价与会计核算方法的筹划

1. 存货计价方法的选择

发出存货的计价可以按照实际成本核算，也可以按照计划成本核算。根据企业会计制度的规定，“按照实际成本核算的，应当采用先进先出法、加权平均法、移动平均法、个

别计价法等确定其实际成本；按照计划成本核算的，应按期结转其应负担的成本差异，将计划成本调整为实际成本”。

按照税法的规定，纳税人的材料、产成品、半成品等存货的计算，应当以实际成本为准。“纳税人各项存货的发生和领用的成本计价方法，可以采用个别计价法、先进先出法、加权平均法、移动平均法、计划成本法、毛利率法或零售价法等。纳税人采用计划成本法或零售价法确定存货成本或销售成本，必须在年终申报纳税时及时结转成本差异或商品进销差价。”计价方法一经选用，不得随意变更。

从税务筹划的角度，纳税人应了解在物价变动趋势下，不同的计价方法在一定纳税年度中的发出存货成本的影响。在此基础上，根据自己的实际情况选择使本期发出存货成本最低或较低的存货计价方法。

【案例 5 –4】

某商品批发企业 2014 年 12 月先后购进数量和品种相同的两批货物，进货价格分别为 800 万元和 900 万元。该企业在 2014 年 12 月和 2015 年 1 月各出售购进货物数量的 1/2，出售价格分别为 1000 万元和 1200 万元。设企业所得税的税率为 25%，该企业 2014 年 12 月初无同类存货，不考虑其他因素，比较不同的存货成本计价方法对所得税的影响。

【分析】 见表 5 – 1。

表 5 –1　不同的存货成本计价方法对所得税的影响　　单位：万元

项　目	先进先出法			加权平均法		
	2014 年 12 月	2015 年 1 月	合计	2014 年 12 月	2015 年 1 月	合计
销售收入	1000	1200	2200	1000.00	1200.00	2200.00
销售成本	800	900	1700	850.00	850.00	1700.00
销售利润	200	300	500	150.00	350.00	500.00
所得税	50	75	125	37.50	87.50	125.00
税后利润	150	225	375	112.50	262.50	375.00

从表 5 – 1 可以看出，不同的存货计价方法对所得税的影响与商品物价的关系非常密切。在物价上涨的情况下，采用加权平均法对纳税人更有利，可以起到延缓纳税的作用；在通货紧缩的情况下，采用先进先出法比较合适。

2. 固定资产计价与折旧方法的筹划

（1）固定资产入账价值的筹划。因为固定资产的价值要通过折旧逐渐转移，所以，购进固定资产的入账价值要尽可能地低。例如，对于成套固定资产，其易损件、小配件要与主机分别开票采购，以便其价值低于固定资产的价值而作为低值易耗品入账。

对于在建工程，则要尽可能早地计入固定资产，以便尽早提取折旧。如整体固定资产工期长，但完工部分已经投入使用，对该部分最好分项决算，以便尽早记入固定资产账户。

（2）合理安排固定资产的修理。《企业所得税法》第十三条规定，在计算应纳税所得额时，企业发生的固定资产的大修理支出作为长期待摊费用，按照规定摊销的，准予扣除。同时《企业所得税法实施条例》第六十九条规定，企业所得税法第十三条所称固定资产的大修理支出，是指同时符合下列条件的支出：①修理支出达到取得固定资产时的计税基础50%以上。②修理后固定资产的使用年限延长2年以上。且该项大修理支出应按照固定资产尚可使用年限分期摊销。

因此，企业在安排固定资产修理时，可以根据上述规定的要求，合理安排固定资产的修理时间。

（3）固定资产折旧方法的选择。《企业会计制度》规定，固定资产折旧的方法有平均年限法、工作量法、年数总和法、双倍余额递减法等，不同的折旧方法对应纳所得税额的影响是不同的。虽然从整体上看，固定资产的扣除不可能超过固定资产的价值本身，但是，由于对同一固定资产采用不同的折旧方法，会使所得税税款提前或滞后实现，从而产生不同的时间价值。作为企业，一般都希望尽快地折旧，即采用加速折旧的方法，一方面可以在折旧期少缴所得税，另一方面可以尽快收回资金，加快资金的周转。但是按照税法的规定，企业不论采取哪种方法进行固定资产的折旧，在计算缴纳企业所得税时，都应按直线法计提折旧，并进行应纳税所得额的调整。

《企业所得税法》第三十二条规定，企业的固定资产由于技术进步等原因，确需加速折旧的，可以缩短折旧年限或者采取加速折旧的方法。包括：①由于技术进步、产品更新换代较快的固定资产。②常年处于强震动、高腐蚀状态的固定资产。

采取缩短折旧年限方法的，最低折旧年限不得低于《企业所得税法实施条例》第六十条规定折旧年限的60%；采取加速折旧方法的，可以采取双倍余额递减法或者年数总和法。

为贯彻落实国务院完善固定资产加速折旧政策精神，财政部、国家税务总局特发布财税《关于完善固定资产加速折旧企业所得税政策》（［2014］75号），规定如下：

1）对生物药品制造业，专用设备制造业，铁路、船舶、航空航天和其他运输设备制造业，计算机、通信和其他电子设备制造业，仪器仪表制造业，信息传输、软件和信息技术服务业等6个行业的企业2014年1月1日后新购进的固定资产，可缩短折旧年限或采取加速折旧的方法。

对上述6个行业的小型微利企业，2014年1月1日后新购进的研发和生产经营共用的仪器、设备，单位价值不超过100万元的，允许一次性计入当期成本费用在计算应纳税所得额时扣除，不再分年度计算折旧；单位价值超过100万元的，可缩短折旧年限或采取加速折旧的方法。

2）对所有行业企业2014年1月1日后新购进的专门用于研发的仪器、设备，单位价值不超过100万元的，允许一次性计入当期成本费用在计算应纳税所得额时扣除，不再分年度计算折旧；单位价值超过100万元的，可缩短折旧年限或采取加速折旧的方法。

3）对所有行业企业持有的单位价值不超过5000元的固定资产，允许一次性计入当期成本费用在计算应纳税所得额时扣除，不再分年度计算折旧。

4）企业按上述第一、第二条规定缩短折旧年限的，最低折旧年限不得低于《企业所得税法实施条例》第六十条规定折旧年限的60%；采取加速折旧方法的，可采取双倍余额递减法或者年数总和法。上述第一至第三条规定之外的企业固定资产加速折旧所得税处理问题，继续按照企业所得税法及其实施条例和现行税收政策规定执行。

【案例5－5】

某高新技术企业进口一台检测仪器，原值为10万元，预计使用5年，残值率为5%。假设每年未扣除该折旧前的利润为1000万元，不考虑其他因素，根据上述条件分别使用直线法、双倍余额递减法和年数总和法计算各年的折旧及其缴纳所得税的情况（所得税率25%）。

【分析】

（1）采用直线法。

年折旧额＝100×（1－5%）÷5＝19（万元）

（2）采用双倍余额递减法，各年折旧额计算如表5－2所示。

表5－2 双倍余额递减法下各年折旧　　单位：万元

年限	折旧基数	年折旧率（%）	年折旧额	累计年折旧额	账面净值
1	100.00	40	40.00	40.00	60.00
2	60.00	40	24.00	64.00	36.00
3	36.00	40	14.40	78.40	21.60
4	21.60	—	8.30	86.70	13.30
5	13.30	—	8.30	95.00	5.00

（3）采用年数总和法，各年折旧额计算如表5－3所示。

表5－3 年数总和法下各年折旧　　单位：万元

年限	折旧基数	年折旧率	年折旧额	累计年折旧额	账面净值
1	95	5/15	31.67	31.67	63.33
2	95	4/15	25.33	57.00	38.00
3	95	3/15	19.00	76.00	19.00
4	95	2/15	12.67	88.67	6.33
5	95	1/15	6.33	95.00	0

从表5－4可以看出，采用双倍余额递减法和年数总和法的前两年缴纳的所得税，明显比直线法同期缴纳的所得税要少，从而使企业获得了时间价值，取得了节税的效果。要注意的是，不论采用哪种方法都必须取得税务机关的批准，不能擅自决定折旧方法的使用。

另外，必须注意的是，对于处于减免税期或五年内需要税前补亏的企业，不应采用加速折旧法。目的在于避免在减免税期或税前补亏期间折旧额相对高而利润相对低；而期满后折旧额相对低，利润相对高，不能充分享受税收优惠带来的所得税减免。

表5-4 各折旧方法下所得税额 单位：万元

年份	未扣折旧利润	直线法			双倍余额递减法			年数总和法		
		年折旧额	税前利润	所得税	年折旧额	税前利润	所得税	年折旧额	税前利润	所得税
1	1000	19	981	245.25	40.00	960.00	240.00	31.67	968.33	242.08
2	1000	19	981	245.25	24.00	976.00	244.00	25.33	974.67	243.67
3	1000	19	981	245.25	14.40	985.60	246.40	19.00	981.00	245.25
4	1000	19	981	245.25	8.30	991.70	247.93	12.67	987.33	246.83
5	1000	19	981	245.25	8.30	991.70	247.93	6.33	993.67	248.42
合计	5000	95	4905	1226.25	95.00	4905.00	1226.25	95.00	4905.00	1226.25

3. 无形资产、递延资产计价与摊销的筹划

税法对无形资产、递延资产处理的规定集中在其计价与摊销两方面。与固定资产节税相同，无形资产、递延资产的节税筹划也应尽可能地从加速摊销方面进行考虑。

二、扣除项目的税务筹划

1. 工资、薪金支出

根据税法规定，2008年起，企业发生的合理的工资、薪金支出准予据实扣除。此外，企业发生的工会经费、职工福利费、职工教育经费不超过工资薪金总额2%、14%、2.5%的部分准予在税前扣除，其中教育经费可结转。其中工资、薪金支出是指企业每一纳税年度支付给本企业任职或与其有雇佣关系的员工所有现金或非现金形式的劳动报酬，包括基本工资、资金、津贴、补贴、年终加薪、加班工资以及与任职或者是受雇有关的其他支出。

节税思路具体如下：①

（1）企业发放普通工资时，一方面，应当分析现行个人所得税的相关政策规定，根据员工的年度工资、薪金总额，合理安排月度工资奖金和全年一次性奖金，有条件的企业还可适当安排股票期权、住房（让员工低价取得住房）等项目，从而让员工的“工资薪金所得”充分享受低税率，使个人所得税负担最小化。另一方面，企业每安排职工工资100元，就会减少企业所得税负担25元（假设企业所得税适用税率为25%），只要工资、薪金个人所得税适用的最高税率不超过25%，多发工资就不会增加额外的税收负担，这就为企业实施高薪策略提供了较为宽松的税收环境。

（2）在职工从事研究开发期间，可多安排工资、奖金（包括全年一次性奖金），从而更多地享受加计扣除。因为税法规定：企业为开发新技术、新产品、新工艺发生的研究开

① 陈荣富、张伟伟：《安排工资支出、争取收益最优》．《中国税务报》（电子版），2008年1月21日。

发费用，未形成无形资产计入当期损益的，在按照规定据实扣除的基础上，按照研究开发费用的50%加计扣除；形成无形资产的，按照无形资产成本的150%摊销。需要注意的是，多安排工资、奖金相应增加的个人所得税负担，不能超过加计扣除部分减少的企业所得税负担，否则将得不偿失。

（3）企业安置残疾人员。根据税法规定，企业安置残疾人员的，在按照支付给残疾职工工资据实扣除的基础上，按照支付给残疾职工工资的100%加计扣除。

（4）筹划增列费用。企业应积极在合法范围内扩大费用，使费用极大化。为达此目的可以：①在限额内允许提取的职工福利费等一定要全部提取。②将员工红利变为年终奖金。员工红利与年终奖金的性质非常相似，均是用以鼓励员工，但是两者的税务处理方式不同，因而对税负的影响不同。年终奖属于工薪收入，可在税前扣除从而降低税负；员工红利属于盈利分配，从税后利润中开支。因此基于节税的目的，企业应尽可能采用年终奖金形式。

（5）取得合法凭证。取得合法凭证是基础性工作，只有出具收据、签收名册、印领清册、花名册等有效凭证，才可以依法予以扣除。否则，只能任由税务机关裁定，可能带来税负的极大增加。

（6）提高职工生活水平，减少名义工资收入。

2. 借款利息支出

税法规定，企业在生产经营活动中发生的合理的不需要资本化的借款费用，准予扣除。企业在生产经营活动中发生的下列利息支出，准予扣除：非金融企业向金融企业借款的利息支出、金融企业的各项存款利息支出和同业拆借利息支出、企业经批准发行债券的利息支出；非金融企业向非金融企业借款的利息支出，不超过按照金融企业同期同类贷款利率计算的数额的部分。但非银行企业内营业机构之间支付的利息不得扣除。需要注意的是，专门为建造、购进的固定资产而发生的转项贷款利息，在竣工决算投产之前应该予以资本化计入固定资产价值，竣工决算以后发生的各项借款利息支出可以在税前扣除。由此可见，利息支出并非简单全部扣除，对此进行筹划很有必要。

借款利息支出筹划税前扣除方面应注意如下问题：

第一，注意利息支出合法性。①应取得合法凭证。例如，支付给金融业的利息为金融业的结算单或证明书，支付给其他债权人的利息为收息者的收据。②借入款项应于账内载明债权人的真实姓名和地址，其利息支出才准予认定。

第二，向金融机构以外的借款（如民间借款），利率如果超过金融机构相应利息则不予认定，故应尽量向金融机构贷款，不要向金融机构以外对象贷款，避免被调整剔除。如确实需要向非金融机构借款，利率尽量参照同期金融机构借款利率，然后以其他方式给予弥补，如更优惠的产品价格。

【案例5-6】

某企业职工人数为500人，人均月工资3000元，当年度向职工集资人均10000元，年利率10%，同期同类银行贷款利率为7%。当年度税前会计利润总额为300000元。因为借款利率超过可扣除标准，超支利息应调整应纳税所得额为 500×10000×(10%－7%)＝150000 元，该企业应纳企业所得税为 11.25 万元[(300000＋150000)×25%]，应代扣代缴个人所得税 100000 元(10000×500×10%×20%)。请问有什么办法避免这种支出?

【分析】如果将职工集资利率降为 7%，将降低的利息通过提高职工工资来解决，那么，职工的个人收入不但没有减少，反而降低了利息所得项目应纳的个人所得税。对企业来说，集资利息未超过同期同类银行贷款利息，可以获得全额扣除。

即将职工每人每月工资额增加 83.33 元，仍未超过计税工资标准。将利息费用转移为工资费用，这样，企业应纳企业所得税额减少 37500 元，应代扣代缴个人所得税减少 30000 元(10000×500×3%×20%)。

3. 公益、救济性捐赠支出

税法规定，“企业发生的通过公益性社会团体或者县级以上人民政府及其部门，用于《中华人民共和国公益性事业捐赠法》规定的公益性捐赠支出，不超过年度利润总额 12% 的部分，准予扣除”。因此，企业在进行捐赠前，应根据企业自己的利润情况和税法规定的扣除比例，尽可能选择在应纳税所得额中全部扣除的捐赠对象与方式。同时，企业在捐赠过程中还必须注意，要取得合法票据，否则不能在税前扣除。税法规定，接受捐赠或办理转赠的非营利的社会团体的国家机关，应按照财务隶属关系分别使用由中央或省级财政部门统一印（监）制的捐赠票据，并加盖接受捐赠或转赠单位的财务专用印章。税务机关据此对捐赠单位进行税前扣除。

（1）捐赠对象的选择。企业进行捐赠时应当注意符合税法的规定，即应当通过特定的机构进行捐赠，而不能自行捐赠；应当用于公益性目的，而不能用于其他目的。如果企业在当年的捐赠达到了限额，则可以考虑在下一个纳税年度再进行捐赠。通过符合税法要求的捐赠，可以最大限度地降低企业的税收负担。

【案例 5－7】

某高新技术企业 2008 年度实现利润 100 万元（未扣除捐赠额），企业所得税税率为 25%。企业为了提高其知名度及产品的竞争力，决定向社会相关单位捐赠 15 万元。在捐赠总额不变时，有下列两种捐赠方式选择：①纳税人不通过境内非营利的社会团体、国家机关做公益、救济性捐赠或非公益、救济性捐赠。②纳税人通过境内非营利的社会团体、国家机关，向教育、民政等公益事业做公益、救济性的捐赠（不属于可以全额扣除的情况）。请计算两种方式下企业应纳所得税税额。

【分析】根据上述税法的规定：

第一种情况，其应纳税所得额不能作任何扣除，故其应纳所得税税额为 25 万元(100×25%)。

第二种情况，其捐赠支出在扣除限额内的部分可以据实扣除，故其应纳所得税税额为 22 万元[(100－100×12%)×25%]。

（2）现金捐赠与实物捐赠的选择。不同形式的捐赠，其捐出物不同，其税负也不相同。《企业会计准则》规定："企业向外发生捐赠支出应列入营业外支出。"从税法的角度来看，将自产、委托加工或购买的货物无偿赠他人的捐物行为属于增值税征税范围的特殊行为，应视同销售货物缴纳增值税；而捐赠现金不视同销售，不缴纳增值税。

【案例5-8】

假定某纳税人有两种方式向外发生捐赠（捐赠支出在税法规定的扣除限额内），一种方式是向外捐赠30000元人民币；另一种方式是向外捐赠公允价值相当于30000元人民币的商品。该纳税人适用企业所得税税率25%。请问，哪种捐赠方式对企业更为有利？

【分析】 捐实物的现金流出为 $30000+30000\times17\%-30000\times25\%=27600$ 元；捐现金的现金流出为 $30000-30000\times25\%=22500$(元)。由此可知，单纯从纳税方面考虑，现金捐赠对企业较为有利。

在实际工作中，一些企业选择实物捐赠方式一般还有其他考虑，如宣传产品、提高企业知名度、培养用户使用习惯等，因此，选择实物捐赠还是现金捐赠最终要从企业整体要求出发。

4. 业务招待费支出

根据《企业所得税法实施条例》规定，纳税人发生的与其生产、经营业务直接有关的业务招待费支出，按照发生额的60%扣除，但最高不得超过当年销售（营业）收入的5‰。纳税人申报扣除的业务招待费，主管税务机关要求提供证明资料的，应提供能证明真实性足够的有效凭证或资料。不能提供的，不得在税前扣除。

对此，我们可以有如下税务筹划思路：

其一，提供如实记录或单据并且充分利用按税法规定享受的准予扣除额，达到节税目的。

其二，不要将其他开支混入业务招待费入账，如会议费、差旅费。因为纳税人发生的与其经营活动有关的合理的差旅费、会议费，只要能够提供证明其真实性的合法凭证，均可获得全额扣除，不受比例的限制。差旅费证明材料应包括出差人员姓名、地点、时间、任务、支付凭证等。会议费证明材料应包括会议时间、地点、出席人员、内容、目的、费用标准、支付凭证等。例如，企业召开的产品订货会，应当注意提供上述会议费的证明材料并计入"销售费用"或"管理费用"的"会议费"明细科目，避免计入"管理费用"的"业务招待费"明细科目。

其三，设立独立销售公司。

【案例5-9】

某机械制造企业年销售收入为3500万元。年业务招待费一般为30万元，年利润总额为200万元。设该企业的应纳税所得额没有其他调整事项。请为该企业提供税务筹划方案。

【分析】根据业务招待费的税前扣除标准，该企业可以在税前扣除的业务招待费为17.5万元：

$30\times60\%=18$ 万元 $>3500\times5‰=17.5$（万元）

应纳税所得额 $=200+(30-17.5)=212.5$（万元）

应纳所得税 $=212.5\times25\%=53.125$（万元）

如果该企业生产部门与销售部门独立，设立独立的销售公司，设生产企业将产品以3400万元销售给销售公司，销售公司再以3500万元销售，生产企业与销售公司各负担业务招待费15万元，则生产企业可以在税前扣除的业务招待费为9万元：

$15\times60\%=9$ 万元 $<3400\times5‰=17$（万元）

生产企业的应纳税所得额 $=100+(15-9)=106$（万元）

应纳所得税 $=106\times25\%=26.5$（万元）

销售公司可以在税前扣除的业务招待费为9万元：

$15\times60\%=9$ 万元 $<3500\times5‰=17.5$（万元）

销售公司的应纳税所得额 $=100+(15-9)=106$（万元）

销售公司应纳所得税 $=106\times25\%=26.5$（万元）

企业整体应纳所得税 $=26.5+26.5=53$（万元）

节税额 $=53.125-53=0.125$（万元）

5. 广告费和业务宣传费支出

根据《企业所得税法实施条例》第四十四条规定，“企业发生的符合条件的广告费和业务宣传费支出，除国务院财政、税务主管部门另有规定外，不超过当年销售（营业）收入15%的部分，准予扣除；超过部分，准予在以后纳税年度结转扣除”。

对此，我们可以有如下税务筹划思路：企业在广告宣传业务活动安排过程中，必须注意上述扣除比例和广告费、业务宣传费支出的性质规定。另外，各种非广告性质的赞助支出不能列支，一些特定的广告费须事先向税务机关报备，否则不予认定。所以对于广告费和业务宣传费支出，要周密筹划，合理安排，以免被认为不能列支或列支被调整。

（1）取得合法凭证。取得合法凭证是最起码的税务筹划行为。广告费的列支，除应注意取具统一发票或普通收据等外来凭证外，尚应注意保存广告样张，以免查账时遭税务机关质疑。

（2）履行报备手续。销货附赠品部分，应于赠送前向税务机关报备。样品部分有不用报备、事前报备及事后报备三种，在任何情况下，适用不同报备手续，企业均应加以注意，如果未按规定报备，虽有支付事实且具有广告性质，仍不予认定。

（3）适当规划广告费与期间费用列支科目。销货附赠品，符合广告费列支条件（如印有“赠品不得销售”字样）者，可按广告费列支，否则应按期间费用列支，因此企业可在两者间合理安排，达到节税目的。

（4）保存赠送记录。销货附赠物品，赠送时应于发票上加盖赠品讫戳记，编制列明有发票号码、品名、数量、金额及日期的报表，并加以妥善保存，备供税务机关核查。

（5）设立公司销售企业分摊费用。业务招待费、广告费和业务宣传费均是以营业收入为依据计算扣除标准的，如果纳税人将企业的销售部门设立成一个独立核算的销售公司，将企业产品销售给公司，再由公司对外销售，这样就增加了一项营业收入，而整个利益集团的利润总额并未改变，费用扣除的“限制”可同时获得“解放”。

【案例5-10】

上海某集团机械制造厂2015年实现的机械制造销售收入为20000万元，发生广告费业务宣传费5000万元，税前会计利润为2000万元。该集团想设立独立核算的销售公司以节税，请问是否可行。

【分析】该机械制造厂广告费业务宣传费可以在税前扣除的金额为20000×15%=3000（万元），超支额为2000万元，应纳税所得额为4000万元（2000+2000），应纳所得税为1000万元（4000×25%），税后利润为1000万元。

若该集团设立独立核算的销售公司，负责该厂机械设备的最终销售。假定机械制造厂以总价16000万元把机械设备批发给销售公司，销售公司以20000万元的价格销售出去。机械厂和销售公司发生的广告费和业务宣传费分别为2000万元和3000万元。机械厂的税前利润为1600万元，销售公司的税前利润为400万元。则机械厂可以在税前扣除的金额为16000×15%=2400（万元），销售公司可以在税前扣除的金额为20000×15%=3000（万元）。由于两家企业的广告费和业务宣传费均不超过税法规定的标准，整个集团应纳所得税为500万元（2000×25%），税后利润为1500万元，比筹划前增加500万元。因此，该集团设立独立核算的销售公司以节税是可行的。

（6）了解主管税务机关对企业广告费税前扣除审核检查的重点：①申报扣除的广告费支出是否已经实际支付，并取得相应发票。②已申报扣除的广告是否已通过一定媒体播发，是否将预支的以后年度广告费支出提前申报扣除。③纳税人是否严格区分广告费与其他费用的界限，特别是广告费、业务宣传费和业务招待费的界限。④具有广告性质的礼品是否计入业务宣传费并按规定比例扣除。⑤对当年未能在税前扣除的广告支出是否建立台账进行管理，并跟踪其以后年度扣除情况。

设立销售公司除了可以节税外，对于扩大产品销售市场，加强销售管理均具有重要意义。但也会因此增加一些管理成本。纳税人应根据企业规模的大小以及产品的具体特点，兼顾成本与效益原则，从长远利益考虑，决定是否设立。

6. 新技术、新产品、新工艺研究开发费用支出

《企业所得税法》规定，“开发新技术、新产品、新工艺发生的研究开发费用，可以在计算应纳税所得额时加计扣除，具体办法是企业为开发新技术、新产品、新工艺发生的研究开发费用，未形成无形资产计入当期损益的，在按照规定据实扣除的基础上，按照研究开发费用的50%加计扣除；形成无形资产的，按照无形资产成本的150%摊销。”《财政部 国家税务总局 科技部关于提高科技型中小企业研究开发费用税前加计扣除比例的通知》（财税［2017］34号）规定：科技型中小企业开展研发活动中实际发生的研发费用，未形成无形资产计入当期损益的，在按规定据实扣除的基础上，在2017年1月1日至2019年12月31日期间，再按照实际发生额的75%在税前加计扣除；形成无形资产的，在上述期间按照无形资产成本的175%在税前摊销。

企业研究开发“三新”的各项费用，包括新产品设计费，工艺规程指定费，设备调整费，原材料和半成品的试验费，技术图书资料费，未纳入国家计划的中间试验费，研究机构人员的工资，研究设备的折旧，与新产品的试制、技术研究有关的其他经费，以及委托其他单位进行考验试制的费用。

对此，可以从如下角度进行税务筹划：正确掌握税法关于“三新”研究开发费用税前加计扣除的具体操作办法、利用研究活动与开发活动的交叉模糊性，恰当掌握以形成无形资产，即资本化的资金额度，通过提前的加计扣除，获取资金的时间价值。如何用足、用活税收优惠政策的实际操作方面，主要注意下列问题：①纳税人进行技术开发须先立项，并编制项目开发计划和技术开发费预算。②必须账证健全，并能从不同会计科目中准确归集技术开发费用实际发生额。③纳税人在年度纳税申报时应报送以下材料：技术项目开发计划（立项书）和技术开发费预算；技术研发专门机构的编制情况和专业人员名单；上年及当年技术开发费实际发生项目和发生额的有效凭据。④主管税务机关将对纳税人的纳税申报表及有关资料的真实性和合理性进行认真审查评估。

7. 固定资产租赁费支出

税法规定，根据生产经营活动的需要租入固定资产支付的租赁费，按照以下方法扣除：以经营租赁方式租入固定资产发生的租赁费支出，按照租赁期限均匀扣除；以融资租赁方式租入固定资产发生的租赁费支出，按照规定构成融资租入固定资产价值的部分应当提取折旧费用，分期扣除。但企业内营业机构之间支付的租金不得扣除。

对此，我们可以有如下税务筹划思路：租金支出的节税筹划，重点在于如何使租金支出费用极大化，以及合理分配归属期间费用，以达到节省税金的目的。①合理分配跨期间费用。有些租金支出可能须预先支付，有些情况则延后支付，于年度结束时，企业应就截至年底负担的租金费用，予以合理地分配或预提。②取得合法凭证。取得合法凭证是允许税前扣除的基本条件，否则，虽有支付事实，仍不能在税前扣除。例如统一发票、收据及租赁契约等。③在支出水平相等的情况下，以经营租赁方式承租，以达到费用最大化效果。

8. 企业资产损失的税前扣除

资产损失，是指企业在生产经营活动中实际发生的、与取得应税收入有关的资产损失，包括现金损失，存款损失，坏账损失，贷款损失，股权投资损失，固定资产和存货的盘亏、毁损、报废、被盗损失，自然灾害等不可抗力因素造成的损失以及其他损失。上述资产是指企业拥有或者控制的、用于经营管理活动且与取得应税收入有关的资产，包括现金、银行存款、应收及预付款项等货币资产，存货、固定资产、在建工程、生产性生物[①]资产等非货币性资产以及债权性投资和股权（权益）性投资。

根据国家税务总局关于发布《企业资产损失所得税税前扣除管理办法》公告2011年

① 是指为产出农产品、提供劳务或出租等目的而持有的生物资产，包括经济林、薪炭林、产畜和役畜等。

第25号的规定，自2011年1月1日起，企业资产损失税前扣除管理的基本原则如下：

（1）准予在企业所得税税前扣除的资产损失，是指企业在实际处置、转让上述资产过程中发生的合理损失（以下简称实际资产损失），以及企业虽未实际处置、转让上述资产，但符合财税［2009］57号文件和本办法规定条件计算确认的损失（以下简称法定资产损失）。

（2）企业实际资产损失，应当在其实际发生且会计上已作损失处理的年度申报扣除；法定资产损失，应当在企业向主管税务机关提供证据资料证明该项资产已符合法定资产损失确认条件，且会计上已作损失处理的年度申报扣除。

（3）企业发生的资产损失，应按规定的程序和要求向主管税务机关申报后方能在税前扣除。未经申报的损失，不得在税前扣除。

（4）企业以前年度发生的资产损失未能在当年税前扣除的，可以按照本办法的规定，向税务机关说明并进行专项申报扣除。其中，属于实际资产损失，准予追补至该项损失发生年度扣除，其追补确认期限一般不得超过五年，但因计划经济体制转轨过程中遗留的资产损失、企业重组上市过程中因权属不清出现争议而未能及时扣除的资产损失、因承担国家政策性任务而形成的资产损失以及政策定性不明确而形成资产损失等特殊原因形成的资产损失，其追补确认期限经国家税务总局批准后可适当延长。属于法定资产损失，应在申报年度扣除。

企业因以前年度实际资产损失未在税前扣除而多缴的企业所得税税款，可在追补确认年度企业所得税应纳税款中予以抵扣，不足抵扣的，向以后年度递延抵扣。

企业实际资产损失发生年度扣除追补确认的损失后出现亏损的，应先调整资产损失发生年度的亏损额，再按弥补亏损的原则计算以后年度多缴的企业所得税税款，并按前款办法进行税务处理。

【案例5－11】

四川雅安某鞋业公司生产各种样式的皮鞋。2008年8月，该地区发生水灾，由于该公司正处下水口，公司厂房倒塌多处，大批成品皮鞋及原材料被大水冲走。灾后该公司进行了盘点，发现此次水灾共导致损失500万元。在计算缴纳企业所得税时，该公司将这笔损失作为营业外支出全部列支，并向税务机关申报纳税。年终所得税汇算时，税务机关认定该项损失虽属非正常损失，但由于该公司未及时申报扣除资产损失，也未申请相关税务机关审核，并向税务机关报告备案，不允许列支。结果是税务稽查机关要求企业补缴企业所得税款125万元。

【分析】本案例中，该鞋业公司的水灾损失是由非主观意志因素造成的，属于企业资产因自然灾害等不可抗力因素造成的损失，本可以从应纳税所得额中扣除，但由于该公司没有严格按照税法规定的程序办事，因而丧失了这样的机会。

对于纳税人来说，为了避免费用损失被剔除，必须从以下方面注意：建立健全会计制度；企业资产发生永久或实质性损害的损失，应严格依据税法的要求进行盘点，确认损失金额，并提供相关的证明文件；委托注册会计师监盘签证；及时申报损失并申请税务机关审核。

第四节　财务成果与分配的税务筹划

一、亏损弥补的税务筹划

1. 企业亏损弥补的相关法律规定

亏损，是指企业依照《企业所得税法》及其暂行条例的规定，将每一纳税年度的收入总额减除不征税收入、免税收入和各项扣除后小于零的数额。税法规定，企业某一纳税年度发生的亏损可以用下一纳税年度的所得弥补；下一纳税年度的所得不足弥补的，可以逐年延续弥补，但最长不得超过5年。而且，企业在汇总计算缴纳企业所得税时，其境外营业机构的亏损不得抵减境内营业机构的盈利。5年内不论是盈利或亏损，都作为实际弥补期限计算。

企业筹办期间不计算为亏损年度，企业自开始生产经营的年度，为开始计算企业损益的年度。企业从事生产经营之前进行筹办活动期间发生筹办费用支出，不得计算为当期的亏损，企业可以在开始经营之日的当年一次性扣除，也可以按照长期待摊费用的处理规定处理，但一经选定，不得改变。

税务机关对企业以前年度纳税情况进行检查时调增的应纳税所得额，凡企业以前年度发生亏损且该亏损属于企业所得税法规定允许弥补的，应允许调增的应纳税所得额弥补该亏损。弥补该亏损后仍有余额的，按照企业所得税法规定计算缴纳企业所得税。

在亏损弥补过程中要注意两个问题：一是自亏损年度的下一个年度起连续5年不间断地计算；二是连续发生年度亏损，也必须从第一个亏损年度算起，先亏先补，按顺序连续计算亏损弥补期，不得将每个亏损年度的连续弥补期相加，更不得断开计算。

2. 税务筹划思路

根据上述规定，合理利用亏损弥补的规定可以从以下几个方面考虑：

（1）如果企业发生年度亏损，应对以后若干年度的盈亏状况进行合理规划，特别是5年弥补期快满时更应特别注意。要尽量避免弥补期刚满5年企业又出现大量盈利的情况出现。

（2）如果企业已经没有需要弥补的亏损或者企业刚刚组建，而亏损在最近几年又是不可避免的，那么，应该尽量先使企业亏损，然后再使企业盈利。

【案例5-12】

假设某公司2008~2015年的盈亏情况如表5-5所示。

【问题】请分析该公司亏损弥补的税务筹划。

表5-5 某公司2008~2015年的盈亏情况　　单位：万元

纳税年度	2008	2009	2010	2011	2012	2013	2014	2015
盈亏情况	-165	-56	40	40	35	45	20	60

【分析】根据表5-5，该公司2008年亏损165万元，2009年亏损56万元。2008年的亏损165万元可以在以后五年（2009~2013年）逐年延续弥补。2009年为亏损，不能弥补，2010~2013年在没有弥补亏损的情况下，盈利160万元，这样，该企业2008年的亏损到2013年已经满5年，只能弥补160万元，尚有5万元不能再弥补。其2009年的亏损56万元，只能用2014年的盈利20万元弥补，弥补不足的36万元，由于5年期满，也不得再结转弥补。但5年弥补期刚满，该公司在2015年即实现盈利60万元。设该公司所得税率为25%。

2015年应纳所得税=60×25%=15(万元)

假如该企业通过业务安排（例如与客户签订合同时将交货时间提前，建筑业将原使用的全部完工法计算收入改为完工百分比法，新购固定资产不采用加速折旧法而采用年限平均法等)，2014年的利润为56万元，2015年的利润为24万元，则2014年的利润可以全部弥补2009年的亏损。

2015年应纳所得税=24×25%=6(万元)

节税额=15-6=9(万元)

二、股利分配的税务筹划

企业税后利润向股东分配也存在分配与否和分配时间的选择问题。

1. 股利分配与否的选择

对公司股东所分配的股利，股东为企业的，还要合并计入企业利润总额征收企业所得税，对合伙人及合伙企业分得的盈余还要征收个人所得税。在这种情况下，企业如何使股东或合伙人尽量减少税收负担是需要考虑的问题。可行的方式就是延期分配股利或直接将股东（合伙人）应分得的股利（盈余）直接转作投资，以获得延迟缴纳的好处。

所谓延期付税，是指实行居民管辖权的国家对外国子公司取得的利润收入，在没有以股息等形式汇给母公司以前，对母公司不就国外子公司应分的股息征税。征税行为可以推迟到母公司取得股息之时。跨国公司还可以设法使外国子公司将其税后利润长期积累，在公司内部不予分配，或有意识地降低应分配股息的比例，从而可以相应地推迟或减少股东向母国缴纳的税收，达到税务筹划的目的。延期纳税使纳税人获得了一笔长期无息贷款，同时也降低了所得税的实际课征率。

这种方法目前也适用于我国的股份制企业，在国内利用留用利润来合理减轻税负，主要有以下两种做法：

（1）保留盈余提升股票价值。股份公司可以采取不直接分配股息，而使股票增值的方法来达到目的。例如，深圳一家股份公司，2015年营业状况良好，但它并没有把利润全部分给股东，经董事会研究决定，把利润中的大部分作为公司的追加投资。这样，公司的资产总额加大了，而并没有多发行股票，使公司原有股票升值。与发放股息这种常规做法相比，保留盈余的优点有两方面：一方面，股东的个人所得税（股息部分）就无须再交；另一方面，公司也取得了再投资部分的优惠待遇。

（2）设立持股公司。这种方法也是针对股东而言的，如果某一公司想对某一股份公司投资可采取此办法，即在低税区建立持股公司。一般低税区本身通常对股息和资本利息免税，或只征很低的税，母公司将股息留在持股公司，就可暂时把低税区获得的税收优惠利益暂时保存，获得延迟纳税的好处，但我国对企业从关联企业分得的利润还要并入企业利润总额征收企业所得税，但其已纳税款可在确定实缴税款时予以抵免。在这种情况下，若企业与关联企业适用税率一致便不会增加企业税负，股利或盈余怎么分配似乎对企业没有多少影响；如果企业与关联企业适用税率不一致，尤其是关联企业适用低税率时，延期分配股利或盈余对企业的影响就不一样。它至少可为企业获得低税区税收优惠款项所带来的税收利益的时间价值。

若股东为个人，便不能享受税收抵免待遇，双重征税无法避免，在这种情况下，可将股利直接转增投资，以增加股东所持股票价值或延期支付股息便可给股东带来不缴股息个人所得税或缓缴个人所得税的利益。同时转让股票的所得是免征个人所得税的。

2. 股利分配时机选择

在直接投资中，投资人可以直接以实物进行投资，也可以用货币进行投资，假设某投资人是以货币形式进行投资并取得股权的，就称作股权投资。投资人从被投资企业获得的收益主要有股息（包括股息性所得）和资本利得。根据目前我国企业所得税相关法规的规定，企业股权投资取得的股息与资本利得的税收待遇是不同的。

股息性所得是投资方从被投资单位获得的税后利润，属于已征收过企业所得税的税后所得，原则上不再重复征收企业所得税。

资本利得是投资企业处理股权的收益，即企业收回、转让或清算处置股权投资所获得的收入，减除股权投资成本后的余额。这种收益应全额并入企业的应纳税所得额，依法缴纳所得税。

投资人可以充分利用上述政策差异进行税收筹划。例如，如果被投资企业是母公司下属的全资子公司，则没有进行利润分配的必要。但是，需要注意的是，如果投资方企业打算将拥有的被投资企业的全部或部分股权对外转让，则会造成股息所得转化为股权转让所得，使本应享受免税或仅补税的股息性所得，转化为应全额并入所得额征税的股权转让所得。因此，在股权转让之前，投资人应该先将被投资企业的税后盈余分配完毕，只有这样才能获得税收策划的好处。

因此，一般情况下被投资企业保留利润不分配，企业股权欲转让时，在转让之前必须将未分配利润进行分配。这样做，对投资方来说，可以达到不补税或递延纳税的目的，同时又可以有效地避免股息性所得转化为资本利得，从而消除重复纳税；对于被投资企业来说，由于不分配可以减少现金流出，而且这部分资金无须支付利息，等于增加了一笔无息贷款，因而可以获得资金的时间价值。

三、减免税期的税务筹划

《企业所得税法》规定了对不同企业的所得税减免政策，与旧税法推行的开始获利年度减免不同，现行税法均是以开始取得收入的年度起计算减免税期限，因此，企业有必要合理计划取得收入的时间，以获取最大的减免税优惠。

【案例5-13】

A、B两公司均为新设的符合条件的环境保护企业，按《企业所得税法实施条例》第八十八条规定，自取得第一笔生产经营收入所属纳税年度起，第1年至第3年免征企业所得税，第4年至第6年减半征收企业所得税。B企业计划从2009年开始营业并取得收入，A企业考虑到最早要在2009年10月才能取得收入，且可能产能不稳定，决定加强设备安装的质量控制和试制工作，推迟到2010年初投产并取得收入。2009~2015年A、B两公司的经营业绩分别见表5-6和表5-7。

表5-6　2009~2015年A公司的经营业绩　　单位：万元

年份	2009	2010	2011	2012	2013	2014	2015
利润	-100	80	-60	40	240	400	600
税前利润补亏的计算		-20	-80	-40	200		

表5-7　2009~2015年B公司的经营业绩　　单位：万元

年份	2009	2010	2011	2012	2013	2014	2015
利润	40	-20	60	-40	160	400	600
税前利润补亏的计算			40		120		

由表5-6、表5-7可以看出：

A公司七年来的总利润：

(-100+80-60+40+240+400+600)=1200(万元)

B公司七年来的总利润：

(40-20+60-40+160+400+600)=1200(万元)

从账面上看，两企业的经营效果相当，营业总利润相同。但自2009年以来七年内两公司缴纳的所得税额却有很大差异。

【分析】根据《中华人民共和国企业所得税法实施条例》第88条规定，A公司和B公司均符合“自取得第一笔生产经营收入所属纳税年度起，第1年至第3年免征企业所得税，第4年至第6年减半征收企业所得税”的规定。根据该规定，A公司2010年取得收入，因此，2010~2012年为免税期，2013~2015年为减半征收期。

A 公司在 2009～2015 年应纳所得税 =（200 + 400 + 600）× 25% × 50% = 150（万元）

B 公司由于从 2009 年起获得收入，因此，2009～2011 年为免税期，2012～2014 年为减半征收期。

B 公司在 2009～2015 年应纳所得税 =（120 + 400）× 25% × 50% + 600 × 25% = 215（万元）

7 年内 A 公司缴纳的企业所得税为 150 万元，而 B 公司缴纳的企业所得税为 215 万元，两家企业缴纳税款相差 65 万元。根本原因是 A 公司比 B 公司更加善于安排开始获得收入的时间，更加合理地对企业的全部生产经营情况进行筹划，充分利用了税收优惠政策。

第五节 税收优惠政策的税务筹划

企业所得税的优惠政策是所有税种里最多、最复杂的，同时也为税务筹划提供了充分的筹划空间。因此，有必要对所得税的税收优惠政策进行全面而深刻的理解。

一、小型微利企业的所得税优惠

我国对小型微利企业的所得税优惠有多次修订。2017 年 6 月，财政部又再一次扩大了小型微利企业所得税优惠政策范围。财政部国家税务总局关于扩大小型微利企业所得税优惠政策范围的通知（财税［2017］43 号）规定：

自 2017 年 1 月 1 日至 2019 年 12 月 31 日，将小型微利企业的年应纳税所得额限由 30 万元提高至 50 万元，对年应纳税所得额低于 50 万元（含 50 万元）的小型微利企业，其所得减按 50% 计入应纳税所得额，按 20% 的税率缴纳企业所得税。前款所称小型微利企业，是指从事国家非限制和禁止行业，并符合下列条件的企业：①工业企业，年度应纳税所得额不超过 50 万元，从业人数不超过 100 人，资产总额不超过 3000 万元。②其他企业，年度应纳税所得额不超过 50 万元，从业人数不超过 80 人，资产总额不超过 1000 万元。

本通知第一条所称从业人数，包括与企业建立劳动关系的职工人数和企业接受的劳务派遣用工人数。所称从业人数和资产总额指标，应按企业全年的季度平均值确定年度中间开业或者终止经营活动的，以其实际经营期作为一个纳税年度确定上述相关指标。具体计算公式如下：

季度平均值 =（季初值 + 季末值）÷ 2

全年季度平均值 = 全年各季度平均值之和 ÷ 4

《财政部　国家税务总局关于小型微利企业所得税优惠政策的通知》（财税［2015］34 号）和《财政部　国家税务总局关于进一步扩大小型微利企业所得税优惠政策范围的通知》（财税［2015］99 号）自 2017 年 1 月 1 日起废止。

二、不同地区企业的所得税优惠

1. 对民族自治地方企业的所得税优惠

《企业所得税法》第二十九条规定，“民族自治地方的自治机关对本民族自治地方的企业应缴纳的企业所得税中属于地方分享的部分，可以决定减征或者免征。自治州、自治县决定减征或者免征的，须报省、自治区、直辖市人民政府批准。”《企业所得税法实施条例》第九十四条规定，“对民族自治地方内国家限制和禁止行业的企业，不得减征或者免征企业所得税。”

与老规定相比，现行税法将外资企业的所得税也纳入了民族自治地方可以减免的范围。这就为企业的税务筹划提供了一定的可行空间。

2. 对经济特区和上海浦东新区高新技术企业的所得税优惠

根据《企业所得税法》第五十七条的有关规定，国务院决定对法律设置的发展对外经济合作和技术交流的特定地区内，以及国务院已规定执行上述地区特殊政策的地区内新设立的国家需要重点扶持的高新技术企业，实行过渡性税收优惠：

（1）法律设置的发展对外经济合作和技术交流的特定地区，是指深圳、珠海、汕头、厦门和海南等经济特区；国务院已规定执行上述地区特殊政策的地区，是指上海浦东新区。

（2）对经济特区和上海浦东新区内在2008年1月1日（含）之后完成登记注册的国家需要重点扶持的高新技术企业（以下简称新设高新技术企业），在经济特区和上海浦东新区内取得的所得，自取得第一笔生产经营收入所属纳税年度起，第1年至第2年免征企业所得税，第3年至第5年按照25%的法定税率减半征收企业所得税。

国家需要重点扶持的高新技术企业，是指拥有核心自主知识产权，同时符合《中华人民共和国企业所得税法实施条例》第九十三条规定的条件，并按照《高新技术企业认定管理办法》认定的高新技术企业。

（3）经济特区和上海浦东新区内新设高新技术企业同时在经济特区和上海浦东新区以外的地区从事生产经营的，应当单独计算其在经济特区和上海浦东新区内取得的所得，并合理分摊企业的期间费用；没有单独计算的，不得享受企业所得税优惠。

（4）经济特区和上海浦东新区内新设高新技术企业在按照规定享受过渡性税收优惠期间，由于复审或抽查不合格而不再具有高新技术企业资格的，从其不再具有高新技术企业资格年度起，停止享受过渡性税收优惠；以后再次被认定为高新技术企业的，不得继续享受或者重新享受过渡性税收优惠。

根据以上规定，投资者在选择投资地点时，可以考虑充分利用经济特区和上海浦东新区高新技术企业的优惠政策，以达到节税的目的。

3. 对西部大开发地区的所得税优惠

（1）适用范围。本政策的适用范围包括重庆市、四川省、贵州省、云南省、西藏自治区、陕西省、甘肃省、宁夏回族自治区、青海省、新疆维吾尔自治区、新疆生产建设兵团、内蒙古自治区和广西壮族自治区（上述地区统称“西部地区”）。湖南省湘西土家族苗族自治州、湖北省恩施土家族苗族自治州、吉林省延边朝鲜族自治州、江西省赣州市，可以比照西部地区的税收优惠政策执行。

（2）具体内容。

1）对设在西部地区国家鼓励类产业企业，在 2011 年 1 月 1 日至 2020 年 12 月 31 日期间，减按 15% 的税率征收企业所得税。国家鼓励类产业企业，是指以《产业结构调整指导目录》（2005 年版）中规定的产业项目为主营业务，其主营业务收入占企业总收入 70% 以上的企业。

2）对西部地区 2010 年 12 月 31 日前新办的，根据《财政部、国家税务总局、海关总署关于西部大开发税收优惠政策问题的通知》（财税［2001］202 号）规定，可以享受企业所得税“两免三减半”的交通、电力、水利、广播电视企业，其享受的企业所得税“两免三减半”优惠可以继续享受到期满为止。

3）对在西部地区新办交通、电力、水利、邮政、广播电视企业，上述项目业务收入占企业总收入 70% 以上的，可以享受企业所得税如下优惠政策：内资企业自开始生产经营之日起，第 1 年至第 2 年免征企业所得税，第 3 年至第 5 年减半征收企业所得税。

新办交通企业是指投资新办从事公路、铁路、航空、港口、码头运营和管道运输的企业。新办电力企业是指投资新办从事电力运营的企业。新办水利企业是指投资新办从事江河湖泊综合治理、防洪除涝、灌溉、供水、水资源保护、水力发电、水土保持、河道疏浚、河海堤防建设等开发水利、防治水害的企业。新办邮政企业是指投资新办从事邮政运营的企业。新办广播电视企业是指投资新办从事广播电视运营的企业。

上述企业同时符合本规定条件的，第 3 年至第 5 年减半征收企业所得税时，按 15% 税率计算出应纳所得税额后减半执行。

上述所称企业，是指投资主体自建、运营上述项目的企业，单纯承揽上述项目建设的施工企业不得享受两年免征、三年减半征收企业所得税的政策。

4）对实行汇总（合并）纳税企业，应当将西部地区的成员企业与西部地区以外的成员企业分开，分别汇总（合并）申报纳税，分别适用税率。

5）赣州市执行西部大开发政策的规定。

2012 年 1 月 1 日至 2020 年 12 月 31 日，对设在赣州市的鼓励类产业的内资企业和外商投资企业减按 15% 的税率征收企业所得税。

鼓励类产业的内资企业是指以《产业结构调整指导目录》中规定的鼓励类产业项目为主营业务，且其主营业务收入占企业收入总额 70% 以上的企业。

鼓励类产业的外商投资企业是指以《外商投资产业指导目录》中规定的鼓励类项目和《中西部地区外商投资优势产业目录》中规定的江西省产业项目为主营业务，且其主营业务收入占企业收入总额 70% 以上的企业。

【案例 5-14】

2015 年王某在四川省投资一家电力企业并兼营其他业务，全年电力业务收入为 5000

万元，非电力业务收入为3000万元，利润分别为1500万元、800万元。请为王某提供税务筹划方案。

【分析】电力业务收入占全部业务收入的比例为5000÷(5000+3000)=62.5%<70%，所以不能享受免减税优惠。该企业2008年应纳所得税额为(1500+800)×25%=575(万元)。

为达到税务筹划目的，王某可以分别投资两个企业，分别从事电力业务和其他业务。则从事电力业务的企业电力收入占全部收入的70%以上，可享受两年免税优惠，免税期后还可享受三年的减半征收的优惠税率。从事其他业务的企业2008年应纳所得税额=800×25%=200（万元）

由此，王某可节税375万元。

三、不同投资方向企业的所得税优惠

1. 从事农、林、牧、渔业项目的税收优惠

（1）企业从事下列项目的所得免征企业所得税：①蔬菜、谷物、薯类、油料、豆类、棉花、麻类、糖料、水果、坚果的种植。②农作物新品种的选育。③中药材的种植。④林木的培育和种植。⑤牲畜、家禽的饲养。⑥林产品的采集。⑦灌溉、农产品初加工、兽医、农技推广、农机作业和维修等农、林、牧、渔服务业项目。⑧远洋捕捞。

（2）企业从事下列项目的所得减半征收企业所得税：①花卉、茶以及其他饮料作物和香料作物的种植。②海水养殖、内陆养殖。

企业从事国家限制和禁止发展的项目，不得享受企业所得税优惠。

2. 从事国家重点扶持的公共基础设施项目的税收优惠

企业从事《公共基础设施项目企业所得税优惠目录》规定的港口码头、机场、铁路、公路、电力、水利等国家重点扶持的公共基础设施项目的投资经营的所得，自项目取得第一笔生产经营收入所属纳税年度起，第1年至第3年免征企业所得税，第4年至第6年减半征收企业所得税。但企业承包经营、承包建设和内部自建自用上述项目，不得享受此项企业所得税优惠。

3. 支持环境保护、节能节水项目的税收优惠

企业从事包括公共污水处理、公共垃圾处理、沼气综合开发利用、节能减排技术改造、海水淡化等环境保护、节能节水项目的所得，自项目取得第一笔生产经营收入所属纳税年度起，第1年至第3年免征企业所得税，第4年至第6年减半征收企业所得税。

企业以《资源综合利用企业所得税优惠目录》规定的资源作为主要原材料（原材料占生产产品材料的比例不得低于《资源综合利用企业所得税优惠目录》规定的标准），生产国家非限制和禁止并符合国家和行业相关标准的产品取得的收入，减按90%计入收入总额。

企业购置并实际使用《环境保护专用设备企业所得税优惠目录》《节能节水专用设备企业所得税优惠目录》和《安全生产专用设备企业所得税优惠目录》规定的环境保护、节能节水、安全生产等专用设备的，该专用设备投资额的10%可以从企业当年应纳税额中抵免；当年不足抵免的，可以在以后5个纳税年度结转抵免。企业购置上述专用设备在5年内转让、出租的，应当停止享受企业所得税优惠，并补缴已经抵免的企业所得税税款。

但是以上规定享受减免税优惠的项目，在减免税期限内转让的，受让方自受让之日起，可以在剩余期限内享受规定的减免税优惠；减免税期限届满后转让的，受让方不得就该项目重复享受减免税优惠。

自2011年1月1日起，对符合条件的节能服务公司实施合同能源管理项目，符合企业所得税税法有关规定的，自项目取得第一笔生产经营收入所属纳税年度起，第1年至第3年免征企业所得税，第4年至第6年按照25%的法定税率减半征收企业所得税。

根据以上规定，企业可以考虑将环境保护、节能节水项目单独设立一个企业，该企业将产品或服务提供给本企业，这样就能计算环境保护、节能节水项目的所得，从而享受减免税待遇。但在进行税务筹划的时候，企业同样必须注意享受税后优惠获得的利益应大于为此付出的整体代价。

4. 扶持高新技术企业的税收优惠

国家需要重点扶持的高新技术企业减按15%的税率征收企业所得税。认定为高新技术企业须同时满足以下条件：

（1）企业申请认定时须注册成立一年以上。

（2）企业通过自主研发、受让、受赠、并购等方式，获得对其主要产品（服务）在技术上发挥核心支持作用的知识产权的所有权。

（3）对企业主要产品（服务）发挥核心支持作用的技术属于《国家重点支持的高新技术领域》规定的范围。

（4）企业从事研发和相关技术创新活动的科技人员占企业当年职工总数的比例不低于10%。

（5）企业近三个会计年度（实际经营期不满三年的按实际经营时间计算，下同）的研究开发费用总额占同期销售收入总额的比例符合如下要求：①最近一年销售收入小于5000万元（含）的企业，比例不低于5%。②最近一年销售收入在5000万元至2亿元（含）的企业，比例不低于4%。③最近一年销售收入在2亿元以上的企业，比例不低于3%。

其中，企业在中国境内发生的研究开发费用总额占全部研究开发费用总额的比例不低于60%。

（6）近一年高新技术产品（服务）收入占企业同期总收入的比例不低于60%。

（7）企业创新能力评价应达到相应要求。

（8）企业申请认定前一年内未发生重大安全、重大质量事故或严重环境违法行为。

具体规定详见《科技部、财政部、国家税务总局关于修订印发〈高新技术企业认定管理办法〉的通知》（国科发火［2016］32号）。

5. 对创投企业的优惠

创业投资企业从事国家需要重点扶持和鼓励的创业投资，可以按投资额的一定比例抵扣应纳税所得额。

创投企业优惠，是指创业投资企业采取股权投资方式投资于未上市的中小高新技术企业2年以上的，可以按照其投资额的70%在股权持有满2年的当年抵扣该创业投资企业的应纳税所得额；当年不足抵扣的，可以在以后纳税年度结转抵扣。

6. 关于鼓励软件产业和集成电路产业发展的优惠政策

为进一步鼓励软件产业和集成电路产业发展，《关于进一步鼓励软件产业和集成电路产业发展企业所得税政策的通知》（财税［2012］27号）和《关于软件和集成电路产业企业所得税优惠政策有关问题的通知》（财税［2016］49号）规定了相应的企业所得税优惠政策，主要有以下内容：

（1）集成电路线宽小于0.8微米（含）的集成电路生产企业，经认定后，在2017年12月31日前自获利年度起计算优惠期，第一年至第二年免征企业所得税，第三年至第五年按照25%的法定税率减半征收企业所得税，并享受至期满为止。

（2）集成电路线宽小于0.25微米或投资额超过80亿元的集成电路生产企业，经认定后，减按15%的税率征收企业所得税，其中经营期在15年以上的，在2017年12月31日前自获利年度起计算优惠期，第一年至第五年免征企业所得税，第六年至第十年按照25%的法定税率减半征收企业所得税，并享受至期满为止。

（3）我国境内新办的集成电路设计企业和符合条件的软件企业，经认定后，在2017年12月31日前自获利年度起计算优惠期，第一年至第二年免征企业所得税，第三年至第五年按照25%的法定税率减半征收企业所得税，并享受至期满为止。

（4）国家规划布局内的重点软件企业和集成电路设计企业，如当年未享受免税优惠的，可减按10%的税率征收企业所得税。

（5）符合条件的软件企业按照《财政部、国家税务总局关于软件产品增值税政策的通知》（财税［2011］100号）规定取得的即征即退增值税款，由企业专项用于软件产品研发和扩大再生产并单独进行核算，可以作为不征税收入，在计算应纳税所得额时从收入总额中减除。

（6）集成电路设计企业和符合条件软件企业的职工培训费用，应单独进行核算并按实际发生额在计算应纳税所得额时扣除。

（7）企业外购的软件，凡符合固定资产或无形资产确认条件的，可以按照固定资产或无形资产进行核算，其折旧或摊销年限可以适当缩短，最短可为2年（含）。

（8）集成电路生产企业的生产设备，其折旧年限可以适当缩短，最短可为3年（含）。

7. 关于鼓励证券投资基金发展的优惠政策

对证券投资基金从证券市场中取得的收入，包括买卖股票、债券的差价收入，股权的股息、红利收入，债券的利息收入及其他收入，暂不征收企业所得税。

对投资者从证券投资基金分配中取得的收入，暂不征收企业所得税。

对证券投资基金管理人运用基金买卖股票、债券的差价收入，暂不征收企业所得税。

第六节 企业所得税预缴的税务筹划

一、企业所得税预缴的相关法律规定

企业所得税以年度应纳税所得额作为计税依据，实行“按年计算、分月或分季预缴、年终汇算清缴、多退少补”的办法。纳税人在平时预缴过程中是分月还是分季预缴，由主管税务机关视纳税人税额多少等具体情况确定。无论盈利或者亏损，企业都应当自月份或者季度终了之日起十五日内，向税务机关报送预缴企业所得税纳税申报表，预缴税款。纳税人预缴企业所得税时，一般应当按纳税人月度或季度的实际利润额预缴，即直接根据月（或季）度实际实现的利润与规定的税率进行计算预缴；按照月度或季度的实际利润额预缴有困难的，纳税人可以选择按照其上一年度应纳税所得额的月度或季度平均额与规定的税率预缴；或者按照经税务机关认可的其他方法预缴。预缴方法一经确定，该纳税年度内不得随意变更。

从上述规定可以看出，企业完全可以根据自己的盈利状况预测选择合理的预缴方式，达到既不违反税收法规又能使企业延缓纳税的目的。

二、税务筹划思路

企业的会计利润是按照财会制度的规定计算的，而计算缴纳企业所得税的“应纳税所得额”是在会计利润的基础上，按照税法规定进行纳税调整而确定的。目前企业按照税法规定需要调整增加的项目金额，如业务招待费超支，公益性捐赠支出超支等，大多是“永久性差异”项目，要按照“应付税款法”计算纳税。这种纳税调整是自年度终了之日起五个月内，向税务机关报送年度企业所得税纳税申报表，并汇算清缴，结清应缴应退税款。要想延缓纳税，增加可“流动”的资金又不违反税收法规，可以在预缴所得税和纳税调整上进行筹划。办法是根据企业的实际情况，确定最佳的预缴方法，即如果企业预计今年的效益比上一年度要好，则可选择按上一年度应纳税所得额的一定比例预缴，反之，则应按实际数预缴。

【案例 5－15】

假设某公司 2016 年每月利润均衡实现 10000 元，每月都有超过税法规定扣除标准的费用 20000 元。且预计当年利润由于受原材料价格上涨等因素的影响，不会高于上年。请问，该企业应选择何种企业所得税预缴方式？

该企业应选择按实际利润额预缴。

【分析】 如果该企业每月都按应纳税所得额申报预缴企业所得税，按法定税率25%计算，每月要申报纳税：(10000 + 20000) × 25% = 7500(元)。

如果每月都按当月利润额10000元申报，只需申报纳税2500元；等到年度终了后按企业所得税法调整应纳税所得额并汇算清缴，在45日内申报，而且只申报不缴纳，即使等到年度终了后4个月内的最后一天缴纳，税务机关也不加收滞纳金。

这样在企业一年的大部分经营期间里，就可拥有更多的流动资金供企业无偿使用，金额合计：20000 × 25% × 12 = 60000(元)。

进一步分析，假如该企业2015年度的应纳税所得额为96000元，月均8000元，则企业可选择每月按上一年度应纳税所得额的1/12预缴，则每月只需申报纳税2000（8000 × 25%）元。

思考练习题

1. 企业应该从哪几方面寻求所得税筹划的途径?

2. 利用折旧方法进行税务筹划操作时有哪些限制性条件?

3. 利用亏损弥补方法进行税务筹划操作应当在事前、事中还是事后进行?

4. M有限公司是一家制药企业，有员工90人，固定资产2500万元，该公司2015年度应纳税所得为33万元（适用税率为25%）。2016年初，公司董事会认为该公司在本年度的销售规模不会有太大的增长。而公司内部有两个部门，一个是为公司生产原材料的部门，2015年度应纳税所得额为10万元；另一个是制药产成品部门，2015年度应纳税所得额为23万元。由于原材料生产费用及药品价格在2016年度将不会有较大的改变，故董事会决定2016年度预缴企业所得税仍为2015年全年应纳税额。但该公司财务经理提出异议，他提议将M有限公司设立为一个集团，其下分为A、B两个独立核算企业。A为原材料生产企业（实现应纳税所得额10万元），B为制药产成品企业（实现应纳税所得额23万元）。两企业之间的产品交换按照市场的正常价格成交，这样可以减少税负。公司董事会听取并采纳了他的意见。

（1）分析该财务经理的节税方法与节税结果。

（2）如该公司2016年度应纳税所得额预计为30.2万元，你认为还可以采用什么节税方式使企业适用较低的税率?

5. 某工业企业2016年度实现产品销售收入4000万元，“管理费用”中列支业务招待费40万元，“销售费用”中列支广告费500万元，业务宣传费150万元，税前会计利润总额为100万元。该公司每年的经营状况大体相同，应采取哪些税务筹划方法?

第六章
个人所得税税务筹划

第一节 个人所得税法简介

一、纳税义务人

个人所得税的纳税义务人，包括中国公民、个体工商户、个人独资企业、合伙企业投资者以及在中国有所得的外籍人员（包括无国籍人员，下同）和中国香港、澳门、台湾地区同胞。我国现行的《中华人民共和国个人所得税法》（以下简称《个人所得税法》）依据上述纳税义务人住所和居住时间两个标准将纳税人区分为居民和非居民两部分，分别承担不同的纳税义务。

1. 居民纳税义务人

居民纳税义务人负有无限纳税义务。其所取得的应纳税所得，无论是来源于中国境内还是境外任何地方，都要在中国缴纳个人所得税。根据《个人所得税法》规定，居民纳税义务人是指在中国境内有住所，或者无住所而在中国境内居住满 1 年的个人。根据上述规定，个人所得税的居民纳税义务人包括以下两类：

（1）在中国境内定居的中国公民和外国侨民。但不包括虽具有中国国籍，却没有在中国大陆定居，而是侨居海外的华侨和居住在中国香港、澳门、台湾地区的同胞。

（2）从公历 1 月 1 日起至 12 月 31 日止，居住在中国境内的外国人、海外侨胞和中国香港、澳门、台湾地区同胞。这些人如果在一个纳税年度内，一次离境不超过 30 日，或者多次离境累计不超过 90 日的，仍应被视为全年在中国境内居住，从而判定为居民纳税义务人。

现行税法中关于"中国境内"的概念，是指中国内陆地区，目前还不包括中国香港、澳门和台湾地区。

2. 非居民纳税义务人

非居民纳税义务人，是指不符合居民纳税义务人判定标准（条件）的纳税义务人，非居民纳税义务人承担有限纳税义务，即仅就其来源于中国境内的所得，向中国缴纳个人所得税。

《个人所得税法》规定，非居民纳税义务人是“在中国境内无住所又不居住或者无住所而在境内居住不满1年的个人”。

二、所得来源地的确定

判断所得来源地，是确定该项所得是否应该征收个人所得税的重要依据。

对于居民纳税义务人，因为要承担无限纳税义务，因此有关判断其所得来源地的问题相对来说不那么重要。但是，对于非居民纳税义务人，由于只就其来源于中国境内的所得征税，因此判断其所得来源地就显得十分重要。中国的个人所得税，依据所得来源地的判断应反映经济活动的实质，要遵循方便税务机关实行有效征管的原则，具体规定如下：①工资、薪金所得，以纳税人任职、受雇的公司、企业、事业单位、机关、团体、部队、学校等单位的所在地，作为所得来源地。②生产、经营所得，以生产、经营活动实现地，作为所得来源地。③劳务报酬所得，以纳税人实际提供劳务的地点，作为所得来源地。④不动产转让所得，以不动产坐落地为所得来源地；动产转让所得，以实现转让的地点为所得来源地。⑤财产租赁所得，以被租赁财产的使用地，作为所得来源地。⑥利息、股息、红利所得，以支付利息、股息、红利的企业、机构、组织的所在地，作为所得来源地。⑦特许权使用费所得，以特许权的使用地，作为所得来源地。

三、应纳税额的计算

1. 工资、薪金所得

（1）应税所得项目。个人因任职或者受雇而取得的工资、薪金、奖金、年终加薪、劳动分红、津贴、补贴以及与任职或受雇有关的其他所得。

根据我国目前个人收入的构成情况，国家税务总局关于《征收个人所得税若干问题的规定》（国税发［1994］89号）第二条关于工资、薪金所得的征税问题中规定，对于一些不属于工资、薪金性质的补贴、津贴或者不属于纳税人本人工资、薪金所得项目的收入，不予征税。这些项目包括：①独生子女补贴。②执行公务员工资制度未纳入基本工资总额的补贴、津贴差额和家属成员的副食品补贴。③托儿补助费。④差旅费津贴、误餐补助。其中，误餐补助是指按照财政部规定，个人因公在城区、郊区工作，不能在工作单位或返回就餐的，根据实际误餐顿数，按规定的标准领取的餐费。单位以误餐补助名义发给职工的补助、津贴不能包括在内。

国税发《国家税务总局关于个人所得税有关政策问题的通知》（［1999］58号）文件规定，实行内部退养的个人在其办理内部退养手续后至法定离退休年龄之间从原任职单位取得的工资、薪金，不属于离退休工资，应按“工资、薪金所得”项目计征个人所得税。个人在办理内部退养手续后从原任职单位取得的一次性收入，应按办理内部退养手续后至法定离退休年龄之间的所属月份进行平均，并与领取当月的“工资、薪金”所得合并后减除当月费用扣除标准，以余额为基数确定适用税率，再将当月工资、薪金加上取得的一次性收入，减去费用扣除标准，按适用税率计征个人所得税。

个人在办理内部退养手续后至法定离退休年龄之间重新就业取得的“工资、薪金”所得，应与其从原任职单位取得的同一月份的“工资、薪金”所得合并，并依法自行向主管税务机关申报缴纳个人所得税。

参照2001年11月9日《国家税务总局关于联想集团改制员工取得的用于购买企业》（国税函［2001］832号）批复的规定，公司职工取得的用于购买企业国有股权的劳动分红，按“工资、薪金所得”项目计征个人所得税。

国家税务总局关于印发《机动出租车驾驶员个人所得税征收管理暂行办法》的通知（国税发［1995］50号）第六条规定，出租汽车经营单位对出租车驾驶员采取单车承包或承租方式运营，出租车驾驶员从事客货营运取得的收入，按工资、薪金所得征税；从事个体出租车运营的出租车驾驶员取得的收入，按个体工商户的生产、经营所得项目缴纳个人所得税。

财政部、国家税务总局《关于企业以免费旅游方式提供对营销人员个人奖励有关个人所得税政策的通知》（财税［2004］11号）规定，自2004年1月20日起，对商品营销活动中，企业和单位对其营销业绩突出的雇员以培训班、研讨会、工作考察等名义组织旅游活动，通过免收差旅费、旅游费对个人实行的营销业绩奖励（包括实物、有价证券等），应根据所发生费用的全额并入营销人员应税所得，依法征收个人所得税，并由提供上述费用的企业和单位代扣代缴。其中，对企业雇员享受的此类奖励，应与当期的工资薪金合并，按照“工资、薪金所得”项目征收个人所得税；对其他人员享受的此类奖励，应作为当期的劳务收入，按照“劳务报酬所得”项目征收个人所得税。

（2）税率。工资、薪金所得适用七级超额累进税率，税率为3%～45%，如表6－1所示。

表6－1　工资、薪金个人所得税税率表

级数	全月应纳税所得额		税率（%）	速算扣除数
	含税级距	不含税级距		
1	不超过1500元的	不超过1455元的	3	0
2	超过1500～4500元的部分	超过1455～4155元的部分	10	105
3	超过4500～9000元的部分	超过4155～7755元的部分	20	555
4	超过9000～35000元的部分	超过7755～27255元的部分	25	100
5	超过35000～55000元的部分	超过27255～41255元的部分	30	2755
6	超过55000～80000元的部分	超过41255～57505元的部分	35	5505
7	超过80000元的部分	超过57505元的部分	45	13505

注：1. 本表所列含税级距与不含税级距，均为按照税法规定减除有关费用后的所得额。

2. 含税级距适用于由纳税人负担税款的工资、薪金所得；不含税级距适用于由他人（单位）代付税款的工资、薪金所得。

（3）应纳税所得额的确定。

1）在中国境内任职、受雇的中国公民，以每月的工资薪金收入额减除3500元费用后的余额为应纳税所得额。

2）对于下列四种人员，可以根据其平均收入水平、生活水平以及汇率变化情况确定附加减除费用，附加减除费用适用的范围和标准由国务院规定。《中华人民共和国个人所得税法实施条例》（以下简称《个人所得税实施条例》）第二十九条规定，附加减除费用，是指每月在减除3500元费用的基础上，再减除1300元的标准。这四种人员：①在中国境内的外商投资企业和外国企业中工作的外籍人员。②应聘在中国境内的企业、事业单位、社会团体、国家机关中工作取得工资、薪金所得的外籍专家。③在中国境内有住所而在中国境外任职或者受雇取得工资、薪金所得的个人。④国务院财政部、税务主管部门确定的其他人员。华侨和中国香港、中国澳门、中国台湾地区同胞也适用于附加减除费用的标准。

（4）应纳税额的计算。

应纳税额 = 应纳税所得额 × 适用税率 − 速算扣除数

= (每月收入总额 − 3500 或 4800 元) × 适用税率 − 速算扣除数

2. 个体工商户的生产、经营所得

（1）应税所得项目。个体工商户的生产、经营所得：①个体工商户从事工业、手工业、建筑业、交通运输业、商业、饮食业、服务业、修理业及其他行业取得的所得。②个人经政府有关部门批准取得执照，从事办学、医疗、咨询以及其他有偿服务活动取得的所得。③上述个体工商户和个人取得的与生产、经营有关的各项应税所得。④其他个人从事个体工商生产、经营取得的所得。

（2）税率。个体工商户的生产、经营所得适用5%～35%的超额累进税率，如表6－2所示。

表6－2　个体工商户的生产、经营所得和对企事业单位的承包经营、承租经营所得个人所得税税率表

级数	全年应纳税所得额		税率（%）	速算扣除数
	含税级距	不含税级距		
1	不超过15000元的	不超过14250元的	5	0
2	超过15000～30000元的部分	超过14250～27750元的部分	10	750
3	超过30000～60000元的部分	超过27750～51750元的部分	20	3750
4	超过60000～100000元的部分	超过51750～79750元的部分	30	9750
5	超过100000元的部分	超过79750元的部分	35	14750

注：1. 本表所列含税级距与不含税级距，均为按照税法规定以每一纳税年度的收入总额减除成本、费用以及损失后的所得额。

2. 含税级距适用于个体工商户的生产、经营所得和由纳税人负担税款的对企事业单位的承包经营、承租经营所得；不含税级距适用于由他人（单位）代付税款的对企事业单位的承包经营、承租经营所得。

（3）应纳税所得额的确定。个体工商户的生产、经营所得，以每一纳税年度的收入总额，减除成本、费用、税金、损失、其他支出以及允许弥补的以前年度亏损后的余额，为应纳税所得额。

（4）应纳税额的计算。对个体工商户的生产经营所得，按年度的应纳税所得额乘以适用税率（五级超额累进税率）计算其应纳税额：

全年应纳税额 = 年应纳税所得额 × 适用税率 - 速算扣除数

对个人独资企业和合伙企业生产经营所得，其个人所得税应纳税额的计算有两种办法：查账征税和核定征收。

3. 对企事业单位的承包、承租经营所得

（1）应税所得项目。对企事业单位的承包经营、承租经营所得，是指个人承包经营或承租经营以及转包、转租取得的所得，包括个人按月或者按次取得的工资、薪金性质的所得。承包项目可分多种，如生产经营、采购、销售、建筑安装等各种承包；转包包括全部转包或部分转包。

（2）税率。对企事业单位的承包经营、承租经营所得适用 5% ~35% 的超额累进税率，如表 6 -2 所示。

（3）应纳税所得额的确定。对企事业单位的承包经营、承租经营所得，以每一纳税年度的收入总额减除必要费用后的余额为应纳税所得额。每一纳税年度的收入总额，是指纳税义务人按照承包经营、承租经营合同规定分得的经营利润和工资、薪金性质的所得；"必要费用"为每月 3500 元。

（4）应纳税额的计算。

应纳税额 = 应纳税所得额 × 适用税率 - 速算扣除数

= (纳税年度收入总额 - 必要费用) × 适用税率 - 速算扣除数

4. 劳务报酬所得、稿酬所得、特许权使用费所得

（1）应税所得项目。

1）劳务报酬所得。指个人独立从事各种非雇佣的各种劳务所取得的所得，包括设计、装潢、安装、制图、化验、测试、医疗、法律、会计、咨询、讲学、新闻、广播、翻译、审稿、书画、雕刻、影视、录音、录像、演出、表演、广告、展览、技术服务、介绍服务、经济服务、代办服务以及其他劳务。

2）稿酬所得。指个人的作品被新闻出版部门以图书、报刊方式出版、发表而取得的所得。

3）特许权使用费所得。指个人因提供专利权、商标权、著作权、非专利技术以及其他特许权的使用权取得的所得。

（2）税率。稿酬所得，适用比例税率，税率为 20%，并按应纳税额减征 30%。故其实际税率为 14%。

劳务报酬所得适用 20%、30%、40% 的三级超额累进税率，如表 6 -3 所示。特许权使用费所得适用比例税率，税率为 20%。

（3）劳务报酬、稿酬、特许权使用费所得应纳税所得额的确定。劳务报酬、稿酬、特许权使用费的应纳税所得额的确定要视收入的大小分别处理：①每次收入不超过 4000 元的，减除 800 元后的余额为应纳税所得额。②每次收入超过 4000 元的，准予减除 20% 费用，其余额为应纳税所得额。

表6－3　劳务报酬所得个人所得税税率表

级数	每次应纳税所得额	税率（%）	速算扣除数（元）
1	不超过20000元的部分	20	0
2	超过20000～50000元的部分	30	2000
3	超过50000元的部分	40	7000

（4）应纳税额的计算。

1）稿酬所得。

每次收入不足4000元的：应纳税额＝(每次收入额－800)×20%×(1－30%)

每次收入4000元以上的：应纳税额＝每次收入额×(1－20%)×20%×(1－30%)

2）劳务报酬所得。

每次收入不足4000元的：应纳税额＝(每次收入额－800)×20%

每次收入4000元以上的：应纳税额＝每次收入额×(1－20%)×20%

每次收入的应纳税所得额超过20000元的：应纳税额＝每次收入额×(1－20%)×适用税率－速算扣除数

3）特许权使用费所得。

每次收入不足4000元的：应纳税额＝(每次收入额－800)×20%

每次收入4000元以上的：应纳税额＝每次收入额×(1－20%)×20%

5. 财产租赁所得

（1）应税所得项目。财产租赁所得是指个人出租建筑物、土地使用权、机器设备、车船以及其他财产取得的所得。国家税务总局《关于个人转租房屋取得收入征收个人所得税问题的通知》(国税函［2009］639号）第一条规定，对于个人取得的财产转租收入，也属于“财产租赁所得”的征税范围，由财产转租人缴纳个人所得税。

（2）税率。财产租赁所得适用20%的税率。财政部、国家税务总局关于廉租住房、经济适用住房和住房租赁有关税收政策的通知《关于个人转租房屋取得收入征收个人所得税问题的通知》(财税［2008］24号）规定，自2008年3月1日起，对个人出租住房取得的所得减按10%的税率征收个人所得税。《国务院办公厅关于加快培育和发展住房租赁市场的若干意见》(国办发［2016］39号）指出，为加快培育和发展住房租赁市场，加大政策支持力度，给予税收优惠，对个人出租住房所得，减半征收个人所得税；对个人承租住房的租金支出，结合个人所得税改革，统筹研究有关费用扣除问题。

（3）应纳税所得额的确定。国家税务总局关于印发《征收个人所得税若干问题的规定》(国税发［1994］89号）的通知第六条关于财产租赁所得的征税问题中规定，在确定财产租赁的应纳税所得额时，纳税人在出租财产的过程中缴纳的税金和教育费附加，可以持完税（缴款）凭证，从其财产租赁收入中扣除。准予扣除的项目除了规定费用和有关税、费外，还准予扣除能够提供有效、准确凭证，证明由纳税人负担的该出租财产实际开支的修缮费用。允许扣除的修缮费用以每次800元为限，一次扣除不完的，准予在下一次继续扣除，直到扣完为止。其公式：

1）每次（月）收入不超过4000元的：

应纳税所得额 = 每次（月）收入额 - 准予扣除项目 - 修缮费用（800 元为限）- 800

2）每次（月）收入超过 4000 元的：

应纳税所得额 = ［每次（月）收入额 - 准予扣除项目 - 修缮费用（800 元为限）］×（1 - 20%）

（4）应纳税额的计算。

应纳税额 = 应纳税所得额 × 适用税率

6. 财产转让所得

（1）应税所得项目。财产转让所得是指个人转让有价证券、股权、建筑物、土地使用权、机器设备、车船以及其他财产取得的所得，但目前对个人转让股票所得暂不征收个人所得税。

（2）税率。财产转让所得适用 20% 的税率。

（3）纳税所得额的确定。按照一次转让的收入额减除财产原值和合理税费后的余值为应纳税所得额。

应纳税所得额 = 收入总额 - 财产原值 - 合理税费

（4）应纳税额的计算。

应纳税额 = 应纳税所得额 ×20%

7. 利息、股息、红利所得，偶然所得和其他所得

（1）应税所得项目。利息、股息、红利所得是指个人拥有债券、股权而取得的利息、股息、红利所得，包括存款利息、贷款利息、各种证券的利息、股息、红利等，国债和国家发行的金融债券的利息除外。偶然所得是指个人得奖、中奖、中彩以及其他偶然性质的所得，包括有奖竞赛、有奖储蓄、有奖销售、购买彩票所中奖金以及其他偶然所得。其他所得指在上述列举的各项个人应税所得之外的经国务院财政部门确定征税的其他所得。

（2）税率。利息、股息、红利所得，偶然所得和其他所得适用 20% 的税率。2007 年 8 月 15 日起，储蓄存款利息个人所得税税率由 20% 下调为 5%，目前根据《财政部、国家税务总局关于储蓄存款利息所得有关个人所得税政策的通知》（财税［2008］132 号），自 2008 年 10 月 9 日起暂免征收储蓄存款利息所得个人所得税。

（3）应纳税所得额的确定。以每次取得收入为应纳税所得额。

（4）应纳税额的计算。应纳税额 = 每次收入额 ×20%

四、个人所得税税务筹划的基本思路

个人所得的性质一经确定，其计算个人所得税的方法即确定。除利息、股息、红利所得等税率一定的个人所得外，工资、薪金等大部分种类的个人所得税的计税方法均是收入越高，税率越高。因此，个人所得税税务筹划的基本思路是注意收入量的标准、支付的方式和均衡收入，降低名义收入，保持实得收入不变，进而降低税率档次。个人所得税税务筹划主要手段包括以下方法：

1. 提高职工的福利水平，降低名义收入的节税法

个人取得收入的目的是为了消费。在满足一定消费需求和目的的前提下，是采取先获得收入后消费的形式，还是采取直接获得一定消费服务的形式，对个人来讲往往是不太重要的。既然如此，把企业应支付给个人的一部分收入转换采用提供消费服务的形式支付给个人，就成为一种比较有效地规避个人所得税的方法和途径。因为这样在不影响个人消费水平的前提下减少了个人的工资、薪金所得。当然，这种消费服务应是一种能与企业单位经营活动发生一定联系的服务，否则可能会被查定为企业单位支付给个人的种种收入，而被判定征税。

具体地讲，利用企业单位进行收入转换的具体做法主要有以下几种：①由企业单位提供低租金的住房，而不是支付含有购房费用或房租补贴的高工资；如有可能，还可以把一些家具、住宅设备等连同房屋一起提供给个人。②由企业向个人提供种种福利设施及服务，如提供就餐服务，提供免费的医疗保障及文化、教育、生活等服务设施，这样可以在职工收入没有增加的情况下使生活和消费水准得到较大幅度的提高，从而降低应纳税所得额。③由企业向职工提供交通工具，减少工资中的交通补贴。④企业向职工转售股票认购权。

所有这些福利的提供都将大大地提高职工的实得利益，但由于降低了名义工资额，因而个人所得税得以降低。

2. 收入均衡节税法

个人的收入来源及形式日趋多样化，如从事其他投资或第二职业获得的收入等。一部分人还因承包、租赁经营企业而获得相应承包、租赁经营所得。这就使得许多纳税义务人的总收入或应纳税所得，很可能在不同的纳税期限内出现较大的波动，即出现有的月份总收入过高，有的月份总收入过低等现象。

在按月计算缴纳个人所得税的情况下，如按上述收入状况直接缴税，则意味着个人既要在高收入的月份被课以较高税率的个人所得税，同时在较低收入的月份里又不能享受税法为个人所提供的种种优惠，如法定的费用扣除、较低的税率征收等。因此，可以采取推延或提前获得收入的方式，将各月的工资收入大致拉平；或通过在尽可能长的时间内分期领取劳务报酬收入；或通过改变收入支付方式，将一次付给改为多次付给；或采用多人获取所得等方法，使纳税者的收入尽可能在各个纳税期限内保持均衡。这样不仅避免了在某些月被课以较高税率的重税，还能分享每个月税法提供的费用扣除和费用宽免等优惠，从而在总体上达到减轻纳税义务的节税效果。在运用这一方法时，应注意以下问题：

（1）制订收入计划。即对近期内的收入情况进行预计，精心安排，使各月收入尽量均衡，而不致因为业绩变动导致收入大幅度波动。例如，销售人员的收入与销售额挂钩，在旺季收入很高而淡季收入较低。这时可以考虑将旺季的部分收入均衡到淡季发放，从而降低纳税负担。

（2）注意按次申报。税法规定，个人所得税对纳税义务人取得的劳务报酬所得，稿酬所得，特许权使用费所得，利息、股息、红利所得，财产租赁所得，偶然所得和其他所得七项所得，都明确规定按次计算征税。因税法的扣除和计征税率等都是针对每次计征，

而且有些实行累进税率，所以为了维护纳税义务人的合法权益，同时也达到节税的效果，必须合理划分“次”，按次申报。

3. 将应获收益转化为对企业投资的节税法

个人以购买股票、债券等方式向企业、公司进行投资，所获利息、股息和分红等收益按规定必须缴纳个人所得税。不过为了鼓励企业和个人进行投资和再投资，各国一般都规定，不对企业、公司的留存未分配收益课征所得税。这样，个人若想使自己的投资所得不被征税，他可以把自己的投资所得留存到企业、公司账上，作为对企业、公司的再投资；而企业、公司则可以把这笔收益以债券或配股的形式记入个人名下。其结果，既避免了个人被课征个人收入所得税，又保障了个人收入及财产的完整与增值。当然，上述做法必须以个人对企业的发展前景比较乐观为前提。

第二节　个人所得税纳税人身份的筹划

《个人所得税法》规定，居民纳税义务人负有无限纳税义务。其所取得的应纳税所得，无论是来源于中国境内还是境外任何地方，都要在中国缴纳个人所得税。非居民纳税义务人承担有限纳税义务，即仅就其来源于中国境内的所得，向中国缴纳个人所得税。

利用居民和非居民身份减轻税负的主要方法：利用临时离境的规定，恰当安排离境时间，使自己成为非居民纳税人以减轻税负。

利用税法对居民和非居民身份的认定规定进行税务筹划，主要是合理确定在中国的境内居住和临时离境的时间，避免成为中国的居民纳税人。筹划的对象主要是针对跨国纳税人。

根据两个判定标准被确定的非居民纳税人，只就其来源于中国境内的所得向我国政府履行有限纳税义务，依法缴纳个人所得税。由于非居民纳税人的情况比较复杂，涉及的所得来源及其支付形式也比较多。为了兼顾有关国家的财政利益，我国税法根据国际惯例，对于非居民纳税人的纳税义务范围作了明确而又合理的规定。

一方面，对于在中国境内无住所而一个纳税年度内在中国境内连续或累计工作不超过90日，或者在税收协定规定的期间内，在中国境内连续或累计居住不超过183日的个人，其来源于中国境内的所得，由中国境外雇主支付并且不是由该雇主设在中国境内机构负担的工资、薪金所得，免于缴纳个人所得税，仅就其实际在中国境内工作期间由中国境内企业或个人雇主支付或者由中国境内机构负担的工资、薪金所得纳税。不过，如果该中国境内企业、机构属于采取核定利润方法计征企业所得税，在该企业、机构任职、受雇的个人实际在中国境内工作期间取得的工资、薪金，不论是否在该企业、机构会计账簿中记载，均应视为该中国境内企业、机构支付或负担的工资、薪金，应予以征税。

自2004年7月1日起，上述个人，应适用以下公式：

应纳税额＝（当月境内外工资、薪金应纳税所得额×适用税率－速算扣除数）×当月境内支付工资/当月境内外支付工资总额×当月境内工作天数/当月天数另一方面，对于在中国境内无住所，但在一个纳税年度中在中国境内连续或累计工作超过 90 日，或在税收协定规定的期间内，在中国境内连续或累计居住超过 183 日但不满 1 年的个人，其来源于中国境内的所得无论是由中国境内企业或个人雇主支付还是由境外企业或个人雇主支付，均应缴纳个人所得税。至于个人在中国境外取得的工资、薪金所得，除担任中国境内企业董事或高层管理人员，并在境外履行职务而由境内企业支付董事费或工资、薪金所得之外，不缴纳个人所得税。担任中国境内企业董事或高层管理人员取得的由中国境内企业支付的董事费或工资、薪金，不论个人是否在中国境外履行职务，均应申报缴纳个人所得税。

自 2004 年 7 月 1 日起，上述个人，应适用以下公式：

应纳税额 =（当月境内外工资、薪金应纳税所得额 × 适用税率 - 速算扣除数）× 当月境内工作天数/当月天数

对于上述涉及的境外雇主支付并且不是由中国境内机构负担工资、薪金所得的个人，如事先可预定在一个纳税年度中连续或累计居住超过 90 日或 183 日的，其每月应纳税额按期申报缴纳。事先不能预定的，可以待达到 90 日或 183 日后的次月 7 日内，就以前月份应纳的税款一并申报缴纳。

对于在中国境内无住所的个人取得工资薪金所得来源地的确定问题，根据税法规定，属于来源于中国境内的工资薪金所得应为个人实际在中国境内工作期间取得的工资薪金，即个人实际在中国境内工作期间取得的工资薪金，不论是由中国境内还是境外企业或个人雇主支付，均属来源于中国境内的所得；个人实际在中国境外工作期间取得的工资薪金，不论是由中国境内还是境外企业或个人雇主支付，均属于来源于中国境外的所得。

【案例 6 -1】

法国人迈可是美国一家高科技公司雇员，2013 年 12 月 27 日被派遣到中国的合资公司工作。截止到 2016 年 12 月 31 日，迈可在中国境内工作了一个纳税年度。在 2016 年纳税年度，迈可多次因公离境累计为 85 天，且每次都不超过 30 天。迈可在境外期间，从美国公司取得的薪金折合人民币 85000 元，从国内公司取得薪金 50000 元。请问迈可是居民纳税义务人，还是非居民义务纳税人？并为其进行税务筹划。

【分析】根据税法规定，从公历 1 月 1 日起至 12 月 31 日止，居住在中国境内的外国人、海外侨胞和中国香港、澳门、台湾地区同胞。这些人如果在一个纳税年度内，一次离境不超过 30 日，或者多次离境累计不超过 90 日的，仍应被视为全年在中国境内居住，从而判定为居民纳税义务人。因此本例迈可应被判定为居民纳税义务人，无论是来源于中国境内还是境外任何地方，都要在中国缴纳个人所得税。

税法还规定，“在中国境内无住所，但是居住 1 年以上 5 年以下的个人，其来源于中国境外的所得，经主管税务机关批准，可以只就由中国境内公司、企业以及其他经济组织或者个人支付的部分缴纳个人所得税”。

因此，上述两项薪金收入虽然都属于来源于中国境外的所得，但是其从分支机构取得的 50000 元应当在中国缴纳个人所得税，而从总公司取得的 85000 元则可以经主管税务机

关批准后不缴纳个人所得税。

如果迈可多次因公离境累计增加5天，即可成为非居民纳税义务人，可以仅就来源于中国境内的收入缴纳个人所得税。上述两项收入不缴纳个人所得税，只就在中国境内工作期间取得的收入缴纳个人所得税。

另外，如果迈可为中国公司的高级管理人员，即使为非居民纳税人，取得的由中国境内企业支付的董事费或工资、薪金，不论个人是否在中国境外履行职务，均应申报缴纳个人所得税。

第三节 工资薪金的税务筹划

一、提高职工福利水平，降低名义收入

工资、薪金所得适用七级超额累进税率，税率为3%～45%，月收入越高，税率越高。从根本上说，人们取得工资的目的在于用货币购买产品或服务，满足人们的需要。如果企业能够少发工资而合法地满足员工的部分需要，也就等于满足了员工工作的根本目的，也起到了节税的效果。

【案例6-2】

2016年12月，某单位招收了10名应届大学毕业生。公司人力资源部在拟定劳动合同时确定，每个学生月工资4500元，扣除社保和公积金后的工资为3900元，同时公司另外再给每人发放每月1000元的租房补贴。

【分析】直接将补贴发给个人：

应纳税所得额＝3900＋1000＝4900(元)

个人所得税＝(4900－3500)×3%＝42(元)

如果由公司统一租房免费提供给员工居住：

应纳税所得额＝3900(元)

个人所得税＝(3900－3500)×3%＝12(元)

可见提供住房方案节税30元。

如果应税工资所得额处在税率变化临界点附近，节税效果会更加明显。

二、年终奖金支付方式与金额的选择

2005年初，国家税务总局出台了《国家税务总局关于调整个人取得全年一次性奖金等计算征收个人所得税方法问题的通知》(国税发［2005］9号)(以下简称《通知》)。

《通知》规定，从2005年1月1日起，纳税人取得的全年一次性奖金，单独作为1个月的工资、薪金所得计算纳税，但在计征时，应先将雇员当月内取得的全年一次性奖金，除以12个月，按其商数确定适用税率和速算扣除数。如果在发放一次性奖金的当月，雇员工资薪金所得低于税法规定的费用扣除额，还应将全年一次性奖金减除“雇员当月工资薪金所得低于费用扣除额的差额”后的余额，按上述办法确定全年一次性奖金的适用税率和速算扣除数。《通知》明确，在一个纳税年度里，对每一个纳税人，该计算办法只允许采用一次。同时，雇员取得的除全年一次性奖金以外的其他各种名目奖金，如半年奖、季度奖、加班奖、先进奖、考勤奖等，一律与当月工资、薪金合并，按税法规定缴纳个人所得税。

年终奖个人所得税计算方法如下：

如果雇员当月工资薪金所得高于（或等于）税法规定的费用扣除额的，适用公式为

应纳税额 = 雇员当月取得全年一次性奖金 × 适用税率 – 速算扣除数

如果雇员当月工资薪金所得低于税法规定的费用扣除额的，适用公式为应纳税额 =（雇员当月取得全年一次性奖金 – 雇员当月工资薪金所得与费用扣除额的差额）× 适用税率 – 速算扣除数

为此，可进行如下税务筹划：由于上述年终奖计税方式，在一个纳税年度里，对每一个纳税人，该计算办法只允许采用一次。因此，单位在发放时要特别注意几点：尽量不发放季度奖金、半年奖金；注意年终奖金额的确认，两档分隔点上可能出现“倒流”现象；结合员工的月薪进行筹划，将全部或者部分年终奖分摊到次年月薪里。

【案例6－3】

假设某单位员工甲年终奖为54100元，乙年终奖为53950元，分别计算二人的税后净收入（该单位员工当月工资所得高于税法规定3500元扣除限额）。

【分析】按照规定，其应纳税额应该用实际年终奖除以12，再确定税率和扣除额，因此，甲年终奖分摊到12个月后，相当于每月收入4508.33元，按照税法规定，月收入超过4500～9000元的，税率为20%，速算扣除数为555元。应交个人所得税54100×20% − 555 = 10265(元)

税后净收入为54100 − 10265 = 43835(元)

乙的年终奖分摊到12个月后，相当于每月收入4495.83元，按照税法规定，月收入超过1500～4500元的，税率为10%，速算扣除数为105元。乙应交个人所得税53950 × 10% − 105 = 5290(元)

税后净收入为53950 − 5290 = 48660(元)

甲、乙税后收入差额 = 48660 − 43835 = 4825(元)

可见，甲的年终奖比乙的年终奖多发了150元，结果甲实际税后所得还比乙少了4825元。产生此现象的原因在于我国个税税率和扣除标准是恒定的，因此如果企业发的年终奖刚刚处在两档之间的分隔点上，的确会出现这样的情况，企业应根据这种情况适当调整年终奖的额度。

【案例6－4】

2016年1月当月，员工甲领到的上月工资5500元（扣除三险一金后），公司又给甲发放2015年60000元的年终奖。

【分析】

（1）如果一次性发放年终奖。根据年终奖算法，雇员当月工资薪金所得高于税法规定的费用扣除额的，适用公式为：应纳税额＝雇员当月取得全年一次性奖金×适用税率速算扣除数

那么员工甲这笔年终奖应纳税额＝60000×20%－555＝11445(元)

月薪应纳税额＝[(5500－3500)×10%－105]×12＝1140(元)

全年应纳税额＝11445＋1140＝12585(元)

（2）如果将2015年的60000万元年终奖分摊到2016年，与每个月月薪一起发放，每月发放60000÷12＝5000(元)

月薪应纳税额＝[(5500＋5000－3500)×20%－555]×12＝10140(元)

（3）如果将2015年的30000元年终奖一次性发放，另外30000元分摊到2016年，与每个月月薪一起发放，每月发放30000÷12＝2500(元)

那么员工甲这笔年终奖应纳税额＝30000×10%－105＝2895(元)

月薪应纳税额＝[(5500＋2500－3500)×10%－105]×12＝4140(元)

全年应纳税额＝2895＋4140＝7035(元)

从【案例6－4】我们可以看到，采用不同的年终奖发放方式，所缴纳的个人所得税是不同的，分别为12585元、10140元、7035元。方法一和方法三的差额为5550元，还是相当可观的。年终奖是白领一族们最期待的大礼，如果要分摊到次年的12个月，虽然最终到手的多了5550元，但是大多员工对工资薪金都有“落袋为安”的想法，或许没有多少人愿意在次年12个月后才拿完这笔钱，税务筹划要结合员工意愿。

三、收入时间均衡法

我国个人所得税对工资、薪金所得采用的是七级超额累进税率，随着应纳税所得额的增加，其适用的税率也随之攀升。因此，某个时期的收入越多，其相应的个人所得税税额比重就越大。上述年终奖计算纳税的规定明确，雇员取得的除全年一次性奖金以外的其他各种名目奖金，如半年奖、季度奖、加班奖、先进奖、考勤奖等，一律与当月工资、薪金合并，按税法规定缴纳个人所得税。为了避免各月收入差异过大，在高收入月份适用个人所得税税率过高的情况发生，有必要平时尽量均衡各月收入。这时，对工资、薪金的筹划就可以采用平均分摊的方法。

一般来说，这种分摊可以从以下两个方面进行：一方面是奖金的分摊筹划；另一方面工资的分摊筹划。

有些单位的工资、奖金发放是根据经营绩效进行的，因而在某些经营变化较大的企业里，职工的工资、奖金发放会不均匀。这时如果职工和单位进行一定的协调，将工资的发

放相对平均化，则问题就可以解决了。

【案例6-5】

兴华广告公司共有员工50人。2016年7月初，公司经理鉴于该年生产经营效益不错，决定给每位职工发放半年奖金15000元，于当月发放工资时一并发放。如公司员工章某月工资为2000元，则该员工7月应纳的个人所得税：

$(15000+2000-3500)\times25\%-1005=2370$(元)

如果该公司能够将15000元半年奖分三个月发放，即7、8、9三个月每月发放5000元，则章某7、8、9三个月的个人所得税为：

$3\times[(5000+2000-3500)\times10\%-105]=735$(元)

所以，采用按月均衡后，章某7、8、9三个月可以节约的纳税支出为：

$2370-735=1635$(元)

当然，如果企业能够将半年、季度奖金在平时分散地发给职工，使每月收入相对均衡，则能更节省税款。

四、销售激励的税务筹划

为了节约成本支出，鼓励多劳多得，多数企业对销售人员的奖金常常采取“包干制”，即将销售人员的销售业务量与报酬有机结合，按销售量或销售额的一定百分比计算报酬。企业在进行会计核算时，一般是按照应当发放的报酬数额，借记“销售费用”，贷记“应付职工薪酬”科目。按照现行税法规定，企业必须按照提取的工资总额和实际发放数，对照计税工资标准调整应纳税所得额，同时要根据支付给职工的工资代扣代缴个人所得税。对此，销售人员认为，自己实际得到的报酬并没有这么多，企业发放的报酬总额中有相当部分是差旅费和业务招待费用，按发放报酬总额缴纳个人所得税高于自己的实际收入额。

【案例6-6】

某家电企业共有销售人员10名。销售人员每月底薪3500元，年终按销售业绩提取奖金。如王某按当年销售额计算的年终奖金为12万元。请计算王某应缴纳的个人所得税，并为其提供税务筹划。

【分析】按个人所得税法的规定，王某应缴纳的个人所得税如下：

每月工资3500元，不缴纳个人所得税；

年终奖金应缴纳个人所得税 $=120000\times25\%-1005=28995$(元)

王某实际得到的奖金并没有那么多，因为销售过程中还要发生差旅费、通讯费和业务招待费，按奖金总数计算缴纳个人所得税导致税务负担虚增。

【筹划思路】如果企业在采取“包干制”结算办法时，改变会计核算办法，先将销售人员的差旅费和业务招待费实报实销，仅对不能提供费用发票的部分作为销售人员奖金处理。结果与筹划前将有较大差额。

假定销售员取得的奖金总额中差旅费、通讯费等占30%，且能取得合法凭证，则王某每月可报销差旅费、通讯费等为120000×30%÷12=3000（元），销售人员报销后，会计处理：

借：销售费用　　3000

　　贷：库存现金　　3000

由于差旅费、通讯费属于与经营有关的合理支出，只要能提供真实、合理凭据均可获得扣除。那么：

王某年终奖金为120000×70%=84000（元）

应缴纳个人所得税=84000×20%-555=16245（元）

可见，改变核算方法后，节省个人所得税12750元（28995-16245）。

【注意】销售人员提供凭证时尽量选择差旅费或通讯费，避免业务招待费。因为业务招待费在计算所得税时只能按60%扣除，且不能超过当年销售（营业）收入的5‰。

五、提供完备的证明文件

对在中国境内有住所，或者无住所而在境内居住满一年的个人，从中国境内和境外取得的所得，根据《个人所得税法实施条例》）第三十条和国家税务总局《征收个人所得税若干问题的规定》（国税发［1994］89号）规定，应分别计算应纳税额。纳税义务人在境内和境外同时取得工资、薪金所得的，应根据《个人所得税法实施条例》第五条规定的原则，判定其境内、境外取得的所得是否为来源于一国的所得。纳税义务人能够提供在境内、境外同时任职或者受雇及其工资、薪金标准的有效证明文件，可判定其所得是来源于境内和境外所得的，应按税法和条例的规定分别减除费用并计算纳税；不能提供上述证明文件的，应视为来源于一国的所得。如其任职或者受雇单位在中国境内，应为来源于中国境内的所得；如其任职或受雇单位在中国境外，应为来源于中国境外的所得。

【案例6-7】

北京某名牌大学工商管理学院刘教授，是具有中国国籍、户籍的纳税居民，他同时在美国一所大学任客座教授。2016年11月，刘教授从国内大学取得工资收入6800元，同时又从美国大学获得一定的收入，折合人民币10800元。几天后，刘教授到税务机关进行纳税申报，自己计算如下：

境内所得应纳税款为（6800-3500）×10%-105=225（元）

境外所得应纳税款为（10800-4800）×20%-555=645（元）

境内、境外所得共应纳税额为225+645=870（元）

税务机关工作人员经过计算确认无误，但问及刘教授能否提供有效证明文件证明其在境内、境外同时任职及其工资标准时，刘教授不能提供，因而税务机关工作人员对纳税申报进行了调整，合并应纳税：

(6800 + 10800 − 3500) × 25% − 1005 = 2520(元)

几天以后，刘教授带着美国大学的证明文件（经特快专递邮寄）和国内大学的证明文件到税务机关，工作人员经审查给予1650元的退税。

税法中有很多地方需要提供证明文件或有效凭证，比如捐赠后，应有证明文件；如没有，是不能享受所得税优惠的。因而纳税人在平时的生活中，应注意学习税法知识，提高自己的纳税意识和纳税技能。

六、年薪制下，管理层基本薪酬和效益薪酬划分的税务筹划

目前，对企业管理层的激励办法一般分为基本薪酬和效益薪酬两部分。每月工资按基本薪酬发放，年终根据考评结果发放效益薪酬。两者比例的差异会导致税负的差异。因此，有必要事先考虑这种比例关系以节约纳税支出。

【案例6－8】

A公司为股份有限公司，其管理层实行年薪制，以总经理为例，年薪50万元，年薪分为基本年薪和效益薪酬，基本年薪按月支付2万元/月，效益薪酬26万元在年度考核结束后发放（不考虑社保等）。请计算A公司总经理全年应纳的个人所得税，并为其提供税务筹划方案。

【分析】全年应纳的个人所得税分为两部分：

基本年薪应纳个人所得税为[(20000 − 3500) × 25% − 1005] × 12 = 37440(元)

效益薪酬应纳个人所得税为260000 × 25% − 1005 = 63995(元)

合计纳税为37440 + 63995 = 101435(元)

如果将月基本薪酬提高到32700元/月，效益薪酬107600元在年度考核结束后发放。则全年应纳的个人所得税：

基本年薪应纳个人所得税为[(32700 − 3500) × 25% − 1005] × 12 = 75540(元)

效益薪酬应纳个人所得税为107600 × 20% − 555 = 20965(元)

合计纳税为75540 + 20965 = 96505(元)

筹划前后个人所得税差异为101435 − 96505 = 4930(元)

导致上述差异的原因在于筹划前基本薪酬、效益薪酬适用税率均为25%，筹划后效益薪酬适用20%的税率。

导致上述差异的原因在于筹划前效益薪酬适用税率为25%，高于基本薪酬20%的适用税率。根据个人所得税差额累进税率的特点，基本年薪的所得税税率与效益薪酬的税率之差最小时，税负最低。

第四节　劳务报酬的税务筹划

一、合理签订劳务合同，降低名义劳务费用

个人在签订劳务合同时，签订合同方式的不同可能会带来不同的效果，对个人的经济收入也会有一定的影响，因而对合同订立方式进行必要设计安排就具有现实意义。

【案例 6－9】

钱教授是北京某名牌大学工商管理学院的教授，对企业管理颇有研究，经常应全国各地企业的邀请到各地讲课。2016 年 5 月，钱教授与海南一家中外合资企业签约，双方约定由钱教授给该合资企业的经理层人员讲课，讲课时间为五天。关于讲课的劳务报酬，双方在合同书上这样写道：甲方（企业）给乙方（钱教授）支付讲课费 5 万元人民币，往返交通费、住宿费、伙食费等一概由乙方自负。

5 月 20 日，钱教授按期到海南授课。5 月 30 日，该企业财务人员支付钱教授讲课费，并代扣代缴个人所得税税额。请分析钱教授应缴纳的个人所得税，并为其提供税务筹划。

【分析】钱教授应缴纳的个人所得税：

$50000 \times (1-20\%) \times 30\% - 2000 = 10000$（元）

钱教授 5 天以来的开销：往返飞机票 3000 元，住宿费 4000 元，伙食费 1000 元，其他费用开支 2000 元，共计 10000 元。钱教授 5 天净收入为 30000 元。

如果钱教授签订合同前对合同条款进行修改，改为“甲方向乙方支付讲课费 40000 元，往返飞机票、住宿费、伙食费和应纳税款等全部由甲方负责”。这样，企业的支出仍为 50000 元。

钱教授应缴纳的个人所得税：

$40000 \times (1-20\%) \times 30\% - 2000 = 7600$（元）

税后净收入为 $40000 - 7600 = 32400$（元）

筹划后比筹划前多节约纳税支出 2400 元，税后收入也相应增加 2400 元，企业的支出总额也未增加。

一般而言，订立合同时可以考虑以下几个方面：

（1）合同上最好将费用开支（如交通费、食宿费）的责任归于企业一方。这样可以减少个人劳务报酬应纳税所得额，同时又不会增加企业额外负担。

（2）如果可能的话，可以将一次劳务活动分为几次去做，这样就可以使每次的应纳税所得额相对较少。根据《个人所得税法》第三条和《个人所得税法实施条例》第十一条规定，劳务报酬所得实际适用的是三级超额累进税率。在这种情况下，相对少的应纳税

所得额适用的税率相对较低，这样税款加总以后，比合并缴纳时的税款数额要少。

（3）一定要注意在合同条款中说明税款由谁支付，支付方不同，最终得到的实际收益也会不一样。

二、收入人员均衡法

对多人合作承担同一劳务而言，劳务的需求方是根据该项劳务本身支付报酬的，而承担劳务者则是根据合作者人数和工作量分配报酬的。对同一项劳务报酬而言，承担劳务者为一人和多人，其税负是大不一样的，这里就有筹划的空间。

【案例 6－10】

张工程师为某公司设计一机械产品，取得了 5000 元的设计收入。在设计过程中，其上大学的儿子为了积累实践经验，参与了收集资料及制图工作。请为张工程师提供税务筹划方案。

【分析】如果只算张工程师一人的收入，该笔劳务应缴纳个人所得税：

5000×(1－20%)×20%＝800(元)

如果算两个人各取得 2500 元报酬，应缴纳个人所得税：

(2500－800)×20%×2＝680(元)

节税额为 800－680＝120(元)

如果上述报酬能够分给三个人，一人 1000 元，另两人每人 2000 元，则三人合计应缴纳个人所得税：

(1000－800)×20%＋2×(2000－800)×20%＝520(元)

比分摊到二人节税 160 元(680－520)，比一人全部领取劳务报酬节税 280 元(800－520)。

三、收入次数均衡法

根据《个人所得税法》第六条和《个人所得税法实施条例》第二十一条规定，纳税人取得的属于同一项目连续性收入的以 1 个月内取得的收入为一次。这样，纳税人连续好几个月作业于同一项目，项目完成后才能取得一笔收入。基于这种情况，纳税人可以将这笔劳务收入分在尽可能长的时间内分期领取。因为按次纳税，每次要扣除费用 800 元或收入的 20% 的费用。经过多次分摊、多次扣除，纳税人就可凭此种方法降低税负。

【案 6－11】

某公司要完成一项工程，预计工期 10 个月，请设计师李先生在业余时间为其设计图纸，预计花费时间为 1 个月，谈妥劳务报酬 2.5 万元。公司还要请李先生在施工期间担任顾问，但李先生要出国交流因而未答应，但表示随时可以为公司解答图纸中的疑问。公司支付李先生设计费时考虑到以后可能还要请他修改、解释图纸而实际支付了3万元。请为李先生提供税务筹划方案。

【分析】按照税法规定，劳务报酬收入按照支付次数征税，一次应纳税所得额超过2万元而低于5万元的，税率为30%。

李先生的应纳税所得额为30000×(1－20%)＝24000(元)

因此，李先生此笔收入应纳个人所得税：

30000×(1－20%)×30%－2000＝5200(元)

如果李先生答应为该工程担任顾问，即使在国外期间，也可以为其进行指导，而不要求该公司一次性支付报酬，而是以该项工程持续建设为名，将该项劳务报酬分作10个月支付，每月支付3000元。按照税法规定，4000元以下的劳务报酬收入一次可扣除800元计税，则该笔报酬总应纳税额：

(3000－800)×20%×10＝4400(元)

节税额为5200－4400＝800(元)

由此可见，劳务报酬收入采取按次纳税，而且对一次收入畸高的还要实行加成征收，纳税人便可以将本该一次取得的收入分次取得。这样既可以多扣除费用，同时又能避免由于收入畸高而加成的税收，在全部收入不减的情况下可以成功地降低个人所得税税额，实际等于净收入的绝对提高。

四、劳务报酬与工资薪金选择的税务筹划

1. 雇佣合同与劳务合同的选择

劳动者与用工单位签署用工合同时，用工关系的不同选择，在纳税负担上是不一样的，有时差异可能很大。

【案例6－12】

李某长期为一私营企业负责设备维修，与该私营企业老板约定有问题随叫随到，不用每天按时上下班，年收入为40000元。与私营企业主建立怎样的用工关系，李某感到不好把握，于是向注册税务师讨教。注册税务师给他提供了两个方案。

【分析】

方案一：以雇工关系签署雇佣合同平均月工资3333.33元，低于3500元，李某不用缴纳个人所得税。

方案二：以提供劳务的形式签署用工合同，则按劳务报酬计算缴纳个人所得税，李某每月应缴纳个人所得税：

(40000÷12－800)×20%＝506.67(元)

通过计算发现，两种方案的结果是不同的，前者比后者更为有利。进一步分析还会发现：在计税所得额比较小的时候，以雇佣的形式比劳务的形式缴纳的个人所得税少；而当

计税所得额比较大的时候，以劳务的形式比雇佣的形式缴纳的个人所得税少。这是由两种政策在税率设置方法上的不同造成的。工资薪金的最低税率是3%，最高税率是45%；而劳务报酬的最低税率为20%，最高税率为40%。当然，两者在计算时速算扣除数不同。因此，在签订用工合同时，就可以根据报酬的数额进行具体筹划，决定是以雇佣形式拿工资，还是以提供劳务报酬的形式拿报酬。当然要以提供劳务的形式计税，工作的性质需要符合税法对“劳务”的界定，此外还应考虑到保险、福利等因素。

2. 特许权使用费和劳务报酬的选择

特许权使用费只有一档税率（20%），而劳务报酬适用三级超额累进税率（20%、30%、40%），这里提供了一个税务筹划的思路，在可能的情况下，将劳务报酬拆分为特许权使用费和劳务报酬，尽量避免劳务报酬适用高税率。

【案例6－13】

2015年11月，某明星与甲企业签订了一份一年的形象代言合同。合同中规定，该明星在2015年12月到2016年12月期间为甲企业提供形象代言劳务，每年亲自参加企业安排的四次（每季度一次）广告宣传活动，并且允许企业利用该明星的姓名、肖像。甲企业分两次支付代言费用，每次支付100万元（不含税），合同总金额为200万元由甲企业负责代扣代缴该明星的个人所得税。

【分析】 由于在签订的合同中没有明确具体划分各种所得所占的比重，因此应当统一按照劳务报酬所得征收个人所得税。

每次收入的应纳税额＝(不含税收入额－速算扣除额)×(1－20%)÷[1－税率×(1－20%)]
＝(1000000－7000)×(1－20%)÷[1－40%×(1－20%)]
＝1168235.29(元)

一年中甲企业累计应扣缴个人所得税＝(1168235.29×40%－7000)×2＝920588.23(元)

【税务筹划方案】

方案一：如果合同约定每一季度支付一次代言费用，每次支付50万元（不含税），合同总金额为200万元由甲企业负责代扣代缴该明星的个人所得税。

每次收入的应纳税额＝(不含税收入额－速算扣除额)×(1－20%)÷[1－税率×(1－20%)]
＝(500000－7000)×(1－20%)÷[1－40%×(1－20%)]
＝580000(元)

一年中甲企业累计应扣缴个人所得税＝(580000×40%－7000)×4＝900000(元)

方案二：本案例中明星直接参加的广告宣传活动取得的所得应属于劳务报酬所得，而明星将自己的小肖像有偿提供给企业则应该属于明星的特许权使用费所得，如果甲企业能够将合同一分为二，即先签订一份参加广告宣传活动的合同，每次向明星支付不含税收入20万元，再签订一份姓名、肖像权使用的合同，向明星支付不含税收入120万元。则支付总额保持不变，只是签订了两份不同应税项目的合同。实施此方案后，甲企业应扣缴的个人所得税计算如下：

(1) 每次劳务报酬应纳税额 =(200000 - 7000) × (1 - 20%) ÷ [1 - 40% × (1 - 20%)] = 227058.82(元)

甲企业应扣缴个人所得税 =(227058.82 ×40% - 7000) ×4 = 335294.11(元)

(2) 该明星特许权使用费的应纳税额 = 1200000 × (1 - 20%) ÷ [1 - 20% × (1 - 20%)] = 1142857.14(元)

甲企业应扣缴个人所得税 = 1142857.14 ×20% = 228571.43(元)

甲企业合计纳税 = 335294.11 + 228571.43 = 563865.54(元)

由此可以看出，方案一中增加劳务报酬的支付次数节税额为 340588.23 元(920588.23 - 580000)；而方案二中按劳务报酬和特许权使用费分开计算缴纳个人所得税比合并缴纳，共节约税款 356722.68 元(920588.23 - 563865.55)。

第五节 个人其他所得的税务筹划

一、稿酬所得的税务筹划

1. 稿酬所得计税的相关规定

稿酬所得按“次”缴纳个人所得税。税法中对稿酬“次”的主要规定如下：

(1) 同一作品再版取得的所得，应视作另一次稿酬所得计征个人所得税。

(2) 同一作品先在报刊上连载，然后再出版；或者先出版，再在报刊上连载的，应视为两次稿酬所得征税。

(3) 同一作品在报刊上连载取得收入的，以连载完成后取得的所有收入合并为一次，计征个人所得税。

(4) 同一作品在出版和发表时，以预付稿酬或者分次支付稿酬等形式取得的稿酬收入，应合并计算为一次。

(5) 同一作品出版、发表后，因为添加印数而追加稿酬的，应与以前出版、发表时取得的稿酬合并计算为一次，计征个人所得税。

对于报纸、杂志、出版等单位的职员在本单位的刊物上发表作品、出版图书取得所得征税的问题，税法规定任职、受雇于报纸、杂志等单位的记者、编辑等专业人员，因在本单位的报纸、杂志上发表作品取得的所得，属于因任职、受雇而取得的所得，应与其当月工资收入合并，按“工资、薪金所得”项目征收个人所得税。除上述专业人员以外，其他人员在本单位的报纸、杂志上发表作品取得的所得，应按“稿酬所得”项目征收个人所得税。出版社的专业作者撰写、编写或翻译的作品，由本社以图书形式出版而取得的稿费收入，应按“稿酬所得”项目计算缴纳个人所得税。

2. 筹划思路

（1）稿酬次数的筹划。稿酬可以按以下方式考虑：将一个人的“一次”稿酬分解为几个人的“多次”稿酬；国家税务总局《关于印发〈征收个人所得税若干问题的规定〉的通知》（国税发［1994］89号）规定，个人每次以图书的形式在两处或两处以上出版、发表或再版同一作品而取得的稿酬所得，则可分别将各处取得的所得或再版所得按分次所得计征个人所得税，所以可以考虑将分批印刷而合并计算的“一次”稿酬，处理成再版所得“分次”计税；等等。

【案例6－14】

王教授出版了一本专著，取得了7000元的稿酬收入。在写作过程中，其夫人提供了许多建议，并收集了资料，还承担了其中一章的写作和全部文字的润色工作。这部作品既可以算他单独完成，只署他的名字，也可以算他和夫人的共同作品。请为王教授提供筹划思路。

【分析】如果这部专著只算王教授一人的作品，该笔稿酬将缴纳个人所得税：

7000×(1－20%)×20%×(1－30%)＝784(元)

如果算2人的作品，该笔稿酬将缴纳个人所得税（分2人计算）：

(3500－800)×20%×(1－30%)×2＝756(元)

节税额为784－756＝28(元)

（2）费用抵减稿酬的税务筹划。根据税法规定，计算稿酬所得的应纳税所得额时，其扣除费用是有规定的，即4000元以下减除800元；4000元以上扣减20%的费用。如何增大扣除额，常见的做法就是与出版社协商，将发生的与写书有关的费用转移给出版社负担，并因此抵减部分稿酬，最终稿酬少了，税款也少了。

【案例6－15】

社科院某经济研究所的陈研究员拟到我国东南沿海地区进行3个月的实地考察，准备创作一本关于我国区域经济发展不平衡及东南部地区经济发展趋势的专著，考察过程中预计需花费差旅费等考察费用5万元。经与某出版社协商，可采用两种稿酬支付方式：一是支付稿酬10万元；二是支付稿酬5万元，报销考察费用5万元。请问，陈研究员采纳哪种方式可以增加净收入？

【分析】两种支付方式的税额计算如下：

（1）出版社支付稿酬10万元。

应纳税额＝100000×(1－20%)×20%×(1－30%)＝11200(元)

该本专著的净收入：100000－50000－11200＝38800(元)

（2）支付稿酬5万元，报销考察费用5万元。

应纳税额＝50000×(1－20%)×20%×(1－30%)＝5600(元)

该本专著的净收入＝50000－5600＝44400(元)

第二种方法节税：11200－5600＝5600(元)

作者的净收入相应增加：44400 - 38800 = 5600(元)

【结论】采用出版社报销考察费用的方法，可以在出版社支出相等的情况下，使作者的净收入增加5600元。

（3）利用发表场合的不同进行税务筹划。《关于个人所得税若干业务问题的批复》（国税函［2002］46号）规定："任职、受雇于报纸、杂志等单位的记者、编辑等专业人员，因在本单位的报纸、杂志上发表作品取得的所得，属于因任职、受雇而取得的所得，应与其当月工资收入合并，按'工资、薪金所得'项目征收个人所得税"。因此，属于该规定的记者和编辑有把握发表作品时，可根据实际情况选择作品在何处发表。

【案例6-16】

某杂志的王编辑，月工资为6200元，2016年10月撰写了一部作品，不论是在本单位的杂志上发表还是在其他杂志上发表，其所得均为2500元。如果在本单位的杂志上发表，应与当月工资合并缴纳个人所得税。

应纳个人所得税：(6200 + 2500 - 3500) × 10% - 105 = 415(元)

如果该编辑将作品在其他杂志上发表，取得的所得应按稿酬所得缴纳个人所得税。

稿酬应纳个人所得税：(2500 - 800) × 20% × (1 - 30%) = 238(元)

月工资应纳个人所得税：(6200 - 3500) × 10% - 105 = 165(元)

应纳个人所得税合计：238 + 165 = 403(元)

按稿酬之所以比按工资薪金缴纳个人所得税要少，一个重要原因是按稿酬所得计算应纳个人所得税时可享受按应纳税额减征30%的税收优惠政策。但劳务的税前扣除仅为800元，而工资薪金为3500元，因此，根据收入高低，合理选择发表杂志，可以在一定程度上节约个人所得税的支付。

（4）利用系列丛书的方法进行税务筹划。我国《个人所得税法》规定：个人以图书、报刊方式出版、发表同一作品（文字作品、书画作品、摄影作品以及其他作品），不论出版单位是预付还是分笔支付稿酬，或者加印该作品再付稿酬，均应合并稿酬所得按一次计征个人所得税。但税法同时规定对于不同的作品可以分开计税，缴纳个人所得，这就给纳税人的筹划创造了条件。如果一本书可以分成几个部分，以系列丛书的形式出现，则该作品将被认定为几个单独的作品，单独计算纳税，这就给纳税人提供了筹划空间。

【案例6-17】

某税务专家经过一段时间的辛苦工作，准备出版一本关于税务筹划的著作，预计稿酬所得10000元。

方案一：该纳税人以一本书的形式出版该著作，则应纳税额 = 10000 × (1 - 20%) × 20% × (1 - 30%) = 1120(元)。

方案二：该纳税人以4本出版一套系列丛书，则该纳税人的纳税情况如下：每本稿酬 = 10000 ÷ 4 = 2500(元)，每本应纳税额 = (2500 - 800) × 20% × (1 - 30%) = 238(元)，

总共应纳税额 =238 ×4 =952(元)。

可见，采用系列丛书法可以节省税款 168 元。

使用该种方法应该注意：首先，该著作可以被分解成一套系列著作，同时该种发行方式不会对发行量有太大的影响，最好能够促进发行。如果该种分解方法导致著作的销量或者学术价值大受影响，则这种方式将得不偿失。其次，该种发行方式要想充分发挥作用，最好与后面的集体创作筹划法结合。最后，该种筹划法利用的是抵扣费用的临界点，即在稿酬所得小于 4000 元时，实际抵扣标准大于 20%，因此该种发行方式应保证每本书的人均稿酬小于 4000 元。

二、财产租赁所得的税务筹划

1. 法律规定

财产租赁所得以一个月内取得的所得为一次，按次计征个人所得税。

财产租赁所得适用 20% 的比例税率，但是对个人出租房屋取得的所得暂减按 10% 的税率缴纳个人所得税。

准予扣除的规定。在确定财产租赁的应纳税所得额时，纳税人在出租财产过程中缴纳的税金和教育费附加，可持完税凭证，从其财产收入中扣除。准予扣除的项目除了规定费用和有关税、费外，还准予扣除能够提供有效、准确凭证，证明由纳税人负担的该出租财产实际开支的修缮费用。允许扣除的修缮费用，以每次 800 元为限，一次扣除不完的，准予在下一次继续扣除，直到扣完为止。

2. 筹划思路

个人出租房屋涉及的税费种类比较多，如增值税城市维护建设税、教育费附加、房产税、印花税、个人所得税等。从个人所得税的角度来看，在出租房屋时就将纳税负担降到最低，利用上述个人所得税对财产租赁行为的征税规定是完全可以做到的。

【案例 6 –18】

工程师张洋计划将自己拥有的地处市中心的一处闲置住房（100 平方米）出租，为了提高租金，张洋将房屋先进行了简单装修，支付了装修费约 5000 元。2016 年 1 月与个体户小王签订了租赁合同，租期一年，每月租金 5000 元。出租房屋取得的财产租赁所得，需要缴纳增值税、城建税、教育费附加、个人所得税等，请为张洋提供税务筹划方案。

【分析】张洋应纳税种及税额如下：《国家税务总局关于发布〈纳税人提供不动产经营租赁服务增值税征收管理暂行办法〉的公告》（国家税务总局公告 2016 年第 16 号）第八条规定：其他个人出租不动产，适用 5% 的征收率。《财政部、国家税务总局关于全面推开营业税改征增值税试点的通知》（财税［2016］36 号）附件 2《营业税改征增值税试点有关事项的规定》第一条第九款第六项规定：个人出租住房，应按照 5% 的征收率减按 1.5% 计算应纳税额。

应交增值税 = 5000 ÷ (1 + 5%) × 1.5% = 71.43(元)

应纳城建税 = 71.43 × 7% = 5(元)

应交教育费附加 = 71.43 × 3% = 2.14(元)

应纳个人所得税 = (5000 − 71.43 − 5 − 2.14) × (1 − 20%) × 20% = 787.43(元)

全年应纳个人所得税 = 787.43 × 12 = 9449.16(元)

本例中由于装修费是发生在签订租赁合同之前，所以不能在税前扣除。为了节约税款，应将装修工作安排在签订合同的当月或以后，这样修缮费用与该出租财产直接相关，可持有效凭证进行抵扣。

1 ~ 6 月应纳个人所得税：

(5000 − 250 − 17.5 − 7.5 − 800) × (1 − 20%) × 20% × 6 = 3768(元)

(5000 − 71.43 − 5 − 2.14 − 800) × (1 − 20%) × 20% × 6 = 3956.57(元)

7 月应纳个人所得税：

(5000 − 71.43 − 5 − 2.14 − 200) × (1 − 20%) × 20% = 755.43(元)

8 ~ 12 月应纳个人所得税：

(5000 − 71.43 − 5 − 2.14) × (1 − 20%) × 20% × 5 = 3937.14(元)

全年应纳个人所得税 = 3956.57 + 755.43 + 3937.14 = 8649.14(元)

可见，按税法规定如此筹划后，纳税人可以少纳税 800.02 元(9449.16 − 8649.14)。

通过对租赁房产的案例具体分析，可见纳税人出租房产缴纳个人所得税时，如果有修理费用支出，选择好维修时机可有效节税。如果纳税人要对自己的租赁房产进行维修，就应该选择在房产租赁期间进行。而且维修费用越大，就越应提早进行，这样可以使得维修费用充分地在税前列支，从而减少应缴的税款，达到减轻税负的目的。

三、个人转让专利的税务筹划

根据《财政部、国家税务总局关于全面推开营业税改征增值税试点的通知》（财税［2016］36 号）规定，销售无形资产，是指转让无形资产所有权或者使用权的业务活动。无形资产，是指不具实物形态，但能带来经济利益的资产，包括技术、商标、著作权、商誉、自然资源使用权和其他权益性无形资产。因此，转让专利需要缴纳增值税。

根据《财政部、国家税务总局关于全面推开营业税改征增值税试点的通知》（财税［2016］36 号）附件 1《营业税改征增值税试点实施办法》第十五条规定，税率为 6%。

【案例 6 − 19】

一位医学博士，学有所成，知识渊博。他通过多年的研究，发明了一种技术，使用该技术可以大大提高从药用植物中提取有用物质的效率。该技术获得了国家专利，专利权属个人所有。

该专利公布后，引起了众多药厂的关注。他们纷纷要求博士转让其专利使用权，有一家制药公司提出的转让价格为 500 万元。而另一家效益很好、极有希望上市的制药股份有限公司则提出可以让他持有该公司相同份额的股权，并让他在公司中担任副总经理，主管药品的研制、开发工作。

在出售专利权和拥有公司股权两项方案之间进行选择，该医学博士应如何决断？

【分析】

(1)选择直接转让专利获取现金，则可取得收入500万元，但同时应承担以下税负：

1)增值税：自2016年5月1日起国家实行全面营改增政策，转让专利权属于转让无形资产，应缴纳增值税，个人转让无形资产，按小规模纳税人纳税，税率为3%，所缴税额为500÷(1+3%)×3%=14.56(万元)，因此，缴纳增值税后，该博士实际所得为485.44万元。

2)个人所得税：税法规定，转让专利使用属特许权使用费收入，应缴纳个人所得税。特许权使用费收入以个人每次取得的收入，定额或定率减除规定费用后的余额为应纳税所得额。因为该人一次收入已超过4000元，应减除20%的费用。应纳税额=485.44×(1-20%)×20%=77.67(万元)，缴纳个人所得税后他实际所得为407.77万元。

两税合计，该人缴纳了92.23万元的税，实际所得为407.77万元。

(2)选择在公司拥有股权，不用缴纳他每年可从公司税后利润中分得500万元股权所对应的利润，至于到底是多少钱，则要看公司的税后利润有多少、500万元的股权占公司全部股份的比例。这个收入是长期的，只要公司存在，他不转让股权的话不用缴纳增值税，这部分收益作为拥有股权取得的股息、红利，应按20%的比例税率缴纳个人所得税。作为股份公司，该人拥有的股权是以股份表现的，而股份通常表现为股票。目前该制药公司还没有上市，但因为效益很好，极有希望上市。一旦上市，他能有两方面的好处：一是所持股票极有可能升值，那就不止500万元了；二是上市后，所持股票较容易出手套现。虽然目前对公司管理层所持股票的流通尚有较多限制，但从发展趋势来看，允许流通是必然趋势。根据个人所得税有关法规的规定，转让股票目前免缴个人所得税。因此，只要他持有的500万元股份能够保值，就比直接转让专利权划算得多。

【筹划结果】两种方案的利弊是很明显的。第一种方案，没有什么风险，缴税之后，可以实实在在地握有大把的钞票，用这些钱去做想做的事。但是，其所缴的税太重，而且收入是固定的，没有升值的希望；第二种方案缴税少，而且有升值的可能性，但是风险也大，是不确定的。假如该人想追求更大的利益，换一个工作环境，他将选择第二个方案。

第六节　利用税收优惠政策的税务筹划

一、免税、减税的优惠规定

1. 免税项目

《个人所得税法》和相关法规、政策规定，对下列各项个人所得，免征个人所得税：

（1）省级人民政府、国务院部委和中国人民解放军以上单位，以及外国组织、国际组织颁发的科学、教育、技术、文化、卫生、体育、环境保护等方面的奖金。

（2）国债和国家发行的金融债券利息。其中，国债利息是指个人持有的中华人民共和国财政部发行的债券而取得的利息；国家发行的金融债券利息，是指个人持有经国务院批准发行的金融债券而取得的利息所得。

（3）按照国家统一规定发给的补贴、津贴，是指按照国务院规定发给的政府特殊津贴和国务院规定免纳个人所得税的补贴、津贴。

（4）福利费、抚恤金、救济金。其中，福利费是指根据国家有关规定，从企业、事业单位、国家机关、社会团体提留的福利费或者从工会经费中支付给个人的生活补助费；救济费是指国家民政部门支付给个人的生活困难补助费。

（5）保险赔款。

（6）军人的转业安置费、复员费。

（7）按照国家统一规定发给干部、职工的安家费、退职费、退休工资、离休工资、离休生活补助费。其中，退职费是指符合《国务院关于工人退休、退职的暂行办法》规定的退职条件，并按该办法规定的退职费标准所领取的退职费。

（8）依照我国有关法律规定应予免税的各国驻华使馆、领事馆的外交代表、领事官员和其他人员的所得。

（9）中国政府参加的国际公约、签订的协议中规定免税的所得。

（10）经国务院财政部门批准免税的所得。

2. 减税项目

有下列情形之一的，经批准可以减征个人所得税：①残疾、孤老人员和烈属的所得。②因严重自然灾害造成重大损失的。③其他经国务院财政部门批准减税的。

上述减税项目的减征幅度和期限，由省、自治区、直辖市人民政府规定。

3. 暂免征税项目

根据《财政部、国家税务总局关于个人所得税若干政策问题的通知》和有关文件的规定，对下列所得暂免征收个人所得税：

（1）外籍个人以非现金形式或实报实销形式取得的住房补贴、伙食补贴、搬迁费、洗衣费。

（2）外籍个人按合理标准取得的境内、境外出差补贴。

（3）外籍个人取得的探亲费、语言训练费、子女教育费等，经当地税务机关审核批准为合理的部分。可以享受免征个人所得税优惠的探亲费仅限于外籍个人在我国的受雇地与其家庭所在地（包括父母或配偶所在地）之间搭乘交通工具，且每年不超过两次的费用。

（4）外籍个人从外商投资企业取得的股息、红利所得。

（5）凡符合下列条件之一的外籍专家取得的工资、薪金所得，可免征个人所得税：①根据世界银行专项贷款协议，由世界银行直接派往我国工作的外国专家。②联合国组织直接派往我国工作的专家。③为联合国援助项目来华工作的专家。④援助国派往我国专为该国援助项目工作的专家。⑤根据两国政府签订的文化交流项目来华工作两年以内的文教专家，其工资、薪金所得由该国负担的。⑥根据我国大专院校国际交流项目来华工作两年以内的文教专家，其工资、薪金所得由该国负担的。⑦通过民间科研协定来华工作的专家，其工资、薪金所得由该国政府机构负担的。

（6）个人举报、协查各种违法、犯罪行为而获得的奖金。

（7）个人办理代扣代缴手续，按规定取得的扣缴手续费。

（8）个人转让自用达5年以上，并且是唯一的家庭生活用房取得的所得。

（9）对按《国务院关于高级专家离休退休若干问题的暂行规定》（国发［1983］141号）和《国务院办公厅关于杰出高级专家暂缓离退休审批问题的通知》（国办发［1991］40号）精神，达到离休、退休年龄，但确因工作需要，适当延长离休退休年龄的高级专家（指享受国家发放的政府特殊津贴的专家、学者），其在延长离休退休期间的工资、薪金所得，视同退休工资、离休工资免征个人所得税。

（10）《财政部　国家税务总局关于城镇房屋拆迁有关税收政策的通知》（财税［2005］45号）规定，对被拆迁人按照国家有关城镇房屋拆迁管理办法规定的标准取得的拆迁补偿款，免征个人所得税。

（11）《关于个人取得有奖发票奖金征免个人所得税问题的通知》（财税［2007］34号）规定，个人取得单张有奖发票奖金所得不超过800元（含800元）的，暂免征收个人所得税；个人取得单张有奖发票奖金所得超过800元的，应全额按照个人所得税法规定的“偶然所得”项目征收个人所得税。

（12）《国家税务总局关于保险营销员取得佣金收入征免个人所得税问题的通知》（国税函［2006］454号）规定，自2006年6月1日起，对保险营销员佣金中的展业成本，免征个人所得税；对佣金中的劳务报酬部分，扣除实际缴纳的营业税及附加后，依照税法有关规定计算征收个人所得税。保险营销员的佣金由展业成本和劳务报酬构成，所谓“展业成本”即营销费。根据目前保险营销员展业的实际情况，佣金中展业成本的比例暂定为40%。

（13）《关于上市公司股息红利差别化个人所得税政策有关问题的通知》（财税［2015］101号）规定，自2015年9月8日起，个人从公开发行和转让市场取得的上市公司股票，持股期限超过1年的，股息红利所得暂免征收个人所得税。个人从公开发行和转让市场取得的上市公司股票，持股期限在1个月以内（含1个月）的，其股息红利所得全额计入应纳税所得额；持股期限在1个月以上至1年（含1年）的，暂减按50%计入应纳税所得额；上述所得统一适用20%的税率计征个人所得税。

4. 对在中国境内无住所，但在境内居住1年以上、不到5年的纳税人的减免税优惠

《个人所得税法实施条例》规定，“在中国境内无住所，但是居住1年以上5年以下的个人，其来源于中国境外的所得，经主管税务机关批准，可以只就由中国境内公司、企业以及其他经济组织或者个人支付的部分缴纳个人所得税；居住超过5年的个人，从第6年起，应当就其来源于中国境内、境外的全部所得缴纳个人所得税”。

1995年9月16日，财政部、国家税务总局又发出通知，对执行上述规定时5年期限的计算问题做了明确规定：

（1）关于5年期限的具体计算。个人在中国境内居住满5年，是指个人在中国境内

连续居住满5年，即在连续5年中的每一纳税年度内均居住满1年。

（2）关于个人在中国居住满5年以后纳税义务的确定。个人在中国境内居住满5年后，从第6年起的以后年度中，凡在境内居住满1年的，应当就其来源于境内、境外的所得申报纳税；凡在境内居住不满1年的，则仅就该年内来源于境内的所得申报纳税。如该个人在第6年起以后的某一纳税年度内在境内居住不足90天，可以按《个人所得税法实施条例》第7条（详见本节的规定）确定纳税义务，并从再次居住满1年的年度起重新计算5年期限。

5. 对在中国境内无住所，但在一个纳税年度中在中国境内居住不超过90日的纳税人的减免税优惠

《个人所得税法实施条例》规定，在中国境内无住所，但是在一个纳税年度中在中国境内连续或者累计居住不超过90日的个人，其来源于中国境内的所得，由境外雇主支付并且不由该雇主在中国境内的机构、场所负担的部分，免予缴纳个人所得税。

6. 在纳税人享受减免个人所得税优惠政策时，是否须经税务机关审核或批准，应按照以下原则执行

（1）税收法律、行政法规、部门规章和规范性文件中未明确规定纳税人享受减免税必须经税务机关审批的，且纳税人取得的所得完全符合减免税条件的，无须经主管税务机关审批，纳税人可自行享受减免税。

（2）税收法律、行政法规、部门规章和规范性文件中明确规定纳税人享受减免税必须经税务机关审批的，或者纳税人无法准确判断其取得的所得是否应享受个人所得税减免的，必须经主管税务机关按照有关规定审核或批准后，方可减免个人所得税。

（3）纳税人有本节“减税项目”规定情形之一的，必须经主管税务机关批准，方可减征个人所得税。

二、税务筹划思路

由于外籍个人工资、薪金收入一般较高，即使每月计算应纳税所得额时可以减除4800元费用，纳税负担仍然较重。为了合理节约纳税支出，外籍个人在签订劳动合同时应充分利用税收优惠的相关减免规定。

【案例6-20】

彼特先生将应聘到中国的一家公司任高级管理人员。公司传真的聘用合同注明：月薪150000元人民币，每年报销两次探亲费，公司再承担其他任何费用。年终根据业绩情况发放年终奖金。彼特先生是个谨慎的人，他将聘用合同传真给他的中国朋友，请朋友介绍税务咨询人员以确定有无税务方面需要考虑的地方。税务咨询人员看了合同后建议，根据彼特到中国工作需要租房居住、子女需要就学等情况及支出估计，建议每月以非现金形式或实报实销形式报销住房补贴、伙食补贴、搬迁费、洗衣费、子女教育费等20000元，同时将月薪定为130000元人民币。聘用合同经上述改进后，公司支出不变，彼特先生每月可以节约个人所得税支出，请问，彼特先生一年可以节税多少？

【分析】 筹划前，彼特先生每月个人所得税：

(150000 - 4800) × 45% - 13505 = 51835(元)

筹划后，彼特先生每月个人所得税：

(130000 - 4800) × 45% - 13505 = 42835(元)

节税额 = 51835 - 42835 = 9000(元)

思考练习题

1. 个人所得税税务筹划的基本思路与方法是什么？

2. 工资、薪金所得主要有哪些筹划方法？

3. 利用税收优惠政策进行税收筹划，对个人所得税影响大吗？有哪些政策对个人所得税产生影响？其影响是什么？

4. 某公司为鼓励销售人员提高销售业绩，制定的奖励方案为完成月度、季度、半年、年度任务分别按销售额的1%发放月度季度、半年和年度奖金。你认为该种奖励方式在缴纳个人所得税方面有何缺点，可以如何进行税务筹划？

5. 某大学李教授经常应邀给全国各地的企业讲课。2016年暑假，海南的一家公司和深圳的另一家公司同时邀请李教授前往讲课，讲课时间均为6天，但是时间重叠了。海南的公司提出给李教授支付课酬5.5万元，交通、食宿费用自理；深圳的公司只支付李教授5万元课酬，但负责支付李教授来深圳上课期间的全部交通、食宿等费用，总计大约5000元。李教授粗算了一下，若去海南讲课；按照深圳公司标准自理食宿的话，两地取得的收入一样，但自己安排食宿很容易节省，所以去海南讲课似乎比去深圳合适。请你帮李教授计算一下，到底去哪家公司讲课更合适？

6. 某公司高级技工陈伟拥有一项专利。2016年春节，有企业找其洽谈转让事宜，转让收入30万元，同时有一位私营企业主邀其以专利投资加盟。陈伟认为该专利在研究过程中花费了大量的财力、物力，故希望取得较大的收益。请你帮助筹划一下，是一次性转让还是进行长期投资？哪种方式更合算？

7. 有一家外商投资企业，2016年聘请了一位外籍财务顾问。合同约定，其月薪为人民币80000元，公司除每年报销一次探亲费用外不再承担其他福利。该顾问的工作合同如何修订可以节约纳税支出？

第七章
土地增值税税务筹划

第一节　土地增值税法简介

一、土地增值税的纳税义务人

土地增值税是对有偿转让国有土地使用权、地上的建筑物及其他附着物产权取得收入的单位和个人，就其转让所获得的土地增值额征收的一种税。它是一种收益税，主要涉及房地产行业。开征土地增值税，既有利于增加财政收入，又可以在一定程度上抑制房地产的炒买、炒卖行为，对于防止国有土地收益的流失也起着重要作用。

1993 年 12 月 13 日，国务院发布了《中华人民共和国土地增值税暂行条例》（以下简称《土地增值税暂行条例》），自 1994 年 1 月 1 日起开征土地增值税。1995 年 1 月 27 日，财政部又发布了《中华人民共和国土地增值税暂行条例实施细则》（以下简称《土地增值税暂行条例实施细则》），进一步细化了土地增值税的征收和管理。

凡是有偿转让我国国有土地使用权、地上建筑物及其附着物（以下简称转让房地产）产权，并且取得收入的单位和个人，为土地增值税的纳税义务人，具体包括机关、团体、部队、企事业单位、个体工商户及国内其他单位和个人、外商投资企业、外国企业及外国机构、华侨、港澳台同胞及外国公民等。土地增值税的纳税人一般具有以下四个主要特点：

1. 不论法人与自然人

不论是企业、事业单位、国家机关、社会团体及其他组织还是个人，只要有偿转让房地产，都是土地增值税的纳税人。

2. 不论经济性质

不论是全民所有制企业、集体企业、私营企业、个体经营者，还是联营企业、合资企业、合作企业、外商独资企业等，只要有偿转让房地产，都是土地增值税的纳税人。

3. 不论内资企业与外资企业、中国公民与外籍个人

根据国家税法的相关规定，土地增值税适用于涉外企业和个人。因此，不论是内资企

业还是外商投资企业、外国驻华机构；也不论是中国公民、港澳台同胞、海外华侨，还是外国公民，只要有偿转让房地产，都是土地增值税的纳税人。

4. 不论部门

不论是工业、农业、商业、学校、医院、部队、机关等，只要有偿转让房地产，都是土地增值税的纳税人。

二、土地增值税的征税范围

1. 土地增值税征税范围的一般规定

根据《土地增值税暂行条例》及其实施细则的规定，土地增值税的征税范围如下：

（1）转让国有土地使用权的行为。所谓“国有土地”指按国家法律属于国家所有的土地。

（2）地上的建筑物及其附着物连同国有土地使用权一并转让的行为。“地上建筑物”是指建于土地上的一切建筑，包括地上、地下的各种附属设施；“附着物”是指附着于土地上的不能移动或者一经移动即遭损坏的物品。

2. 土地增值税征税范围的若干具体界定

准确界定土地增值税的范围十分重要。在实际工作中可以通过三条标准来判定：首先，土地增值税只对转让国有土地使用权征税；其次，土地增值税是对国有土地使用权及其地上的建筑物和附着物的转让行为征税；最后，土地增值税是对转让房地产并取得收入的行为征税，即对有偿行为征税。

根据这三条判定标准，我们就可以对以下若干具体情况是否属于土地增值税的征税范围进行判定：

（1）以出售方式转让国有土地使用权、地上建筑物及附着物的，这种情况因其同时符合上述三个标准，所以属于土地增值税的征税范围。这里又可以分为以下三种情况：

其一，出售国有土地使用权是指土地使用者通过出让方式，向政府缴纳了土地出让金，有偿受让土地使用权后，仅对土地进行通水、通电、通路和平整地面等土地开发，不进行房产开发，然后直接将空地出售，这种情况是国有土地使用权的有偿转让，属于土地增值税的征税范围。

其二，取得国有土地使用权后进行房屋开发建造然后出售的，即通常所说的房地产开发。这种行为通常被称作卖房，但按照国家有关房地产法律和法规的规定，卖房的时候土地使用权也会随之产生转让，也就是说，既发生了产权的转让又取得了收入，转让的也是国有土地使用权，所以属于土地增值税的征税范围。

其三，存量房地产的买卖，是指已经建成并已投入使用的房地产，其房屋所有人将产权和土地使用权一并转让给其他单位和个人，按照国家有关房地产的法律和法规，发生这种交易，有关当事人应当到有关部门办理房产产权和土地使用权的转移变更手续；如果原土地使用权属于无偿划拨的，还要到土地管理部门补交土地出让金。这种行为既发生了产权的转让又取得了收入，转让的土地使用权也是国有的，所以属于土地增值税的征税范围。

（2）以继承、赠与方式转让房地产的。可以分为房地产的继承和赠与两种情况。因其只发生房地产产权、土地使用权的转让，没有取得相应的收入，属于无偿转让房地产的行为，所以不能将其纳入土地增值税的范围。这里的“继承”是指法定继承；“赠与”仅指将房地产赠与直系亲属或承担直接赡养义务的人以及通过中国境内非营利性社会团体、国家机关的公益性赠与。

（3）房地产的出租。房地产的出租是指房产的产权所有人、依法取得土地使用权的土地使用人，将房产、土地使用权租赁给承租人使用，由承租人向出租人支付租金的行为。出租人虽取得了收益，但没有发生房产产权、土地使用权的转让，所以不能将其纳入土地增值税的范围。

（4）房地产的抵押。房地产的抵押是指房地产的产权所有人或依法取得土地使用权的土地使用人作为债务人或第三人向债权人提供不动产作为清偿债务的担保而不转移权属的法律行为。房地产在抵押期间未发生权属的变更，不能将其纳入土地增值税的范围；抵押期满后，发生房地产权属转让的，缴纳土地增值税。

（5）房地产的交换。这种情况是指一方以房地产与另一方的房地产进行交换的行为。由于房地产的交换既发生了房产产权、土地使用权的转移，交换双方又取得了实物形态的收入，按《土地增值税暂行条例》规定，它属于土地增值税的范围。但对个人之间互换自有居住用房地产的，经当地税务机关核实，可以免征土地增值税。

（6）以房地产进行投资、联营。对于以投资方将房地产转移到所投资的企业，暂免缴纳土地增值税。被投资企业将上述房地产再转让时，应缴纳土地增值税。

（7）合作建房。这是以转让部分土地使用权来换取新建成房屋部分产权的行为，建成后按比例分房子用的，暂免缴纳土地增值税；建成后转让的，应缴纳土地增值税。

（8）房地产的重新评估。国有企业在按照国家统一规定进行清产核算时，对房地产进行重新评估而房地产价值出现升值。在这种情况下，房地产的价值虽然出现增值，因未发生房地产权属转移，土地使用人也未取得收入，不缴纳土地增值税。

（9）企业兼并转让房地产。在企业兼并中，对被兼并企业将房地产转让到兼并企业中的，也属于土地增值税的征收范围，按税法规定，暂免征收土地增值税。

（10）房地产的代建房行为。这种情况是指房地产开发公司代客户进行房地产的开发，开发完成后向客户收取代建收入的行为。对于房地产公司而言，虽然取得了收入，但没有发生房地产权属的转移，其收入属于劳务性质，所以不属于土地增值税的征税范围。

三、土地增值税税率的确定

按照《土地增值税暂行条例》第七条的规定，土地增值税实行的是30%～60%的四级超率累进税率，即以税务对象的增值率为累进依据，按超率累进方式计算应税务额的税率。

采用超率累进税率，需要确定三项因素：①税务对象数额的相对率（土地增值税的增值额与扣除项目金额的比为相对率）。②把税务对象的相对率从低到高划分为若干个级次。土地增值税按增值额与扣除项目金额的比率从低到高分为四个级次，即增值额未超过扣除项目金额50%的部分；增值额超过扣除项目金额50%未超过100%的部分；增值额超过扣除项目金额100%未超过200%的部分；增值额超过扣除项目金额200%的部分。③按各级次分别规定不同的税率。土地增值税的税率分别是30%、40%、50%、60%，具体见表7－1。

表7－1　土地增值税超率累进税率标准

级次	增值额占扣除项目金额比率	税率（%）	速算扣除系数（%）
1	不超过50%的部分	30	0
2	超过50%～100%的部分	40	5
3	超过100%～200%的部分	50	15
4	超过200%的部分	60	35

综上可知，土地增值税的税率是以转让房地产的增值率高低为依据，按照累进原则进行设计的，实行分级计税。增值率高的，适用税率高，相应要多纳税；增值率低的，税率低，相应要少纳税。纳税负担较为合理，有利于体现国家税收政策。

四、增值税应纳税额的计算

1. 土地增值税的计算公式

土地增值税是以纳税人转让房地产所取得的增值额为计税依据，它是纳税人转让房地产所取得的收入减去税法规定扣除项目金额后的余额。其计算公式：

土地增值额＝转让房地产的总收入－扣除项目金额

应纳税额＝土地增值额×适用税率－扣除项目金额×速算扣除系数

【案例7－1】

某纳税人转让房地产所取得的不含税收入为400万元，其扣除项目金额为100万元，计算其应纳土地增值税税额。

【分析】

增值额＝400－100＝300（万元）

增值额与扣除项目之比＝300÷100＝300%＞200%

运用60%的税率，应纳土地增值税＝300×60%－100×35%＝145（万元）

2. 土地增值税应税收入和扣除项目的确定

从土地增值税的计算公式可以看出，计算土地增值额的依据是转让收入和扣除项目金额，下面对应税收入和扣除项目金额的确定加以详细说明。

（1）应税收入的确定。根据《土地增值税暂行条例》及其实施细则的规定，纳税人转让房地产所取得的应税收入，应包括转让房地产的全部价款及有关的经济收益。从收入的实现形式看，包括货币收入、实物收入和其他收入。同时，《财政部、国家税务总局关于营改增后契税、房产税、土地增值税、个人所得税计税依据问题的通知》（财税［2016］43 号）文件规定，土地增值税纳税人转让房地产取得的收入为不含增值税收入；《财政部、国家税务总局关于全面推开营业税改征增值税试点的通知》（财税［2016］36 号）文件附件二《营业税改征增值税试点有关事项的规定》：“房地产企业已取得的全部价款和价外费用，扣除受让土地时向政府部门支付的土地价款后的余额为销售额。”

1）货币收入。货币收入是指纳税人转让房地产而取得的现金、银行存款、支票、银行本票、汇票等各种信用票据和国库券、金融债券、企业债券、股票等有价证券。这些收入的实质都是转让方因转让土地使用权、房屋产权而向取得方收取的价款。货币收入一般比较容易确定。

2）实物收入。实物收入是指纳税人转让房地产而取得的各种实物形态的收入，如钢材、水泥等建材，房屋、土地等不动产等。实物收入的价值不太容易确定，一般要对这些实物形态的财产进行估价。

3）其他收入。其他收入是指纳税人转让房地产而取得的无形资产收入或具有财产价值的权利，如专利权、商标权、著作权、专有技术使用权、土地使用权、商誉权等，这种类型的比较少见，其价值需要进行专门的评估。

（2）扣除项目金额的确定。计算土地增值税应纳税额，并不是直接对转让房地产所取得的收入征税，而是要对收入额减除国家规定的各项扣除项目金额后的余额计算征税（这个余额就是纳税人在转让房地产中获取的增值额）。因此，要计算增值额，首先必须确定扣除项目。税法准予纳税人从转让收入额中减除的扣除项目包括如下几项：

1）取得土地使用权所支付的金额。取得土地使用权所支付的金额包括两方面内容：①纳税人为取得土地使用权所支付的地价款。如果是以协议、招标、拍卖等出让方式取得土地使用权的，地价款为纳税人所支付的土地出让金；如果是以行政划拨方式取得土地使用权的，地价款为按照国家有关规定补交的土地出让金；如果是以转让方式取得土地使用权的，地价款为向原土地使用权人实际支付的地价款。②纳税人在取得土地使用权时按国家统一规定缴纳的有关费用。它系指纳税人在取得土地使用权过程中为办理有关手续，按国家统一规定缴纳的有关登记、过户手续费。

2）房地产开发成本。房地产开发成本是指纳税人在房地产开发项目中实际发生的成本，包括土地的征用及拆迁补偿费、前期工程费、建筑安装工程费、基础设施费、公共配套设施费、开发间接费等。①土地征用及拆迁补偿费。它包括土地征用费、耕地占用费、劳动力安置费及有关地上、地下附着物拆迁补偿的净支出、安置动迁用房支出等。②前期工程费包括规划、设计、项目可行性研究和水文、地质、勘察、测绘、“三通一平”等支出。③建筑安装工程费。是指以出包方式支付给承包单位的建设安装工程费，以自营方式发生的建筑安装工程费。④基础设施费。包括开发小区内道路、供水、供电、供气、排污、排洪、通讯、照明、环卫、绿化等工程发生的支出。⑤公共配套设施费。包括不能有偿转让的开发小区内公共配套设施发生的支出。⑥开发间接费用。是指直接组织、管理开发项目发生的费用，包括工资、职工福利费、折旧费、办公费、水电费、周转房摊销等。

3）房地产开发费用。房地产开发费用是指与房地产开发项目有关的销售费用、管理费用和财务费用。根据现行财务会计制度的规定，这三项费用作为期间费用，直接计入当期损益，不按成本对象进行分摊。故作为土地增值税扣除项目的房地产开发费用，不按纳税人房地产开发项目实际发生的费用进行扣除，而按《土地增值税暂行条例实施细则》的标准进行扣除。

按照《土地增值税暂行条例实施细则》规定，纳税人可以扣除的房地产开发费用，根据能否按转让房地产分摊利息支出及能否提供金融机构贷款证明，分为以下两种扣除方法：

第一种，纳税人能够按转让房地产项目计算分摊利息支出，并能提供金融机构贷款证明的，财务费用中的利息支出，在最高不超过商业银行同类同期贷款利率计算金额前提下，允许据实扣除；管理费用、销售费用，按《土地增值税暂行条例实施细则》第七条第（一）（二）项规定（即取得土地使用权所支付的金额和房地产开发成本，下同）计算金额之和的5%以内计算扣除（土地增值税暂行条例具体比例由省级政府规定），即其允许扣除的房地产开发费用：

允许扣除的房地产开发费用＝利息＋（取得土地使用权所支付的金额＋开发土地和新建及配套设施的成本）×5%

第二种，纳税人不能按转让房地产项目计算分摊利息支出或不能提供金融机构证明的房地产开发费用，按《土地增值税暂行条例实施细则》第七条和第（一）、第（二）项规定计算的金额之和的10%以内计算扣除（土地增值税暂行条例具体比例由省级政府规定），即其允许扣除的房地产开发费用：

允许扣除的房地产开发费用＝（取得土地使用权所支付的金额＋开发土地和新建及配套设施的成本）×10%

此外，财政部、国家税务总局还对扣除项目金额中利息支出的计算做了两点专门规定：一是利息的上浮幅度按国家的有关规定执行，超过上浮幅度的部分不允许扣除；二是对于超过贷款期限和利息部门加罚的利息不允许扣除。

4）与转让房地产有关的税金。与转让房地产有关的税金是指在转让房地产时缴纳的城市维护建设税、印花税。因转让房地产缴纳的教育费附加，也可视同税金予以扣除。按照《财政部、国家税务总局关于营改增后契税、房产税、土地增值税、个人所得税计税依据问题的通知》（财税［2016］43号）规定，土地增值税扣除项目涉及的增值税进项税额，允许在销项税额中计算抵扣的，不计入扣除项目，不允许在销项税额中计算抵扣的，可以计入扣除项目。

需要明确的是，房地产开发企业按照《施工、房地产开发企业财务制度》的规定，其在转让时缴纳的印花税因列在管理费中，故在此不允许单独再扣除。其他纳税人缴纳的印花税按产权转移数据所载金额的5‰计（贴花）允许在此扣除。

5）其他扣除项目。对从事房地产开发的纳税人可按《土地增值税暂行条例实施细则》第七条第（一）、第（二）项规定计算的金额之和，加计20%的扣除。在此应特别指出的是，此条优惠只适用于从事房地产开发的纳税人，除此之外的其他纳税人不适用。这样规定，目的是为了抑制炒买、炒卖房地产的投机行为，保护正常开发投资者的积极性。

6）旧房及建筑物的评估价格。财税字［1995］48 号文规定，旧房及建筑物的评估价格是指转让已使用的房屋及建筑物时，由政府批准设立的房地产评估机构评定的重置成本价乘以成新度折扣率后的价格。评估价格须经当地税务机关确认。

此外，转让旧房的，应按房屋及建筑物的评估价格、取得土地时所支付的地价款和按照国家统一规定缴纳的有关费用及在转让环节缴纳的税金作为扣除项目计征土地增值税。对取得土地使用权时未支付地价款或不能提供已支付地价款凭据的，在计征土地增值税时不允许扣除。

五、土地增值税的征收管理

1. 纳税期限

土地增值税的纳税人应于转让房地产合同签订之日起 7 日内到房地产所在地的税务机关办理税务申报，并向税务机关提交房屋及建筑物产权、土地使用权证书，土地转让、房屋买卖合同、房地产评估报告以及其他与转让房地产有关的资料。纳税人因经常发生房地产转让而难以在每次转让后申报的，经税务机关审核同意后，可以定期进行税务申报，具体期限由税务机关根据情况确定。

2. 纳税地点

土地增值税的纳税人应向房地产所在地主管税务机关办理纳税申报，并在税务机关核定的期限内缴纳土地增值税。

这里所说的“房地产所在地”，是指房地产的坐落地。纳税人转让的房地产坐落在两个或两个以上地区的，应按房地产所属地分别申报纳税。

在实际工作中，纳税地点的确定又可分为以下两种情况：

（1）纳税人是法人的。当转让的房地产坐落地与其机构所在地或经营所在地一致时，则应在房地产坐落地所管辖的税务机关申报纳税。

（2）纳税人是自然人的。当转让的房地产坐落地与其居住所在地一致时，则在住所所在地税务机关申报纳税；当转让的房地产坐落地与其居住所在地不一致时，在办理过户手续所在地的税务机关申报纳税。

六、土地增值税税务筹划的基本思路

土地增值税按转让房地产取得收入减去取得土地使用权所支付的金额、开发土地成本和费用、新建房及配套设施的成本和费用、与转让房地产有关税金等扣除项目后的余额计征。如何把握政策的要点，充分利用政策，是土地增值税筹划的关键。

土地增值税税务筹划的基本思路主要是应在税法允许的前提下，把握好增值率的节点，降低增值额，进而降低增值率，节约税金。具体来说，可以从以下三个方面进行税务筹划：

1. 利用增值额进行税务筹划的思路

（1）税收法律规定。土地增值税的计税依据是增值额。根据《土地增值税暂行条例实施细则》的规定，一般房地产开发企业，在取得转让房地产的收入以后，允许扣除的项目包括五个部分，即取得土地使用权所支付的金额、房地产开发成本、房地产开发费用、与转让房地产有关的税金，以及其他扣除项目。在这五个项目中，除房地产开发费用外，其余四个项目都可以根据实际发生额从收入中扣除。而房地产开发费用不能按照实际发生额扣除，而是要根据《土地增值税暂行条例实施细则》的规定，分以下两种情况处理：

其一，财务费用中的利息支出，凡能按转让房地产项目计算分摊并提供金融机构证明的，允许据实扣除，但是最高不能超过按商业银行同类同期贷款利率计算的金额。其他房地产开发费用，按取得土地使用权所支付的金额和房地产开发成本的金额之和，在5%以内计算扣除。

其二，凡不能按转让房地产项目计算分摊利息支出，或不能提供金融机构证明的，房地产开发费用按取得土地使用权所支付的金额和房地产开发成本的金额之和，在10%以内计算扣除。

（2）税务筹划基本思路。在累进税制下，纳税人若想降低增值额，可以首先采用分解筹划法，即将可以分开单独处理的部分（如与房屋配套的各种设施）从整个房地产中分离出来，从而使得转让收入变少，降低纳税人应缴纳的土地增值税。虽然这种做法比整体收入计税稍微复杂，但是却有利于节税。

组成增值额的另一个重要部分是法定扣除项目金额。作为期间费用的销售费用、管理费用和财务费用，对于一般企业而言，在计算增值税时，这些期间费用是可以扣除的。但是房地产开发企业是相对特殊的企业，所以，国家规定其期间费用是不允许据实扣除的，必须按照税法的规定进行扣除。税法规定了两种不同的情况，这就为企业进行税务筹划提供了可能性，主要思路是找出两种房地产开发费用扣除方法的均衡点。

可以假设利息支出为P，取得土地使用权所支付的金额为F，房地产开发成本为C，则平衡公式：

$$P+(F+C)\times 5\%=(F+C)\times 10\%$$

$$\begin{aligned}P&=(F+C)\times 10\%-(F+C)\times 5\%\\&=(F+C)\times(10\%-5\%)\\&=(F+C)\times 5\%\end{aligned}$$

如果 $P>(F+C)\times 5\%$，则使用第一种方法扣除额较多；反之，则使用第二种方法比较合适。

企业能否按房地产项目计算分摊利息支出、能否提供金融机构证明，在很大程度上取决于纳税人的主观行为，只要事前按上述方法进行测算，就可以使土地增值税的增值额在一定程度上有所变化，从而达到节税的目的。

2. 利用税收优惠政策方面的税务筹划

（1）税收法律规定。根据《土地增值税法》规定，纳税人建造普通标准住宅出售，增值额未超过扣除项目金额20%的，免征土地增值税；增值额超过扣除项目金额20%的，应就其全部增值额按规定计税。对于纳税人既建造普通标准住宅又搞其他房地产开发的，应分别核算增值税，不分别核算增值额或不能准确核算增值额的，其建造的普通标准住宅不能适用这一免税规定。

（2）税务筹划基本思路。房地产开发公司如果既建造普通住宅，又搞其他房地产开发项目，那么分开核算和不分开核算会产生纳税金额的差异，主要取决于两种住宅的销售额和可扣除额。在分开计算的情况下，纳税人对于建造的普通住宅可以充分利用起征点的规定进行税务筹划。在起征点临界点附近，会出现税收负担大起大落的现象。为了取得免税的优惠，在增值额超过扣除项目金额的比率在略高于20%的情况下，可以通过减少收入或者加大扣除项目金额的办法，使比率略低于20%，从而享受免征土地增值税带来的优惠。

3. 项目管理方面的税务筹划

房地产开发企业的管理通常比较复杂，纳税人可以利用分解手段，将房地产开发项目进行分解，这样可以有效减轻纳税人的负担。

纳税人在进行房地产开发前，都要签订房地产开发合同。如果就整个房地产开发项目签订合同，则整个开发过程中发生的费用都属于总投资额的范畴。但是因为一个房地产开发项目是由不同分项组成的，如建筑工程、安装工程、装饰工程及设备购置等，这些项目不可能同时完工，所以，将房地产开发项目作为一个整体不利于节税，纳税人可以利用不同工程的性质，找到其各自使用的税率，以减轻税收负担。

土地增值税的征收在增强国家对房地产的开发和房地产市场调节力度、抑制炒买、炒卖土地等投机行为获取暴利和规范国家参与土地增值收益分配等方面起了关键作用。土地增值税作为价内税具有转嫁的特点，房地产开发企业缴纳的土地增值税最终会通过房价转移给消费者。因此，在国家采取宏观调控手段严格控制的形势下，需要针对土地增值税的税务筹划进行专项研究。

第二节　土地增值税增值额的税务筹划

从计税原理上讲，控制、降低增值额的途径有两条：减少销售收入或者增加可扣除项目。从表面现象看，这样做都会减少企业利润，损害企业的利益，其实不尽然。如果增值率略高于两级税率档次交界的增值率，再通过适当减少销售收入或者增加可扣除项目，则可以减少增值额，降低土地增值税的适用税率，从而减轻土地增值税税负。这种情况如果把握得好，不一定会减少企业的利润，反而可能会增加企业的收益。

一、通过减少销售收入降低增值额

1. 利用分散收入进行税务筹划

在确定土地增值税税额时，重要的是确定售出房地产的增值额。增值额是纳税人转让房地产所取得的收入减去规定扣除项目金额后的余额，因而纳税人转让房地产所取得的收入对其应纳税额有很大影响。如果能想办法使转让收入变少，从而减少纳税人转让的增值额，显然是能节省税款的。因此，如何合理、合法地分散收入，变成了降低税负的关键。

分散收入的常用方法：一是将可以分开单独处理的部分从整个房地产中分离（如房屋内部的各种设施等），对房地产的整体出售虽然操作上简单，但却不利于税务筹划；二是分多次签订售房合同。

【案例7-2】

某房地产开发企业准备开发一栋精装修的楼房，预计精装修房屋的市场售价是1800万元（含装修费600万元）（不含税，下同），可扣除金额为1000万元。

【分析】

方案一：直接按市场价格1800元直接对外销售。

增值率 =（1800 - 1000）÷ 1000 = 80%，适用40%的税率和5%的速算扣除系数。

应纳土地增值税额 = 800 × 40% - 1000 × 5% = 270（万元）

方案二：分别签订销售合同和装修合同。

在毛坯房建成后先签1200万元的房屋买卖合同，等装修时再签600万元的装修合同。则纳税人只就第一份合同上注明金额缴纳土地增值税，而第二份合同上注明的金额属于增值税征税范围，不用缴纳土地增值税。

增值率 =（1200 - 1000）÷ 1000 = 20%，适用30%的地增值税税率。

应纳土地增值税额 = 200 × 30% = 60（万元）

从上述分析可以看出，方案二比方案一节约了210万元（270 - 60）的土地增值税。

2. 利用适当的增值额进行税务筹划

在进行税务筹划时，降低增值额十分关键。如前所述，增值额是转让收入减去税法规定的扣除项目金额后的余额。增值额小，计税额就小，适用的税率也低，土地增值税税负就轻。因此土地增值税筹划的关键点就是合理合法地控制、降低增值额。

《土地增值税暂行条例》第八条规定，纳税人建造普通标准住宅出售，如果增值额未超过扣除项目金额的20%，免予征收土地增值税。关于纳税人建造普通标准住宅出售和居民个人转让普通住宅的征免税问题，《财政部、国家税务总局关于土地增值税若干问题的通知》（财税［2006］21号）指出，“普通住宅”的认定，一律按各省、自治区、直辖市人民政府根据《国务院办公厅转发建设部等部门关于做好稳定住房价格工作意见的通知》（国办发［2005］26号）制定并对社会公布的“中小套型、中低价位普通住房”的标准执行。同时税法规定，纳税人既建造普通标准住宅，又从事其他房地产开发的，应分别核算增值额；不分别核算增值额或不能准确核算增值额的，其建造的普通标准住宅不享受免税优惠。

当纳税人建造住宅出售时，应当充分考虑增值额增加带来的效益与放弃起征点优惠而增加的税收负担之间的关系，以避免因增值率稍高于起征点而导致得不偿失。按照《土地增值税暂行条例》的规定，土地增值税税率实行四级超率累进税率，税率为30%～60%。

房地产开发企业如果既建造普通住宅，又从事其他房地产开发，则分开核算与不分开核算税负会有差异，这取决于两种住宅的销售额和可扣除项目金额。在分开核算的情况下，如果能把普通标准住宅的增值额控制在扣除项目金额的20%以内，从而免征土地增值税，则可以减轻税负。

【案例7-3】

某房地产公司建成一栋普通标准住宅，扣除项目金额为800万元，当地同类住宅的市场售价约1000万元（不含税），如何确定住宅售价？

【分析】

方案一：假如定价1000万元。

增值额=1000-800=200(万元)

增值额与扣除结的比例=200÷800=25%

应纳土地增值税=200×30%=60(万元)。

不考虑其他因素，获利为1000-800-60=140(万元)。

方案二：如果定价960万元。

增值额=960-800=160(万元)

增值额与扣除结的比例=160÷800=20%

由于纳税人建造的是普通标准住宅出售，且增值额未超过扣除项目金额的20%的，所以可以免征土地增值税，则获利为960-800=160(万元)。

方案二与方案一相比，虽然售价少了40万元，但是税后利润增加20万元，同时，由于售价降低，有利于促进销售。

二、通过增加可扣除项目金额降低增值额

土地增值税纳税人转让房地产所取得的收入减去规定扣除项目金额为土地增值额，因而可扣除项目金额的大小会严重地影响纳税人应纳税额的大小，即房地产的可扣除项目金额越高，应纳税额越小。如果纳税人能最大限度地扩大可扣除项目金额，则肯定会节税。当然，这种筹划应有一定限度，要根据企业和税务环境的具体情况而定。土地增值税在建造的普通标准住宅增值率不超过20%的情况下可以免征。因此，企业可以通过增加扣除项目使房地产的增值率不超过20%，从而享受免税优惠。

房地产企业在房屋销售价格不变的情况下增加可扣除项目金额，增值率也会降低，从而也会使应纳土地增值税税额减少。这样做有两个好处：一是可以免缴或少缴土地增值税；二是提高了房屋的质量、改善了房屋的配套设施等，可以在激烈的市场竞争中取得优势。

增加可扣除项目金额的途径很多，如增加房地产开发成本、房地产开发费用等，使商

品房的质量得到进一步提高。在增加可扣除项目时，应注意税法对可扣除项目的具体规定。

【案例 7－4】

利用装修或配套设施扣除进行税务筹划

某房地产公司开发一栋普通标准住宅，房屋售价为 1000 万元（不含税），按照税法规定可扣除费用为 800 万元，增值额为 200 万元，增值率为 25%（200 ÷ 800 × 100%），该房地产公司需要缴纳土地增值税为 60 万元（200 × 30%），不考虑其他税种，该房地产公司的利润为 140 万元（1000－800－60）。请为该公司提供税务筹划思路。

【分析】《土地增值税暂行条例》中规定，建筑安装工程费（指以出包方式支付给承包单位的建筑安装工程费，以自营方式发生的建筑安装工程费），基础设施费（包括开发小区内道路、供水、供电、供气、排污、排洪、通讯、照明、环卫、绿化等工程发生的支出），公共配套设施费（包括不能有偿转让的开发小区内公共配套设施发生的支出），均是税法允许扣除的项目。

税务筹划思路为将该房屋进行简单装修，费用为 200 万元，房屋售价增加至 1200 万元，则按照税法规定可扣除项目增加为 1000 万元，增值额为 200 万元，增值率为 20%（200 ÷ 1000 × 100%），不需要缴纳土地增值税如不考虑其他税种，则该房地产公司的利润为 200 万元（1200－1000），比筹划前增加利润 60 万元（200－140）。

第三节　房地产开发方式的税务筹划

土地增值税税法对不同的建房方式进行了一系列界定，并规定某些方式的建房行为不属于土地增值税的征税范围，不用缴纳土地增值税，纳税人如果能运用这些特殊政策进行税务筹划，可以在一定程度上实现节约纳税支出的目标。例如《财政部　国家税务总局关于企业改制重组有关土地增值税政策的通知》（财税［2015］5 号）第三条规定，按照法律规定或者合同约定，企业分设为两个或两个以上与原企业投资主体相同的企业，对原企业将国有土地、房屋权属转移、变更到分立后的企业，暂不征土地增值税。同时，该《财政部、国家税务总局关于企业改制重组有关土地增值税政策的通知》第四条规定，单位、个人在改制重组时以国有土地、房屋进行投资，对其将国有土地、房屋权属转移、变更到被投资的企业，暂不征土地增值税。

一、房地产开发方式税务筹划

土地增值税征收范围规定，对于建成的房地产如果不直接转让，没有实现房地产的转让收入，不属于土地增值税的纳税范围。因此，房地产开发方式的税务筹划思路是调整房地产项目的开发方式，使之不属于土地增值税的纳税范围，或降低土地增值税的计税依据，实现税后利润的最大化。房地产项目开发方式包括投资方式开发、代建房方式开发和合作建房方式开发。

二、房地产开发方式税务筹划方案设计

依据上述税务筹划的基本原理，房地产开发方式税务筹划的途径主要有投资建房、代建房、合作建房以及各种方式的组合。

1. 投资建房

投资建房方式又称作股权转让方式，是指房地产开发公司与拟购房单位合资设立公司，以新设公司为主体进行房地产的开发，开发完成后，房地产公司将其所持股权转让。我国税法目前对股权转让行为不征收流转税，仅对股权转让收益征收企业所得税，这一规定为房地产开发企业规避其销售不动产应纳的增值税、土地增值税创造了条件。

《财政部　国家税务总局关于企业改制重组有关土地增值税政策的通知》（财税［2015］5号）明确指出，对于以土地（房地产）作价入股进行投资或联营的，凡所投资、联营的企业从事房地产开发的，或者房地产开发企业以其建造的商品房进行投资和联营的，均不适用《财政部　国家税务总局关于企业改制重组有关土地增值税政策的通知》（财税［2015］5号）《财政部　国家税务总局关于土地增值税一些具体问题规定的通知》（财税字［1995］48号）中暂免征收土地增值税的规定。

2. 代建房

房地产开发公司的代建房方式，是指房地产开发公司代客户进行房地产的开发，开发完成后向客户收取代建房报酬的行为。《财政部　国家税务总局关于全面推开营业税改增值税试点的通知》（财税［2016］36号）规定，建筑业、房地产业、金融业、生活服务业等全部营业税纳税人，由缴纳营业税改为缴纳增值税。房地产开发企业“代建”房屋的行为，若只自备施工力量修建房屋不替乙方办理产权转移手续的，应按照建筑业税目征收增值税；若自备施工力量修建房屋的同时替乙方办理产权转移手续的，应按照销售不动产税目征收增值税，这可以将税率较高的土地增值税转变为税率较低的增值税。由于建筑行业适用的是11%的增值税率，税负较低，而土地增值税适用的是30%～60%的四级超率累进税率，税负显然比前者要重，如果在相同收入的情况下，当然是前者更有利于实现收入最大化。

因此，如果房地产开发公司在开发之初便能确定采用代建房方式进行开发，就不采用税负较重的开发后销售方式。这种筹划方式可以由房地产开发公司以用户名义取得土地使用权和购买各种材料设备，也可以协商由客户自己取得和购买，只要从最终形式上看房地产权没有发生转移便可以了。为了使该项筹划更加顺利，房地产开发公司可以降低代建房劳务性质的收入数额，以取得客户的配合。由于房地产开发公司可以通过该项筹划节省不少税款，部分让利于客户也是可能的，而且这样也会使房屋各方面条件符合客户要求，增强企业的市场竞争力。

3. 合作建房

房地产开发商可以通过合作建房的形式开发项目，待房屋建成之后双方按照比例分房。开发商只需就销售部分的房产缴纳土地增值税，客户分成的部分不属于土地增值税的纳税范围。

如某房地产开发企业购得一块土地的使用权，该企业可以预收购房者的购房款作为合作建房的资金。这就从形式上符合了一方出土地，另一方出资金的条件。一般住房成本中土地支付价所占比例应该比较小，这样房地产开发企业分得的房屋就较少，大部分由出资金的用户分得自用。这样，在该房地产开发企业售出剩余部分住房前，各方都不用缴纳土地增值税，只有在房地产开发企业转让属于他们的那部分住房时，才就转让部分缴纳土地增值税。

根据上述分析，房地产开发方式的税务筹划方案如表 7 – 2 所示。各方案的有关资料如表 7 – 3 所示。

表 7 – 2　房地产开发方式税务筹划方案

方案	方案内容
方案一	购入土地使用权，独立开发房地产。假设土地使用权的价款为 5000 万元，其他开发成本为 15000 万元，其中建筑材料费用为 10000 万元，出售房屋的售价为 30000 万元
方案二	土地使用权所有者以价值 5000 万元的土地使用权投资，换取 1 ÷ 3 的房屋使用权；房地产开发企业对其余部分房屋按照市场价格出售。其他有关资料如方案一
方案三	代客户建房，预收款项 10000 万元，代垫资金 10000 万元，房屋建成后收取 14000 万元，其中 10000 万元为收回原代垫的资金，4000 万元为利润
方案四	房地产开发公司出资 15000 万元，土地使用权所有者以价值 5000 万元的土地出资，共同组建公司开发房地产。房屋建成后按照市场价格 20000 万元转让股权

三、房地产开发方式税务筹划方案分析

从表 7 – 3 可以看出，方案一实现的税后利润最大，但缴纳的税款最多，投入的资金相对较多，其投资回报率处于中等水平；方案二虽然实现的税后利润最少，但缴纳的税款较多，且投资回报率最低；方案三缴纳的税款相对较少，获得的利润也较少，但是因为投入的资金相对较少，实现的投资回报率最高；方案四缴纳的税款较少，但其实现的利润相对较大，投资回报率相对较高。各方案综合比较后，方案三较优，但企业应根据具体情况选择适合本企业的税务筹划方案。通过开发方式进行税务筹划时，应注意代建房、投资建房、合作建房的可行性，如果代建房、投资建房、合作建房等方式不可行，则无从进行税务筹划或增加的费用较多，方案也不可行。

表 7-3 房地产开发方式税务筹划方案比较 单位：万元

项目	方案一	方案二	方案三	方案四
土地使用权价款	5000			5000
开发成本	15000	15000		15000
扣除项目合计	20000	15000		20000
增值税进项税额	1453	1453		
不含税扣除项目合计	18547	13547		
收入	30000	20000	4000	20000
增值税销项税额	2477	1982	396	
不含税销售收入	27523	18018	3604	
增值额	8976	4471		5000
增值率（%）	48	30		
应交土地增值税	2693	1341		
应交增值税	1024	529	396	
城建税及教育费附加	102	53	40	
营业利润	6180	3077	3564	5000
所得税	1545	769	891	1250
税款合计	5365	2111	1327	1250
税后利润	4635	2361	2673	3750
投资回报率（%）	23.18	15.74	26.73	25.00

注：出售不动产和建筑业增值税税率均为11%，假定所有外购建筑材料规定取得增值税一般纳税人开具的增值税专用发票，即增值税进项均可以抵扣；城建税及教育费附加按应纳增值税的10%计算；土地增值税按照计算的增值率及相应的税率计算；所得税税率为25%；投资回报率=税后利润÷项目投资金额×100%。

第四节 特殊扣除项目的税务筹划

利用特殊可扣除项目对土地增值税进行税务筹划，可以从两方面进行：

一、利息支出及代收费用的税务筹划

1. 利息支出的税务筹划

税法规定，开发土地和新建房及配套设施的费用，主要有销售费用、管理费用、财务费用，其中财务费用中的利息支出，凡能够按转让房地产项目计算分摊并提供金融机构证明的，允许据实扣除，但最高不能超过按商业银行同类同期贷款利率计算的金额，其他房地产开发费用（指与房地产开发项目有关的销售费用、管理费用）则按取得土地使用权

的支出与房地产开发成本之和的5%扣除；凡不能按转让房地产项目计算分摊利息支出或不能提供金融机构证明的，利息不允许扣除，房地产开发费用应按取得土地使有权的支出与房地产开发成本之和的10%扣除。

（1）利息支出税务筹划的基本原理。房地产项目大多开发周期长、资金占用大，债务融资的比例往往较高，所支付的借款费用也较高。房地产达到可销售状态前发生的利息支出计入房地产成本，之后发生的利息支出计入当期的财务费用。且计入财务费用的利息支出可以单独确认计入扣除项目，也可以与其他费用一起按照不超过10%的比例计入扣除项目。如果利息支出单独据实扣除，财务费用中的利息支出单独计算扣除的比例为5%，如果开发过程中银行借款不多，利息费用较低，将其并入其他开发费用享受10%的扣除比例，可增加扣除项目的金额，减少税负。因此，利息支出的税务筹划思路为确定企业利息支出的金额及其比重，根据不同比重确定计税时将其单独作为扣除项目还是与其他费用项目合并扣除。

（2）利息支出税务筹划方案设计。假设企业在房地产开发销售过程中共发生利息支出R，其中房地产达到预定可销售状态前发生的利息支出占全部利息的X%，之后发生的利息支出占1－X%，企业发生的房地产开发成本与土地使用权之和为C，其他开发费用为E。

假设计入房地产开发费用的利息支出占房地产开发成本的比例为B，则B的计算：

$B=(1-X\%)R\div(C+X\%R)$

当B>5%时，企业按转让房地产项目计算分摊利息支出并提供金融机构证明，据实扣除；

当B<5%时，企业将利息支出并入其他费用项目统一计算扣除项目金额。

根据上述分析，具体的税务筹划如表7－4所示。

表7－4　利息支出的税务筹划方案　　单位：万元

项目	情况A	情况B
利息支出	1000	2000
其中：资本化利息（比例）	700（70%）	800（40%）
费用化利息（比例）	300（30%）	1200（60%）
开发成本	20000	20000
利息支出占开发成本的比例	300÷（20000＋700）＝1.45%	1200÷（20000＋800）＝5.77%
与扣除限额的比较	1.45%＜5%	5.77%＞5%
其他不包括利息的开发费用	1000	1000
可扣除的开发费用	20000×10%＝2000	20000×5%＝1000
扣除项目总额	20000＋2000＋700＝22700	20000＋800＋1200＋1000＝23000
销售收入	27500	27500
增值额	4800	4500
增值率（%）	21.15	19.56
应纳土地增值税	4800×30%＝1440	0
营业利润	3360	4500

注：开发成本包括土地使用权的支出，不包括资本化的利息部分，不考虑增值税。

（3）利息支出税务筹划方案分析。通过表 7－4 可以看出，利息支出以何种方式进行税前扣除，取决于利息金额的多少、所占比重的大小、开发成本的高低。就表 7－4 的内容分析，情况 A 的比例小于 5%，宜按照全部土地使用权支出与房地产开发成本之和的 10% 扣除；情况 B 的比例大于 5%，宜按照取得土地使用权的支出与房地产开发成本之和的 5% 扣除。

此外，企业发生的管理人员工资、福利费、奖金、办公费等分摊到房地产项目的税务筹划与利息支出基本相同。

2. 代收费用的税务筹划

按照《财政部　国家税务总局关于土地增值税一些具体问题规定的通知》（财税［1995］48 号）第六款规定，对于按县级及县级以上人民政府要求房地产开发企业在收房时代收的各项费用，如果代收费用是计入房价中向购买方一并收取的，可作为转让房地产所取得的收入计税，在计算扣除项目金额时，可予以扣除，但不允许作为加计 20% 扣除的基础；如果代收费用未计入房价中，而是在房价之外单独收取的，可以不作为转让房地产的收入，在计算增值额时也不允许扣除代收费用。按照上述规定可以利用代收费用进行筹划。

【案例 7－5】

万发房地产公司建成并待售普通标准住宅，当地同类住宅的市场含税售价在 2300 万元到 2600 万元之间。已知取得土地是有权的金额为 400 万元，房地产开发成本为 1200 万元，其中开发成本中建筑材料 900 万元，外包建筑人工 300 万元，假定所有的建筑材料和外包建筑人工都按规定取得增值税一般纳税人开具的增值税专用发票，利息支出不能提供金融机构的证明，也不能按房地产开发项目分摊，当地政府规定扣除的房地产开发费用的比例为 10%。营改增后，销售不动产按 11% 征收增值税。城建税及教育费附加分别为 7% 和 3%，计税依据为营改增之后的增值税税额。根据有关规定，土地增值税纳税人转让房地产取得的收入为不含增值税收入。通过选择筹划方案可在保持售价较低的情况下，少纳土地增值税，增加企业利润。

“营改增”后，假设万发房地产公司所有成本均取得按照适用税率计税的增值税专用发票，则转让房地产应纳增值税为 $[(X-400)\div(1+11\%)]\times11\%$ 万元。

各项扣除项目的金额为：

（1）土地出让金 400 万元；

（2）开发成本 $=900\div(1+17\%)+300\div(1+11\%)-1039.5$ 万元；

（3）开发费用 =（土地出让金 + 开发成本）× 10% $=(400+1039.5)\times10\%=144.0$ 万元；

（4）与转让房地产有关的税金 = 城市维护建设税 + 教育费附加 $=\{[(X-400)\div(1+11\%)]\times11\%-[900\div(1+17\%)]\times17\%-[300\div(1+11\%)]\times11\%\}\times(7\%+3\%)=\{[(X-400)\div(1+11\%)]\times11\%-160.5\}\times10\%=[(X-400)\div(1+11\%)]\times11\%\times10\%-16.05$ 万元；

(5)加计扣除 = (土地出让金 + 开发成本) × 20% $= (400 + 1039.5) \times 20\% = 287.9$ 万元。

方案一：公司既要享受起征点优惠，又想获得最高利润，即增值率≤20%

最高售价 $X - [(X - 400) \div (1 + 11\%)] \times 11\% = (1 + 20\%) \times$ 扣除项目合计 $= (1 + 20\%) \times \{400 + 1039.5 + 144.0 + [(X - 400) \div (1 + 11\%)] \times 11\% \times 10\% - 16.05 + 287.9\}$

解得 $X = 2454.4$ 万元，此时利润 $Y = 823.6$ 万元。

当价格定在 2300 万 - 2454.4 万元之间时，虽售价上升获利将逐渐增加，但都要小于 823.6 万元。

方案二：公司想通过提高售价再多获收益，则提价 $T \geq 30\% \times \{2454.4 + T - [(2454.4 + T - 400) \div (1 + 11\%)] \times 11\% - 400 - 1039.5 - 144.0 - [(2454.4 + T - 400) \div (1 + 11\%)] \times 11\% \times 10\% + 16.05 - 287.9\}$

解得 $T = 153.6$ 万元。

即房地产总售价至少要超过 $153.6 + 2454.4 = 2608.0$ 万元，此时提价才会增加企业总收益，否则提价只会导致总收益减少。所以当市场房价在 2300 万元—2600 万元，公司应选择 2454.4 万元作为房产销售价格。可见，企业在出售普通标准住宅时，通过合理定价进行税务筹划，完全可以使自己保持较低售价并获得较高的利润。

在进行税务筹划时，应把房地产开发企业在售房时代收的各项费用计入房价中，这样就可以保证在增值额不变的基础上，增加可扣除项目金额，从而降低适用税率或者增加速算扣除金额从而减少应纳的土地增值税税额。

二、利用加计扣除进行税务筹划

土地增值税税法规定，对从事房地产开发的企业，可按“合计数”的 20% 加计扣除项目金额，其他企业从事房地产开发的，不享受此项费用扣除。

因此，当非房地产开发企业欲进入房地产业时，不宜作为其非主营项目，而应考虑重新设立一个独立核算的专门从事房地产开发和交易的关联企业。这样，不仅可以在房地产开发业务中享受加计扣除，实现土地的税务筹划，而且还可以在以后的各纳税年度中利用企业的关联关系实现其他税收的税务筹划。例如，通过销售双方的销售收入分列，可使双方各自扣除交际应酬费时适用较高的扣除率，从而实现企业的税务筹划。

【案例 7-6】

A 房地产公司 2016 年 6 月开发一处房地产，为取得土地使用权支付了 2000 万元，为开发土地和新建房及配套设施花费 2400 万元，财务费用中可以按转让房地产项目计算分摊利息的利息支出为 400 万元，不超过商业银行同类同期贷款利率。请问 A 公司应该向税务机关提供金融机构证明以节税吗？

【分析】 对于是否提供金融机构证明，公司财务经理通过核算发现，如果不提供金融机构证明，则该公司所能扣除费用的最高额为 440 万元 $[(2000 + 2400) \times 10\%]$；如果提供金融机构证明，该公司所能扣除费用的最高额为620万元[400+(2000+2400)×5%]。可见，在这种情况下，公司提供金融机构证明是明智的选择。

第五节　房地产项目实现收入的税务筹划

根据规定，纳税人建造普通标准住宅出售，增值额未超过扣除项目金额之和20%的免征土地增值税，增值额超过扣除项目金额之和20%的，应就其全部增值额按规定计税。企业在出售普通标准住宅时，可以通过合理定价进行税务筹划，选择合适的税率，使自己保持较低的售价又能获得较高的利润。

一、房地产项目实现收入税务筹划的基本原理

土地增值税采用超率累进税率计算，在扣除项目金额一定的情况下，提高房屋销售价格必然会增加土地增值税，降低边际利润率，能否提高企业的总体利润水平，将视增加的收入能否弥补增加的税款，即土地增值额在每一档税率附近都存在企业增加销售价格并不一定能弥补所增加的土地增值税税款的区间。在制定销售价格时不仅要考虑市场竞争能力，还要考虑土地增值税与售价的关系。据此分析，实现收入纳税筹划的思路：在增值率的每一区间内，计算最佳销售价格，一起减少税负，实现税后利润最大化。

二、房地产项目实现收入的税务筹划方案

假设房地产企业开发房地产项目竣工时的房地产开发成本为C，开发费用为E，可扣除项目为120%C+E（税法规定，从事房地产开发的纳税人，可按照取得土地使用权的支出与房地产开发成本之和，加计20%扣除）；设增值额为Z，销售价格为S，所得税前利润为Y，根据不同区间计算的销售价格如表7-5所示。

表7-5　房地产开发后销售价格

增值额区间（%）	临界点销售价格	销售价格	最大税前利润
<20		S≤144%C+120%E	44%C+20%E
20~50	S=154%C+129%E	144%C+120%E<S≤180%C+150%E	62%C+35%E
50~100	S=180%C+150%E	180%C+150%E<S≤240%C+200%E	98%C+65%E
100~200	240%C+200%E	240%C+200%E<S≤360%C+300%E	158%C+115%E
>200	360%C+300%E	360%C+300%E<S	

1. 增值额不超过 20%的情况

增值额为 $Z = (S - 120\% C - E) \div (120\% C + E) \leqslant 20\%$

解方程得到 $S \leqslant 144\% C + 120\% E$

税前利润为 $y = S - C - E = 144\% C + 120\% E - C - E$

当 $S = 144\% C + 120\% E$ 时，税前利润最大为 $44\% C + 20\% E$。

2. 增值额在 20%～50%的情况

增值额为 $100\% < (S - 120\% C - E) \div (120\% C + E) \leqslant 200\%$

解方程为 $144\% C + 120\% E < S \leqslant 180\% C + 150\% E$

税前利润为 $y = S - C - E - 30\% \times (S - 120\% C - E) = 70\% S - 64\% C - 70\% E$

设销售价格提高后至少应保持最低的税前利润为 $44\% C + 20\% E$

解得销售价格临界点为 $S = 154\% C + 129\% E$

当 $S = 180\% C + 150\% E$ 时，税前利润最大为 $62\% C + 35\% E$。

销售价格在（$144\% C + 120\% E$，$154\% C + 129\% E$）的范围内，销售价格的增加不能提高企业的税前利润；当销售价格 $R > 154\% C + 129\% E$ 时，增加销售价格会增加税前利润。

3. 增值额在 50%～100%的情况

增值额为 $50\% < (S - 120\% C - E) \div (120\% C + E) \leqslant 100\%$

解方程为 $180\% C + 150\% E < S \leqslant 240\% C + 200\% E$

税前利润为 $y = S - C - E - 40\% \times (S - 120\% C - E) + 5\% \times (120\% C + E)$

$= 60\% S - 46\% C - 55\% E$

设销售价格提高后至少应保持最低的税前利润为 $62\% C + 35\% E$

解得销售价格临界点为 $S = 180\% C + 150\% E$，等于该区间的，表明在该区间内增加的销售价格完全能够弥补增加的土地增值税。

当 $S = 240\% C + 200\% E$ 时，税前利润最大为 $98\% C + 65\% E$。

4. 增值额在 100%～200%的情况

增值额为 $100\% < (S - 120\% C - E) \div (120\% C + E) \leqslant 200\%$

解方程为 $240\% C + 200\% E < S \leqslant 360\% C + 300\% E$

税前利润为 $y = S - C - E - 50\% \times (S - 120\% C - E) + 15\% \times (120\% C + E)$

$= 50\% S - 22\% C - 35\% E$

设销售价格提高后至少应保持最低的税前利润为 $98\% C + 65\% E$

解得销售价格临界点为 $S = 240\% C + 200\% E$，等于该区间的低限，表明在该区间内增加的销售价格完全能够弥补增加的土地增值税。

当 $S = 360\% C + 300\% E$ 时，税前利润最大为 $158\% C + 115\% E$。

5. 增值额在大于200%的情况

增值额为200% <(S−120%C−E)÷(120%C+E)

解方程为360%C+300%E<S

税前利润为y=S−C−E−60%×(S−120%C−E)+35%×(120%C+E)

高=40%S+14%C−5%E

设销售价格提高后至少应保持最低的税前利润为158%C+115%E

解得销售价格临界点为S=360%C+300%E，等于该区间的低限，表明在该区间内增加的销售价格完全能够弥补增加的土地增值税。

三、房地产项目实现收入的税务筹划方案分析

通过表7−5，可以进一步对上述销售价格做出说明。

企业在增值额20%这一价格水平下，即可享受起征点优惠又可获得较大利润。如果售价低于这一价格水平，虽能享受起征点优惠，但利润较低。如果企业欲通过提高售价达到增加收益的目的，对企业来说，只有当价格提高的部分超过缴纳的土地增值税和新增的增值税、城建税及教育费附加时，提高价格才有利可图。

【案例7−7】

万发房地产公司建成并待售普通标准住宅，当地同类住宅的市场含税售价在2300万~2600万元。已知取得土地使用权的金额为400万元，房地产开发成本为1200万元，其中开发成本中建筑材料900万元，外包建筑人工300万元，假定所有的建筑材料和外包建筑人工都按规定取得增值税一般纳税人开具的增值税专用发票，利息支出不能提供金融机构的证明，也不能按房地产开发项目分摊，当地政府规定扣除的房地产开发费用的比例为10%。营改增后，销售不动产按11%征收增值税。城建税及教育费附加分别为7%和3%，计税依据为营改增之后的增值税税额。根据有关规定，土地增值税纳税人转让房地产取得的收入为不含增值税收入。通过选择筹划方案可在保持售价较低的情况下，少纳土地增值税，增加企业利润。

“营改增”后，假设万发房地产公司所有成本均取得按照适用税率计税的增值税专用发票，则转让房地产应纳增值税为[(X−400)÷(1+11%)]×11%万元。

各项扣除项目的金额：

(1) 土地出让金400万元；

(2) 开发成本=900÷(1+17%)+300÷(1+11%)=1039.5(万元)；

(3) 开发费用=(土地出让金+开发成本)×10%=(400+1039.5)×10%=140.0(万元)；

(4) 与转让房地产有关的税金=城市维护建设税+教育费附加={[(X−400)÷(1+11%)]×11%−[900÷(1+17%)]×17%−[300÷(1+11%)]×11%}×(7%+3%)={[(X−400)÷(1+11%)]×11%−160.5}×10%(万元)；

（5）加计扣除 =（土地出让金 + 开发成本）$\times 20\% = (400 + 1039.5) \times 20\% = 287.9$（万元）。

方案一：公司既要享受起征点优惠，又想获得最高利润，即增值率 $\leqslant 20\%$

最高售价 $X - [(X - 400) \div (1 + 11\%)] \times 11\% = (1 + 20\%) \times$ 扣除项目合计 $= (1 + 20\%) \times \{[400 + 1039.5 + 140.0 + [(X - 400) \div (1 + 11\%)] \times 11\% - 160.5] \times 10\% + 287.9\}$

解得 $X = 2449.04$，此时利润 $Y = 408.17$。

当价格定在 2300 万 ~ 2449.04 万元时，虽售价上升获利将逐渐增加，但都要小于 408.17 万元。

方案二：公司想通过提高售价再多获收益，则提价 $T \geqslant 30\% \times \{2449.04 + T - [(2449.04 + T - 400) \div (1 + 11\%)] \times 11\% - [400 + 1039.5 + 140.0 + [(2449.04 + T - 400) \div (1 + 11\%)] \times 11\% - 160.5] \times 10\% + 287.9\}$

解得 $T = 153.28$。

即房地产总售价至少要超过 $153.28 + 2449.04 = 2602.32$ 万元，此时提价才会增加企业总收益，否则提价只会导致总收益减少。所以当市场房价在 2300 万 ~ 2600 万元时，公司应选择 2449.04 万元作为房产销售价格。可见，企业在出售普通标准住宅时，通过合理定价进行税务筹划，完全可以使自己保持较低售价并获得较高的利润。

第六节　土地增值税其他项目税务筹划

一、企业组织形式的税务筹划

1. 成立房地产销售公司

为了降低房地产开发公司的销售增值率，可以通过成立一家房地产销售公司来运作。同时，还可以将土地增值额一分为二，分段计算土地增值税，从而可以降低增值额和增值率，达到降低土地增值税负担的目的。同时，由于设立销售公司，多了一道销售环节，从而增加了广告费、业务宣传费、业务招待费等费用的税前扣除额，减少了应纳税所得额，降低了所得税税负。

【案例 7 -8】

宏兴房地产开发公司开发住宅楼一栋，面积为 8000 平方米。该住宅楼项目应分摊的土地成本为 600 万元，房屋开发成本为 1260 万元，其中建筑材料成本为 800 万元，外包建筑人工成本为 460 万元，假定所有的建筑材料和外包建筑人工都按规定取得增值税一般纳税人开具的增值税专用发票，期间费用为土地成本和开发成本的10%（假设和企业所得税允许扣除的期间费用相等），其他可在所得税税前扣除的费用共计200万元。普通标准住宅平均销售价格每平方米4125元，收入为3300万元（4125×8000）。请为其提供税务筹划思路。

【筹划思路】成立了一家独立核算的具有法人资格地位的销售公司，宏兴公司建造的房屋按照每平方米3600元的平均价格出售给房地产销售公司，总销售额合计为2880万元（3600×8000）。房屋销售公司再以每平方米4125元对外销售。假设销售公司再销售时会新增销售，其可在所得税税前扣除的费用为21.2万元。

筹划前，宏兴房地产公司的涉税项目计算如下：

增值税销项税额＝(3300－600)÷(1＋11%)×11%＝267.57(万元)

不含税收入＝3300－267.57＝3032.43(万元)

增值税进项税额＝800÷(1＋17%)×17%＋460÷(1＋11%)×11%＝161.82(万元)

与转让房地产有关的税金＝城市维护建设税＋教育费附加＝(267.57－161.82)×(7%＋3%)＝10.58(万元)

土地开发成本可扣除金额＝800÷(1＋17%)＋460÷(1＋11%)＝1098.18(万元)

土地增值税分摊的期间费用＝(600＋1098.18)×10%＝169.82(万元)

土地增值税加计扣除额＝(600＋1098.18)×20%＝339.64(万元)

土地增值税扣除项目金额合计＝600＋1098.18＋169.82＋339.64＋10.58＝2218.22(万元)

土地增值税增值额＝3032.43－2218.22＝814.21(万元)

土地增值税增值率＝814.21÷2218.22＝36.7%

应纳土地增值税＝814.21×30%＝244.26(万元)

公司总体税负＝267.57－161.82＋10.58＋244.26＝360.59(万元)

筹划后，宏兴房地产开发公司及其销售公司应负担的相关税费如下：

宏兴房地产开发公司的涉税项目：

增值税销项税额＝(2880－600)÷(1＋11%)×11%＝225.95(万元)

增值税进项税额＝800÷(1＋17%)×17%＋460÷(1＋11%)×11%＝161.82(万元)

不含税销售收入＝2880－225.95＝2654.05(万元)

土地增值税的扣除项目合计＝600＋1098.18＋169.82＋339.64＋6.41＝2214.05(万元)

增值率＝(2654.05－2214.05)÷2214.05×100%＝19.87%

《土地增值税暂行条例》第八条规定："纳税人建造普通标准住宅出售，增值额未超过扣除项目金额20%的，免征土地增值税。"因此，对房地产开发公司出售给销售公司的房屋可免征土地增值税。

房屋销售公司的涉税项目：

房产过户环节应纳契税(假设税率为3%)＝2880×3%＝86.4(万元)

应交增值税＝3300÷(1＋11%)×11%－2880÷(1＋11%)×11%＝41.62(万元)

应交城建税、教育费附加＝41.62×(7%＋3%)＝4.16(万元)

财政部、国家税务总局《关于营改增后契税、房产税、土地增值税、个人所得税计税依据问题的通知》（财税［2016］43号）规定，土地增值税纳税人转让房地产取得的收入为不含增值税收入；财政部、国家税务总局《关于全面推开营业税改征增值税试点的通知》（财税［2016］36号）附件二《营业税改征增值税试点有关事项的规定》中规定："房地产企业以取得的全部价款和价外费用，扣除受让土地时向政府部门支付的土地价款后的余额为销售额。"其涉税项目主要为土地增值税：

扣除项目金额 = 2880 ÷ (1 + 11%) + 86.4 + 4.16 = 2685.15（万元）

增值率 = [3300 ÷ (1 + 11%) − 2685.15] ÷ 2685.15 × 100% = 10.72%

应纳土地增值税 = [3300 ÷ (1 + 11%) − 2685.15] × 30% = 86.35（万元）

公司整体税负 = 225.95 − 161.82 + 41.62 + 4.16 + 86.35 = 196.26（万元）

虽然过户环节需要多负担契税86.4万元，但是从整个集团利益来看，节约税款164.33万元（360.59 − 196.26）。这不仅可用于集团内部的税务筹划，而且在房屋普遍委托专业代理公司销售的前提下，还可用于外部销售方案的决策。

2. 利用转让在建工程进行税务筹划

根据土地增值税法的规定，房地产开发企业在转让房地产时，可以按照支付的地价款与开发成本之和加计20%扣除。房地产开发企业可充分利用此规定，通过设立A、B两家房地产公司，A公司把在建工程转让给B公司，在转让在建工程和最终实现对外销售时，A、B公司都可以享受加计扣除的优惠。另外，由于A公司出售在建工程时加上了合理利润，B公司购置成本也将有所提高，扣除项目金额的基数增大，可以使增值率下降，如果处于临界点时可以使税率下降，减少土地增值税额。而在转让过程中，按照税法规定，纳税人销售或转让其购置的不动产，以全部收入减去不动产的购置原价后的余额为增值额，所以附加税并不会增加。但是由于不动产转移将产生契税，所以应科学设置在建工程转让次数，以使企业总体纳税额下降。

3. 企业改制重组

《关于企业改制重组有关土地增值税政策的通知》（财税［2015］5号）规定，在改制重组中，与房地产开发企业无关的投资、整体改建、合并、分立，将房地产转移到被投资企业、改建后企业、合并分立后企业免征土地增值税。

二、不同增值率的房产是否合并的纳税筹划

由于土地增值税适用四档超率累进税率，其中最低税率为30%，最高税率为60%，如果对增值率不同的房地产并在一起核算，就有可能降低高增值率房地产的适用税率，使该部分房地产的税负下降，同时可能会提高低增值率房地产的适用税率，增加这部分房地产的税负，因而，纳税人需要具体测算分开核算与合并核算的相应税额，再选择低税负的核算方法，达到节税的目的。

房地产公司在同时开发多处房地产时，可以分别核算，也可以合并核算，两种方式所缴纳的税额是不同的，这就为企业选择核算方式提供了税收筹划的空间。一般来讲，合并核算的税收利益大一些，但也存在分别核算更有利的情况。具体来讲，对同一地点、结构

类型相同的群体开发项目，如果开工、竣工时间接近，又由同一施工队伍施工，可以合并为一个成本核算对象。对个别规模较大、工期较长的开发项目，可以按开发项目的一定区域或部分，划分成本核算对象。

【案例7－9】

某房地产开发公司同时开发A、B两幢商业用房，且处于同一片土地上，销售A房产取得收入300万元，允许扣除的金额为200万元；销售B房产共取得收入400万元，允许扣除的项目金额为100万元，不考虑其他税种，对这两处房产，公司是分开核算还是合并核算能带来节税的好处呢？

【分析】

（1）分开核算。

A房产的增值率＝(300－200)÷200×100%＝50%，适用税率30%。

应纳的土地增值税为(300－200)×30%＝30(万元)

B房产的增值率＝(400－100)÷100×100%＝300%，适用税率60%。

应纳的土地增值税为(400－100)×60%－100×35%＝145(万元)

共缴纳土地增值税175万元(30＋145)。

（2）合并核算。

两幢房产的收入总额为300＋400＝700(万元)

允许扣除的金额为200＋100＝300(万元)

增值率为(700－300)÷300×100%＝133.3%，适用税率50%。

应纳土地增值税为(700－300)×50%－300×15%＝155(万元)

通过比较可以看出，合并核算对公司是有利的，因为合并核算比分开核算节税20万元。

从【案例7－5】中我们可以看出，由于两类房产增值率相差很大，只要房地产开发公司将两处房产安排在一起开发、出售，并将两类房产的收入和扣除项目放在一起核算，一起申报纳税，就可以达到少缴税的目的。但是由于低增值率的房产的适用税率可能会提高，在实践中必须具体测算后才能作出选择。

三、费用转移、加大开发成本

会计制度对房地产企业的“管理费用”“销售费用”和工程项目的“开发间接费用”并没有严格的界定。在实际业务中，开发项目的行政管理、技术支持、后勤保障等也无法与公司总部的业务截然分开，有些费用的列支介于期间费用与开发费用之间。企业在组织机构设置上可以向开发项目倾斜，把能划归为开发项目的人员尽量列为开发项目编制，把公司本部和开发项目混合使用的设备划归开发项目使用。这样把本应由期间费用列支的费用计入了开发间接费用，加大的建造总成本会带来1.3倍（1＋20%＋10%）的扣除金额，从而降低增值额和增值率。

四、转售为租法

依据土地增值税法的规定，对于产权未发生转移的企业自用或出租等行为，不征收土地增值税，在清算时不作为收入，也不扣除相应的成本费用。如企业以销售价格作为租赁价格，企业获得的总收入保持不变，营业税保持不变，缴纳的土地增值税必将减少。但是由于租赁房产需要缴纳12%的房产税，企业应根据不同增值率情况，计算租售税负平衡点，以获得总体最优税负。

租赁增值税 = 租赁费 ×11%，销售房地产增值税 = 销售价格 ×11%，由于销售价格 = 租赁费，所以增值税税负不变。

租赁房产税 = 租赁费 ×12%，土地增值税 = 增值额 × 适用税率 − 扣除项目金额 × 速算扣除数。房产税等于土地增值税的税负平衡点的计算公式如下：

平衡点增值率(M) = [(12% + C) ÷ (L + C)] ÷ [1 − (12% + C) ÷ (L + C)]

其中，L 是土地增值税适用税率，C 是速算扣除系数。

假设增值率≤50%，土地增值税税率为30%，将数据代入公式可得：增值率 = 0.4 ÷ (1 − 0.4) ×100% = 66.67%，即需要达到66.67%的增值率才能实现税负平衡，但该增值率超过了30%税率所在的增值率区间，因此该值为假。由于土地增值税是超率累计税率，所以需要提高税率进行测算。

假设50% < 增值率≤100%，土地增值税税率为40%，将数据代入公式可得：增值率 = 0.37778 ÷ (1 − 0.37778) ×100% = 60.71%，增值率刚好落入该税率区间，该值为正且为税负平衡点。当增值率超过平衡点后，增值率越高，土地增值税额越高，比租赁所缴纳税款就越多，这时可以尽可能采用转售为租法，以降低税负。但在增值额小于60.71%的时候，则不应采用转售为租法，否则会增加企业税负。

五、利用适当的捐赠进行税务筹划

根据《财政部　国家税务总局关于土地增值税一些具体问题规定的通知》（财税字［1995］48 号）的规定，房地产赠与行为免征土地增值税。房地产的赠与，是指房地产的原产权所有人和依照法律规定取得土地使用权的土地使用人，将自己所拥有的房地产无偿地捐赠给其他人的民事法律行为。对于这种赠与行为，我国目前还没有开征这种税收，也不对其征收土地增值税。因为赠与人捐赠房产是无偿转让，并没有取得收入，因此，不用缴纳土地增值税。通知所称的“赠与”是指如下情况：其一，房产所有人、土地使用权所有人将房屋产权、土地使用权赠与直系亲属或直接承担赡养义务的人。其二，房产所有人、土地使用权所有人通过中国境内非营利性的社会团体（指中国青少年发展基金会、希望工程基金会、宋庆龄基金会、减灾委员会、中国红十字会、中国残疾人联合会、全国老年基金会、老区促进会以及经民政部门成立的其他非营利性的公益组织）、国家机关将房屋产权、土地使用权赠与教育、民政和其他社会福利、公益事业的。

六、利用转让旧房进行税务筹划

根据《财政部、国家税务总局关于城市和国有工矿棚户区改造项目有关税收优惠政策的通知》（财税［2010］42号）规定，对企事业单位、社会团体以及其他组织转让旧房作为公租房房源，且增值额未超过扣除项目金额20%的，免征土地增值税。企业转让旧房，如果以市场价格分析，旧房的增值额未超过扣除项目金额20%的，在符合当地政策的情况下，可考虑转让旧房作为廉价住房、经济适用住房房源，以便充分享受税收优惠政策，获取更多利益；如果旧房的增值额稍微超过扣除项目金额20%的，也存在将转让价格降低的筹划，使旧房的增值额不超过扣除项目金额20%的空间；如果旧房的增值额远超过扣除项目金额20%的，则不能享受到税务筹划政策，没有筹划空间。

七、利用税收优惠政策进行税务筹划

《土地增值税暂行条例》规定，对国家征用收回的房地产的税收优惠。因国家建设需要依法征用、收回的房地产，免征土地增值税。

这里所说的“因国家建设需要依法征用、收回的房地产”，是指因城市实施规划、国家建设的需要而被政府批准征用的房产或收回的土地使用权。因城市规划、国家建设的需要而搬迁，由纳税人自行转让原房地产的，比照有关规定免缴土地增值税。

对个人转让房地产的税收优惠。财政部、国家税务总局《关于调整房地产交易环节税收政策的通知》（财税［2008］137号）第三条规定，自2008年11月1日起，对个人销售住房暂免征收土地增值税，不区分普通住房和非普通住房。

此外，企业还可以通过合理区分收入项目来进行税务筹划。例如，随着经济的发展，消费者对开发商的要求越来越高，商品房也从原来的毛坯房逐渐向精装房发展。如果将实现的收入分解为房屋销售收入和装修收入，并单独核算，则房屋销售收入除按照11%的税率计算缴纳增值税外，还需按照规定缴纳土地增值税；装修收入按照建筑业11%的税率计算缴纳增值税，不缴纳土地增值税，企业因此有效避免了就装修收入缴纳土地增值税的义务。

思考练习题

1. 试述土地增值税的税率形式及级次设置和相应的税率。这种征税方式决定的土地增值税税务筹划的基本思路是什么？

2. 对房地产的继承、赠与、出租、抵押、交换、投资、联建评估、代建房等行为，具体界定是否属于土地增值税的税务范围，并说明原因。

3. 某房地产开发企业2016年商品房销售收入为15000万元（不含税，下同），其中普通住宅销售收入为9000万元，豪华住宅销售收入为6000万元，税法规定可以扣除的项目金额为9400万元，其中普通住宅可以扣除项目金额为6200万元，豪华住宅可以扣除项目金额为3200万元。请分析如果不考虑其他税种，企业应该如何进行税务筹划，使其土地增值税的税务负担最小化？

4. 某市远大房地产开发公司参与开发新区商住一体建设项目，建成后的普通标准住宅收入8000万元，综合楼销售收入24000万元，公司按照税法规定分别缴纳了销售环节各有关税金及教育费附加（教育费附加税率为增值税税额的3%，印花税忽略不计）。公司取得土地使用权所支付的金额为4500万元，其中建造的普通标准住宅占用土地支付的金额占全部支付金额的1/4。普通标准住宅和综合楼的开发成本和开发费用分别核算，普通标准住宅增值额占扣除项目金额的18%，综合楼的开发成本为8000万元，其中建筑材料5000万元，外包建筑人工3000万元，假定所有的建筑材料和外包建筑人工都按规定取得增值税一般纳税人开具的增值税专用发票。另外，该公司不能提供金融机构贷款证明，当地省人民政府规定允许扣除的房地产开发费用计算比例为10%。请计算该公司应缴纳土地增值税的税额。

5. 某市房地产开发商有可供销售的普通住房1.5万平方米，在允许扣除项目金额大体不变的条件下有两种价格：每平方米售价为3400元（不含税，下同）时，增值税税率为19.97%，增值税未超过扣除项目金额的20%，免征土地增值税；每平方米售价为3500元时，增值税税率为19.97%，增值税超过扣除项目金额的20%，但未超过50%。应缴纳土地增值税209.55万元，可获得利润432.95万元。

假设开发商将销售部门独立出来，设立一个独立的房屋销售公司，房屋开发公司以每平方米3400元的价格卖给销售公司，然后由销售公司再以每平方米3500元的价格卖出。请进行企业的税务筹划。

6. 甲公司因进行异地技术改造，重新建造了厂房和办公楼，原有的办公楼是1990年建造的，但已不再使用，形成闲置资产。2016年甲公司计划对外有偿转让该闲置房产。该房产当时造价200万元，无偿取得土地使用权；经企业聘请当地具有资质的房地产评估事务所评估，按现行市场价的材料和人工费用进行评估测算，现在建造同样的房产需要1200万元，该房产为6成新，市场价格为920万元。该房产已提折旧152万元，预计净残值率为5%，暂不考虑印花税，假定无其他纳税调整因素。请进行合适的税务筹划。

第八章

关税税务筹划

第一节 关税相关概念简介

一、关税概念

关税是由设在边境、沿海口岸或国家指定的其他水、路、空国际交往通道的海关机关，依法对进出关境的货物或物品征收的一种税。

这里的关境不同于国境，国境是以国家边界为限行使主权的领域，一般情况下，关境与国境范围相同，但在以下情况中，两者的范围大小是不同的：其一，某国将自己国境内部分领土设立为免征关税的自由港或自由贸易区，这时关境范围就小于国境；其二，几个国家组成关税同盟，同盟内相互取消关税，对外则实行共同的关税税则，则对这个关税同盟的成员国来说，关境大于国境。

二、关税纳税人

关税税法规定，进口货物的收货人、出口货物的发货人、进出境物品的所有人，是关税的纳税义务人。根据纳税人性质可分为以下两种：

1. 企业纳税人

企业纳税人是指经营进出口业务的企业。作为收货人或发货人时需要缴纳关税，包括外贸进出口公司、工贸或农贸进出口公司、其他批准经营进出口商品的企业。

2. 个人纳税人

个人纳税人是指对个人的物品征收关税的纳税人，这些物品包括入境旅客随身携带的行李物品、个人邮递物品、各种运输工具上的服务人员携带进口的自用物品、馈赠物品以及以其他方式进境的个人物品。

三、关税种类设置

1. 进口关税设置

在我国加入世界贸易组织（以下简称WTO）后，为履行我国在加入WTO关税减让谈判中承诺的义务，享有WTO成员应有的权利，自2002年1月1日起，我国的进口税率设有最惠国税率、协定税率、特惠税率、普通税率、关税配额税率等。对进口货物在一定期限内可以实行暂定税率。

（1）最惠国税率适用于原产于与我国共同适用最惠国待遇条款的WTO成员方或地区的进口货物，或原产于与我国签订有相互给予最惠国待遇条款的双边贸易协定的国家或者地区的进口货物以及原产于我国境内的进口货物。

（2）协定税率适用于原产于我国有关税优惠条款的区域性贸易协定的国家或者地区的进口货物。

（3）特惠税率适用于原产于与我国签订有特殊关税优惠条款的贸易协定的国家或者地区的进口货物。

（4）普通税率适用于原产于上述国家或者地区以外的其他国家的进口货物。

（5）适用最惠国税率的进口货物有暂定税率的，应当适用暂定税率，适用协定税率、特惠税率的进口货物有暂定税率的，应当从低适用税率；适用于普通税率的进口货物，不适用暂定税率。

（6）按照国家规定实行关税配额管理的进口货物，在关税配额以内的，使用关税配额税率；在关税配额以外的，其税率的使用按照上述最惠国税率、协定税率、特惠税率、普通税率和暂定税率的规定执行。

2. 出口关税设置

（1）国务院制定《中华人民共和国进出口税则》和《中华人民共和国进境物品进口税率表》，规定关税的税目、税则号列和税率。

（2）出口货物在一定期限内也可以实行暂定税率，适用出口货物的出口税率有暂定税率的，应当适用暂定税率。

（3）按照有关法律、行政法规的规定对进出口货物采取反倾销、反补贴、保障措施的，其税率的使用按照国务院发布的《中华人民共和国反倾销条例》《中华人民共和国反补贴条例》和《中华人民共和国保障措施条例》的有关规定执行。

3. 特别关税

特别关税包括报复性关税、反倾销税与反补贴税、保障性关税。征收特别关税的货物、适用国别、税率、期限和征收办法，由国务院关税税则委员会决定，海关总署负责实施。

（1）报复性关税。报复性关税是指为报复他国对本国出口货物的关税歧视，而对相关国家的进口货物征收的一种进口附加税。任何国家或者地区对其进口的原产于我国的货物征收歧视性关税或者给予其他歧视性待遇的，我国对原产于该国家或者地区的进口货物征收报复性关税。

（2）反倾销税。反倾销税是指进口国为了抵制出口国的倾销，保护本国国内产业，对被认定出口倾销并对本国国内相关产业构成损害的进口产品征收的一种特别关税。例如，我国海关总署于2010年9月颁布《关于对原产于印度尼西亚和泰国的进口核苷酸类食品添加剂征收反倾销税》（第63号）税率为4.8%~29.7%。

（3）反补贴税。反补贴税是指进口国为了抵制出口国的补贴，保护本国国内产业，对被认定出口补贴并对本国国内相关产业构成损害的进口产品征收的一种特别关税。例如，我国海关总署于2015年10月颁布《关于对原产于美国的进口白羽肉鸡在反补贴措施期终复审期间继续征收反补贴税的公告》（第43号），税率为4.0%~30.3%。

（4）保障性关税。当某类商品进口量剧增，对我国相关产业带来巨大威胁或损害时，按照WTO有关规则，可以启动一般保障措施，即在与有实质利益的国家或地区进行磋商后，在一定时期内提高该项商品的进口关税或采取数量限制措施，以保护国内相关产业不受损害。例如，根据海关总署公告2015年《关于2015年度自新西兰进口有关农产品数量和2016年度进口触发水平数量的公告》（第68号）文件内容，进口新西兰第一类农产品超过特保措施的触发标准，不再适用协定税率，海关总署对其实施了特殊保障措施以保护国内行业。

四、关税税则及我国税率情况

关税税则又称海关税则、关税税率表，是指一国制定和公布的对进出其关境的货物征收关税的条例和税率的分类表。表内包括各项征税或免税货物的详细名称、税率、征税标准、计税单位等。

目前我国实行复式关税税则，即一个税目有两个以上税率，对来自不同国家的进口商品，使用不同税率，设有普通税率、最惠国税率、协定税率、特惠税率等。

五、税率计征办法及应纳税额计算

我国对进口商品基本上都实行从价税，即以进口货物的完税价格作为计税依据，以应征税额占货物完税价格的百分比作为税率。从1997年7月1日起，我国对部分产品实行从价税、从量税、复合税和滑准税。各种计征办法下应纳税额计算公式如下：

1. 从价税应纳税额的计算

应纳税额＝应税进（出）口货物数量×单位完税价格×适用税率

从价税是以进口货物的完税价格作为计税依据。目前，我国关税的计征方法主要是采用从价税。

2. 从量税应纳税额的计算

应纳税额＝应税进（出）口货物数量×单位货物税额

从量税是以进口商品的数量、重量、体积、容积等计量单位为计税基准的一种计征关税的方法。例如，我国对啤酒、原油和胶卷等进口商品征收从量关税。

3. 复合税应纳税额的计算

应纳税额 = 应税进（出）口货物数量 × 单位货物税额 + 应税进（出）口货物数量 × 单位完税价格 × 适用税率

复合税是对某种进口商品混合使用从价税和从量税的一种计征关税的方法。目前我国实行的复合税都是先计征从量税，再计征从价税。例如，我国对录（放）像机、摄像机数字照相机和摄录一体机等进口商品征收复合关税。

4. 滑准税应纳税额的计算

应纳税额 = 应税进（出）口货物数量 × 单位完税价格 × 滑准税税率

滑准税是税率随进口商品价格由高至低而由低至高设置计征关税的方法。某一种商品的进口价格越高，则其进口关税税率就越低。反之则相反。例如，我国对进口棉花征收滑准关税。

第二节　关税完税价格的税务筹划

一、完税价格的含义

按照《中华人民共和国海关法》（以下简称《海关法》）的规定，进出口货物的完税价格由海关以该货物的实际成交价格为基础审定。实际成交价格是一般贸易项下进口或出口货物的买方为购买该项货物向卖方实际支付或应当支付的价格。它包含两层意思：一层是确定完税价格时必须以货物的实际成交价格为基础，这是《世界贸易组织估价协定》的基本宗旨，也是国际海关的通行做法；另一层是纳税义务人向海关申报的价格并不一定等于完税价格，只有经过海关审核并接受的申报价格才能作为完税价格。当成交价格不能确定或对于不真实或不准确的申报价格，海关遵循客观、公平、统一的估价原则，依据2002年1月1日起实行的《中华人民共和国海关审定进出口货物完税价格办法》依法审定进出口货物的完税价格。

二、完税价格的确定

从价关税是以进出口货物的完税价格为计税依据计算应纳税款的。因此，计算税款必须首先确定进出口货物的完税价格。该完税价格是不含关税和进出口环节其他税收的价格。

1. 进口货物的完税价格的确定

进口货物的完税价格由海关以该货物的成交价格为基础审查确定，并应当包括货物运抵中华人民共和国境内输入地点起卸前的运输及其相关费用、保险费。进口货物的成交价格是指买方为购买该货物，并按照《海关审定进出口货物完税价格办法》规定调整后的实付或应付价格。

根据对成交价格所做的规定，对进口货物的完税价格的确定主要有以下几种方法：

（1）以成交价格为基础的完税价格。该方法是指进口商向海关申报的进口货物的价格，如果经海关审定认为符合“成交价格”的要求和有关规定，就可以将此作为计算完税价格的依据，然后经海关对货价费用和运保费用进行必要的调整后，即可确定其完税价格。

（2）进口货物海关估价法。《海关法》规定，当进口货物的价格不符合价格条件或不能确定的，经海关了解有关情况，并与纳税义务人进行价格磋商后，依次按下列价格估定完税价格：第一，同时或大约同时到达我国境内并进行销售的相同或类似货物的成交价格。第二，同时或大约同时将该进口货物相同或类似货物在第一级销售环节销售给无特殊关系买方最大销售总量的单位价格。第三，按照生产该货物所耗费的材料和加工成本，向我国境内销售同种货物的通常利润和一般费用，该货物运送至我国境内输入地点起卸前发生的运费、保险费的总和计算成本所得的价格。第四，其他合理的估定价格方法。

2. 出口货物完税价格的确定

（1）以成交价格为基础的完税价格。出口货物的完税价格，由海关以该货物向境外销售的成交价格为基础审查确定，并应包括货物运至我国境内输出地点装载前的运输及其相关费用、保险费，需要注意的是，此处我国境内输出地点可能是一个内陆地点，那么从内地口岸至国境口岸所支付的国内段运输费用亦应予以扣除。

出口货物的成交价格，是指该货物出口销售到我国境外时买方向卖方实付或应付的价格。出口货物的成交价格中含有支付给境外的佣金的，如果单独列明，应当扣除。

（2）出口货物海关估价方法。出口货物的成交价格不能确定时，完税价格由海关依次使用下列价格估定完税价格：

第一，同时或大约同时向同一国家或地区出口的相同货物的成交价格。

第二，同时或大约同时向同一国家或地区出口的类似货物的成交价格。

第三，按照境内生产相同或类似货物的成本、通常的利润和一般费用、境内发生的运输及其相关费用、保险费的总和计算所得的价格。

第四，其他合理的估定价格方法。

三、税务筹划思路

在税率固定的情况下，完税价格的大小，直接关系到纳税人关税负担的大小。对于进出口货物和物品，如果能在不违反法律规定的条件下，即通过税务筹划方式，制定或获取合理的、较低的完税价格，以达到不多交税或少交税的目的，这将直接影响到企业的投资决策和市场营销战略。因此说，能否进行完税价格的税务筹划，对一个外向型企业而言，对一个对国际市场依赖程度很高的公司而言，具有重要的影响其商业利益的作用。下面将分别就进口货物和出口货物的完税价格进行相应的筹划。

1. 进口货物完税价格的税收筹划

从进口货物完税价格的确定可以看出，我国进口货物的完税价格主要有两种情况：一是经海关审查可确定的以成交价格为基础的完税价格；二是海关估价方法。因此要分别就这两种情况进行税收筹划。

（1）海关审定的以成交价格为基础的完税价格法。审定价格法是进口商向海关申报的进口货物价格，经过海关认定符合成交价格的要求和规定，可以作为计算完税价格的依据，经过海关进行必要调整后确定完税价格。这是我国以及其他各国海关在实际工作中最基本、最常用的海关估价方法，我国进口货物一般也都按此方法确定完税价格。完税价格是决定关税的基础，因此在此方法下，如何既能压低进口货物的申报价格又能使该价格被海关审定认可并作为“正常成交价格”是对完税价格进行税务筹划的关键所在。

成交价格实际上是指进口货物的买方为购买该项货物而向卖方实际支付的或应当支付的价格。该成交价格的核心内容是货物本身的价格（即不包括运保费的货物价格）。该价格除包括货物的生产、销售等成本费用外，还包括买方在成交价格之外另行向卖方支付的佣金。因此，在进行税务筹划时，要选择同类产品中成交价格比较低的、运保费用相对小的货物进口，才能降低完税价格，达到节税的目的。

【案例8－1】

安徽某钢铁公司与某外国船舶制造公司签订了一份价值500万美元的购销合同，合同要求钢铁公司于6个月后交货，由于购货方对钢材质量有特殊要求，因而钢厂急需进口一批优质铁矿石10万吨。其可选择的进货渠道有两个，一个是澳大利亚，另一个是加拿大。从澳大利亚进口优质、高品位铁矿石，其价格为每吨20美元，运费10万美元；若从加拿大进口同等品质的铁矿石，价格为每吨21美元。由于从加拿大进口的航程为从澳大利亚进口的两倍，又经巴拿马运河，故运费及杂项费用高达25万美元，其他费用两者大体相同。根据以上情况，该公司计算完税价格如下：

澳大利亚铁矿石完税价格 $=20\times10+10=210$（万美元）

加拿大铁矿石完税价格 $=21\times10+25=235$（万美元）

因为澳大利亚和加拿大同为WTO成员方，进口铁矿石适用的税率相同，从澳大利亚进口铁矿石的完税价格较低，进而缴纳的关税也较少，因此，公司决定从澳大利亚进口铁矿石。

【分析】本例中，在原料质量相同的情况下选择从澳大利亚进口铁矿石除了使企业压缩了成本以外，对关税的缴纳也起到很大的影响，尤其是一些规模特别大的钢铁厂，每年需要从国外进口大量优质铁矿石，选择一个原料成本低的进口地对企业获取竞争优势具有明显意义。但是，需要特别注意的是，我国税法还规定，对于卖方给我方的正常回扣，应从完税价格中扣除。如忽视了这点，就可能作出错误的决策。

如果本例中，从加拿大进口铁矿石能够从卖方得到30万美元的回扣，则所获得的30万美元回扣应从完税价格中扣除，因此，从加拿大进口铁矿石的实际完税价格应为：

$21 \times 10 + 25 - 30 = 205$（万美元）

该完税价格少于从澳大利亚进口铁矿石的完税价格。从节省关税的角度考虑，该厂应从加拿大而不是从澳大利亚进口铁矿石。由于不了解“回扣可以扣除”这条规定，该公司作出了错误决策。如关税税率为20%，则公司进口这10万吨铁矿石就会多缴关税1万美元。

另外，即使采用海关审定的以成交价格为基础的完税价格法，对于跨国公司来讲，也可以通过对进口商品在国内外公司之间进行转让定价达到节税目的。

【案例8－2】

东方汽车公司是一家全球性的跨国公司，该公司生产的汽车在世界汽车市场上占有一席之地。某新兴国家A最近几年经济飞速发展，人民的物质文化生活水平有了显著提高，对于汽车的需求也越来越旺盛，因此在2003年1月，该公司董事会决定开拓A国市场，了解到该国对于整车进口的关税税率为50%，对汽车零配件进口的关税税率为18%，为了能够顺利打开市场同时又享受低税收待遇，公司聘请了税务筹划专家为其出谋划策，税务专家经过了解情况后初步拟定两套方案：

方案一：在A国设立一家销售企业作为东方汽车公司的子公司，通过国际间转让定价，压低汽车进口的价格，从而节省关税，这样使A国境内子公司利润增大，以便扩大规模，占领A国汽车市场。

方案二：在A国境内设立一家总装配公司作为子公司，通过国际间转让定价，压低汽车零部件的进口价格，从而节省关税。这样也可以使A国境内子公司利润增大，以便更好地占领A国市场。

【分析】方案一利用转让定价进行税务筹划，一方面实现了降低关税，以较低的价格进入A国，通过其子公司以合适的市场价在市场上进行销售，让子公司获得更高的利润来更好地在A国市场进行推广的目的；另一方面较低的进口价可以降低关税，让企业将利润和现金留存在企业内。

但是如果A国拥有严密的关税制度，对于转让定价这种方式已经进行防范。另外汽车行业也已是一个比较成熟的行业，A国海关部门完全可以通过对市场进行调查从而得知东方公司销售给子公司进口整车价格过低，不是合适的关税完税价格。这可能酿成严重后果，导致税务筹划的失败，因此，方案一可能并不能够为东方汽车公司带来过多的好处。

方案二不但能得到方案一的所有好处，还有以下一些优势：

第一，如果对零部件进行转让定价，那么A国的海关部门较难获得相关资料，零部件进口涉及品种繁多，每一个部件价值相对较小，且不同汽车厂商的零部件可比性不大，这就给海关部门的调查工作带来困难，甚至会不予调查。

第二，A国的整车进口关税税率为50%，而汽车零部件关税税率为18%，即使东方汽车公司不进行转让定价也能获得32%的节税好处，这带来的利润是很丰厚的。

第三，A国是一个新兴发展的国家，其人口资源丰富，劳动力价格低廉，使得公司可以进一步降低成本，节约费用。

第四，东方汽车公司对于不太重要的汽车部件可以在A国国内进行购买，与当地厂商建立密切关系，既摆脱了关税的影响又为当地的政府、居民谋利，实现双赢。

经过公司董事会讨论，认为第二套方案更加优越，于是决定采纳。

在关税体系中，原材料和零部件的关税税率最低，半成品次之，产成品最高。因此，跨国公司应进行合理筹划。在目标市场国家设立加工基地，以原材料或零部件进口，加工成产成品在目标市场销售，将可以大大节约关税。【案例8－2】就是利用了不同加工程度的产品其关税税率不同这一差异进行了税务筹划，大大降低了成本，使企业达到目的。

税务筹划是在合法的前提下的避税，当以前的一些避税方法失效，企业要根据新实施的法律、政策进行新的筹划，以继续获得利润。

【案例8－3】

自从2003年东方汽车公司在A国内设置了一家总装配公司以后在关税方面获得了很高的收益，在A国的市场开发也做得不错，但是进入2010年后，A国海关开始重视这种避税方式，对这种汽车装配公司颁布了新政策。如果凭借进口的汽车配件就基本能够组装成一辆整车，那么这样的公司进口零配件仍需要按照50%缴纳关税，而不适用汽车零件按18%的缴纳关税，这样东方汽车公司在A国设置总装配公司的避税筹划就失去了效果，东方汽车公司为了继续享受税务筹划带来的好处，又聘请税务专家前来献计，税务专家发现海关目前只是追查一个公司的所有进口配件，倘若东方公司利用与其关系密切的关联公司进口一部分配件，自己的装配子公司进口另外需要的配件，那么海关暂时还没办法查证。另外A国国内的配件生产商实力也正在不断提高，其汽车非核心零件的生产质量较好，价钱相对于进口也要便宜很多，税务专家于是建议东方汽车公司增加在A国国内汽车零件的购买，可能的话可以在A国国内设置多个零件进出口子公司分散进口，或将零件生产放在A国国内进行，以应对A国海关的新政策。

税务筹划具有合法性和时效性的特点，随着社会政治、经济形势的变化，一国的法律或政策会发生一些改变，这就要求税务筹划的手段也要不断地调整更新，尤其是在我国经济发展处于比较快的时期，法律、法规的完善是当前经常进行的工作，这还要求我国企业的税务筹划工作要有一定的前瞻性，要预测政策上的变化而提前做好准备。

（2）按海关估价方法。进口货物的价格不符合成交价格条件或成交价格不能确定的，海关可以按照进口货物的海关估价方法估定完税价格。

利用海关估价方法进行完税价格筹划的关键在于怎样充分运用海关估计完税价格的有关规定。我国《海关审定进出口货物完税价格办法》规定，进出口货物的收发货人应当向海关如实申报进出口货物的成交价格，提供包括发票、合同、装箱清单及其他证明申报价格真实与完整的单证、书面资料和电子数据。海关认为必要时，进出口货物的收货人、发货人还应当向海关补充申报反映买卖双方关系和成交活动的情况以及其他与成交价格有关的资料。因此对于一般进口货物，在国际国内市场上都有参考价格，其筹划空间不大，但是对于目前市场上还没有或很少出现的产品（如高新技术产品、特种资源、新产品），由于这些产品的进口没有确定的市场价格，而且其预期市场价格要远远高于通常市场类似产品的价格，这样，就为其进行进口完税价格的申报做税收筹划留下了较大的空间。

【案例8－4】

某外资公司从国外母公司进口一种高新技术产品，该产品由于属于最新研究成果，市场价格还没有形成，但预计其未来的市场价格将远远高于目前市场上的类似产品的价格。假如预计该产品进口到中国国内市场的价格将达到200万美元，而类似产品的价格为120万美元，那么，该公司向海关申报进口时，可以以100万美元申报。若海关认为合理，即可放行。若认为不合理，就会对这种产品的完税价格进行评估，因为市场上还没有这种产品，就会按类似货物成交价格法进行评估。这样，此种产品的完税价格至多被评估为120万美元。总之，无论如何，这种产品的完税价格都会低于200万美元，从而达到了少缴纳关税的目的。

2. 出口货物完税价格的税务筹划

（1）出口货物一般完税价格法。出口货物完税价格的确定方法也分为以成交价格为基础的完税价格法和海关估价法两种。需要注意的是，出口货物的销售价格如果包括离境口岸至境外口岸之间的运输、保险费，则该运费、保险费应当扣除。此外，如果在商品成交价格以外，还存在支付给境外的与此项业务有关的佣金，那么在申报表上该佣金应当单独列明。因为《海关审定进出口货物完税价格办法》中明确规定，出口货物的成交价格中含有支付给境外佣金的，如果单独列明，应当扣除。换言之，如果未单独列明的则不允许扣除。因此，纳税人在申报时应将佣金分开申报，以减少完税价格，从而降低税负。

【案例8－5】

某进出口公司自营出口一批商品，从我国口岸出口的申报价格为720万元，出口关税税率为20%，但企业的申报价格中有20万元是给予国外的佣金，因此如果企业能够将这部分佣金单独申报就可以节省关税：

$20 \times 20\% = 4$(万元)

（2）出口货物价格避免反倾销税筹划。中国加入WTO，国内企业面对的是一个统一的全球市场，从而其对外商品和劳务的出口规模和品种将会进一步扩大。但是出口也可能会遭遇进口国竞争者的倾销起诉，及倾销成立后的反倾销税，而高税率的反倾销税则完全可能能够使好不容易取得的市场丧失殆尽。因此国内企业在进行对外贸易时，必须全面地了解贸易伙伴国的关税政策，并做好各种准备，提防出口产品受到倾销指控；若遇到被征收反倾销税，也应积极应诉，以维护自己在国际市场上的正当利益。

具体来说，应从以下几方面着手：

第一，尽力减少被控诉的可能，具体包括以下几个方面内容：①提高产品附加值，取消片面的低价策略。我国出口产品基本上属于资源密集型和劳动密集型，初级产品比重高、产品档次低、附加值少、价格很难提高。从长远来看，我国企业应大力着手从初低级产品的形象中走出来，改变出口产品结构。②组建出口企业行业协会，加强内部协调和管理，一旦出现反倾销调查，可以集中力量应对。③分散出口市场，降低受控风险。

第二，采用技术手段避免被认为倾销，具体包括以下几个方面：①及时上调价格。这是因为欧美商业裁判机构每征满一年反倾销税时会重新调查该倾销商是否仍有倾销行为，这时及时上调价格，就能被认为不具倾销行为，从而可使被征的反倾销税也立即取消。②调整产品利润预测，改进企业会计财务核算，以符合国际规范和商业惯例；同时还要密切注意国际外汇市场的浮动状况。③推动国外进口商组织起来，推动其反贸易保护活动。因为一旦我方产品被征收反倾销税，受损失的还有外国进口商。可通过加强与当地工商组织的交流，以实际的商业利益为砝码促使其向政府施加压力。

第三，避免被裁定为损害进口国产业，包括以下几个方面：①不要迫使进口国厂商采取降价促销的营销手段。②全面收集有关资料和信息，有效地获取进口国市场的商情动态，查证控诉方并未受到损失，以便在应诉中占有有利的主动地位。③在出口地设厂，筹建跨国公司。这样可以使我方产品免受进口配额等歧视性贸易条款的限制。④以便利的销售条件、优质的产品、高水平的服务和良好的运输条件去占取市场，提高单位产品的价值（效用），降低其替代率，从而增强外方消费市场对我方产品的依赖性，获取稳定的客户群。

【案例 8-6】

2009 年 7 月，美国宾夕法尼亚州的比威客奥弗瑞公司向美国商务部提出申请，要求对中国产窄幅织带发起反倾销反补贴调查，中国大陆有 15 家织带企业涉及这场应诉，但因为花销巨大，过程烦琐等原因，15 家企业中的 14 家企业都没有坚持下来，只有厦门姚明织带饰品有限公司坚持了下来。该公司在应诉过程中，与中国商务部和纺织品协会密切合作，向曾经在反倾销应对中取得胜利的企业学习经验，并聘请上海一家有经验的律师事务所进行指导，与美国商务部“开战”。半年之后，在花费了 200 万元的应诉费用后，姚明织带公司取得了官司的胜利。2010 年 2 月，美国商务部公布了初裁结果，姚明织带被认定为倾销幅度为 0。其他 14 家企业中，13 家企业获得平均税率 115.7%，还有一家从开始就没有采取应诉措施的企业被裁定为 231.4% 的惩罚性税率。至此，除了姚明织带可以继续进入美国市场外，其他的织带企业全都被高额税率挡在门外。

3. 进出口货物完税价格必须是合法的

不能把完税价格的税务筹划片面地理解为降低申报价格。如果为了少缴关税而一味降低申报价格，那么就成为故意偷税行为，这就扰乱了正常的市场经营秩序，海关会分以下两种情况进行相应处理：

（1）申报价格低于海关审定价格的，应由出口商品的发货人或其代理人缴纳相当于申报价格与海关审定价格差额的保证金后，由海关放行货物，并通知有关进出口商会和国家外汇管理部门进行调查。经调查，对确有低报价格进行逃税行为的，由外汇管理部门依据《违反外汇管理处罚实施细则》的规定处理，并由海关处以货物等值以下的罚款或罚金。

（2）申报价格明显低于海关审定价格，经海关调查构成隐瞒价格行为的，海关可将货物予以扣留，不准出口，并处货物等值以下罚款，同时通知有关商会和国家外汇管理部门。

不符合法律规定的税务筹划不仅不能够使企业得到税务筹划的好处，而且作为一种违法行为必将受到制裁，企业在进行关税筹划时一定要牢记。

第三节　关税税率的税务筹划

一、关税税率的适用

我国《进出口关税条例》规定，进出口货物，应当依照税则规定的归类原则归入合适的税号，并按照适用的税率征税。

（1）进出口货物，应当按照纳税义务人申报进口或者出口之日实施的税率征税。

（2）进口货物到达前，经海关核准先行申报的，应当按照装载此货物的运输工具申报进境之日实施的税率征税。

（3）进出口货物的补税和退税，适用该进出口货物原申报进口或者出口之日所实施的税率，但下列情况除外：①按照特定减免税办法批准予以减免税的进口货物，后因情况改变经海关批准转让或出售或移作他用需予补税的，适用海关接受纳税人再次填写报关单申报办理纳税及有关手续之日实施的税率征税。②加工贸易进口料、件等属于保税性质的进口货物，如经批准转为内销，应按向海关申报转为内销之日实施的税率征税；如未经批准擅自转为内销的，则按海关查获日期所施行的税率征税。③暂时进口货物转为正式进口需要补税时，应按其申报正式进口之日实施的税率征税。④分期支付租金的租赁进口货物，分期付税时，适用海关接受纳税人再次填写报关单申报办理纳税及有关手续之日实施的税率征税。⑤溢卸、误卸货物事后确定需征税时，应按其原运输工具申报进口日期所实施的税率征税。如原进口日期无法查明的，可按确定补税当天实施的税率。

二、关税税率的税务筹划思路

1. 个人携带物品入境关税的筹划

随着我国经济的发展，居民出国旅游、读书、购物越来越频繁。根据我国关税制度，出国旅游带回境内的物品或以其他方式进口的应税个人自用物品，需要征收一定的行邮税。

我国的行邮税经过多次调整，2016 年 3 月，财政部发布了《关于跨境电子商务零售进口税收政策的通知》（财关税［2016］18 号）。截至 2016 年行邮税税率共设为三档，分别为 15%、30% 和 60%。

适用第一档 15% 税率的物品主要包括书报、刊物、教育用影视资料；计算机、视频摄录一体机、数字照相机等信息技术产品；食品、饮料；金银；家具；玩具，游戏品、节日或其他娱乐用品等。

适用第二档 30% 税率的物品主要包括运动用品（不含高尔夫球及球具）、钓鱼用品；纺织品及其制成品；电视摄像机及其他电器用具；自行车；第一档和第三档中未包含的其他商品。

适用第三档 60% 税率的物品为烟、酒；贵重首饰及珠宝玉石；高尔夫球及球具、高档手表（系指完税价格 10000 元人民币以上的手表）；化妆品。

从以上可以发现，个人进境携带的物品中，如金银、数字照相机等信息技术产品、纺织品和制成品、高档手表、化妆品、烟酒，等等，其税率差异很大，个人在携带这些物品进境时，需要事先进行筹划。

【案例 8-7】

宋先生是一位在美国留学后工作并已取得美国国籍的海外留学人员，2016 年 6 月 10 日乘飞机回国探亲。在入关的例行检查中，海关发现宋先生除带了一些食品、衣物外，还带了以下几样物品：500 美元的法国名葡萄酒一瓶、400 美元的松下摄录一体机一台、100 美元的瑞士表一块。经计算，海关要求宋先生缴纳关税税款 390 美元，其计算如下：

应纳税额 = 500 × 60% + 400 × 15% + 100 × 30% = 390（美元）

如果宋先生事先进行筹划，不携带或少携带税率为 60% 的烟酒类物品，尽量选择上述 15% 税率的物品，则可以节约纳税支出。如宋先生带回国的是 400 美元的松下摄录一体机和 600 美元的金银戒指、项链，那么他所负担的关税税负则为 400 × 15% + 600 × 15% = 150 美元。相比之下，采取后一方案可以节税 240 美元。

当然，这仅仅是从节税角度进行的选择，现实生活中还有许多变量会影响人们的决策。如果【案例 8-7】中宋先生的亲朋不喜欢金银饰品，宋先生只考虑节税就失去了馈赠礼物的实际意义。但纳税多少仍然是做出决策的重要依据。

2. 利用税率设置的差异进行筹划

进口商品的纳税负担主要是由税率体现的，进口商品的关税筹划主要在税率的选择上，而高低不同的税率又是与不同的课税对象相对应的，并且也因纳税人的不同而有所差异。对于进口环节所负担的关税而言，要想达到节税的效果，重要的一点就是能否选择优惠税率，或者说选择具有优惠税率的货物进口。自 2002 年 1 月 1 日起，我国的进口税率设有最惠国税率、协定税率、特惠税率、普通税率、关税配额税率等。对进口货物在一定期限内可以实行暂定税率。另外，根据税法规定，部分进口商品在报关进口时可享受低税率和免税的优惠待遇，因此对进口商品的这些规定在一定程度上提供了税务筹划的空间。

以下以普惠制为例进行阐述。

普惠制是发达国家（给惠国）给予发展中国家（受惠国）出口产品的一种普遍的、非歧视的、非互惠性的减免关税的优惠制度，是在最惠国税率基础上进一步减税或全部免税的优惠待遇。普惠制项下的出口产品关税比最惠国税率还要低约1/3。可以说，普惠制是受惠国出口产品进入国际市场的“优惠卡”，普惠制FORM A产地证书是有价证券，是受惠国出口创汇的重要工具。

欧盟普惠制方案将49个国家列入了最不发达国家名单，规定对最不发达国家的产品予以全部免税。欧盟规定针对我国的一些产品实施“毕业”，而对其他发展中国家的这些产品不实施“毕业”，我国可以利用这些条款，发展我国的对外贸易。在我国的出口产品中，初级产品和劳动密集型产品仍占相当大的比例，如果国内企业把一些工业生产转向劳动力成本较低廉的最不发达国家，在那里投资建厂，把原料或初级产品带到这些国家，在那里生产加工后再出口至欧盟等相对于受惠国，则可享受全免进口关税的优惠待遇。这样，既扩大了产品出口创汇，又取得了税收优惠。

【案例8－8】

某省外贸局曾组织各进出口公司参加在德国汉堡举办的国际博览会，按照规定，出国展品不受受惠产品范围的限制，只要在普惠制产地证书上注明是展品就可享受优惠待遇。有关公司对参展品都申领了普惠制产地证书，在德国报关时都获得了关税减免。唯有土产公司参展的一批地毯，由于没有办理普惠制产地证书，须缴纳关税1500马克后才能入境参展。若该公司在事先就办理了普惠制产地证书，则可享受关税减免，避免缴纳1500马克的关税。

可见，活用普惠制可以使企业获得减免关税的好处，减轻企业的关税税负。

3. 利用关税原产地规定进行税务筹划

为了正确运用进口税则的各栏税率，有必要确定进境货物的原产国，对产自不同国家或地区的进口货物适用不同的关税税率。因此正确确定或选择货物原产地对于纳税义务人节约纳税支出具有重要意义。我国原产地规定基本上采用了“全部产地生产标准”和“实质性加工标准”两种国际上通用的原产地标准。

“全部产地生产标准”是指对于完全在一个国家内生产或制造的进口货物，其生产或制造国就是该货物的原产国。完全在一国生产或制造的进口货物包括：①在该国领土或领海内开采的矿产品；②在该国领土上收获或采集的植物产品；③在该国领土上出生或由该国饲养的活动物及从其所得产品；④在该国领土上狩猎或捕捞所得的产品；⑤在该国的船只上卸下的海洋捕捞物，以及由该国船只在海上取得的其他产品；⑥在该国加工船加工上述第⑤项所列物品所得的产品；⑦在该国收集的只适用于做再加工制造的废碎料和废旧物品；⑧在该国完全使用上述第①至第⑦项所列产品加工成的制成品。

“实质性加工标准”是适用于确定有两个或两个以上国家参与生产的产品的原产国的标准，其基本含义是经过几个国家加工、制造的进口货物，以最后一个对货物在经济上可以视为实质性加工的国家作为有关货物的原产国。“实质性加工”是指产品加工后，在进出口税则中四位数税号一级的税则归类已经有了改变，或者加工增值部分所占新产品总值的比例已超过30%及以上的。

另外，对机器、仪器、器材或车辆所用零件、部件、配件、备件及工具，如与主件同时进口且数量合理的，其原产地按主件的原产地确定，分别进口的则按各自的原产地确定。

根据上述规定，一方面，作为进口公司或个人，进行税务筹划的思路应该是首先了解与该商品有关的主要出口国和该国商品的市场价格及运费情况；其次系统考虑该国是否适用进口关税优惠税率以及市场价格、运输成本等因素；最后综合比较分析，做出购买决策。另一方面，对于出口方来讲，要充分考虑主要进口客户所在国家关税的相关规定，筹划出口产品的原产地，使进口方得到优惠，自己也才能扩大销路。

【案例8－9】

卡门汽车股份有限公司是一家跨国经营的汽车生产商，由多个设在不同国家和地区的子公司提供生产零配件，并且其销售业务已遍布全球。该公司在东南亚等地设有较多子公司，新加坡的子公司生产仪表，中国台湾的子公司生产汽车轴承和发动机，菲律宾生产阀门，马来西亚生产轮胎，越南供应玻璃，等等。中国大陆日益扩大的汽车需求使这家汽车生产商准备开拓中国市场，但要进入中国市场，就不得不面对高额的汽车进口关税，高额的关税会使卡门的汽车在质优价廉的丰田、大众汽车面前毫无竞争优势可言。

针对现实状况，该公司经详细分析后制定如下方案：在新加坡组建一总装配厂，由各子公司提供原配件，组装后的成品从新加坡销往中国。理由是中国和新加坡签有关税互惠协议，产品在新加坡经过实质性加工后可以在进口时享受优惠关税。

【分析】在本例中，卡门作为一个跨国公司，显然对全部产地标准不适合，只能利用实质性加工标准进行筹划。企业将总装配厂设在新加坡，其产品经加工后变为成品车，显然能符合实质性加工标准的第一个条件，表现为适用税目税率的改变，在进出口税则中不再按原有税目税率征税，这时无论增值额是否达到30%，都能节约关税。

另外，如果不能满足第一个条件，企业还可考虑使用实质性加工标准的第二个条件。如企业选择一个非常有利于节税的国家或地区，在那里建立总装配厂，可是总装配厂的加工增值部分在技术和价值含量上仅占产品总值的25%，达不到30%的标准，这时筹划就更具必要性。此时，企业可选择扩大生产规模、加大技术比重或运用转让定价，降低其他地区的零部件的生产价格等方式，使增值额达到或超过30%。

从【案例8－9】可以看出，运用原产地规定进行税务筹划时，首先要选择那些与中国签有关税互惠协定的国家或地区作为实质性加工所在地；其次要综合考虑装配国到中国口岸的运输条件、装配国的产品进口关税和出口关税等因素；最后还要考虑装配国的政治经济形势、外汇管制情况和出口配额控制情况等。在综合考虑上述因素的基础上，根据实际情况进行测算、比较，选择最经济的国家或地区作为原产地，才能取得节税的效果。

4. 提前或推迟进货时间进行税务筹划

影响一国关税税率水平，除了经济上的因素外，还有政治上的因素，当两国之间的政治关系突然恶化可能会引起相互间进口产品关税税率的突然升高，这种关税税率升高可能是长期的，也可能会因为外界的舆论或压力而只维持很短期限，这就要求企业对这种情况进行一个良好的预测判断，当两国之间政治关系有恶化的前兆时，企业就要对政治关系的恶化程度和持续时间进行预测。当其中另一国家为企业重要的原料进口地时，就需要提前加大进口量进行囤积，并积极寻找其他的材料进口国以规避关税税率提高对企业经营的影响。当企业已经受到这种政治关系恶化带来的影响，进口的原料关税税率突然增高时，若预期时间不会持续太久就要暂时停止进口，利用库存进行生产，避免受到关税波动的影响。

【案例 8－10】

有两个重要贸易伙伴 A 国和 B 国，它们之间也是邻国，A 国是一个制造业大国，人力成本较低，拥有规模庞大的加工工业。B 国是一个科技实力高度发达的国家，其电子产品在世界上占有领先地位，A、B 两国关系良好，但进入 2010 年后由于领土问题产生了纠纷，两国关系突然恶化，A 国以提高来自 B 国产品的关税为报复手段，将从 B 国进口的电子产品关税税率大幅提高，A 国国内的 C 企业是从 B 国进口大量电子产品的大型企业，关税税率的大幅度提高对其生产经营产生巨大影响，倘若以此关税水平进口材料进行生产，那么公司利润就会所剩无几。董事会聘请了税务专家为其筹划关税，专家分析 A 国这种提高关税的行为属于暂时行为，不会维持太长时间。首先，这只是对 B 国的一种报复行为，等到两国关系逐渐缓和，领土争端逐渐淡出人们的视线时，这种临时关税也就没有了存在的必要；其次，A 国的这种做法不符合世界贸易组织的规定，会受到来自世界贸易组织的强大压力；最后，A 国的做法会对贸易伙伴造成困惑，倘若长期如此必将受到其他贸易伙伴的舆论谴责和担忧，B 国也可以采取相同的办法对来自 A 国的产品进行制裁。这不是一种明智的方法。因此对 B 国产品的关税会在短期内恢复正常。税务专家建议 C 企业先用库存原料生产，不必急于进口。果然，两个月后，随着两国关系的缓和，A 国取消了这种关税报复措施，关税税率恢复正常。

第四节 税收优惠政策的利用

关税的税收优惠政策体现在关税的减免上，关税减免是对某些纳税人和征税对象给予鼓励和照顾的一种特殊调节手段。纳税人可以在充分了解这些优惠政策的基础上进行筹划，以节约纳税支出。必须注意的是，在进出口的应税货物属于减免税的范围时，应积极按法定程序办理减免税的手续以享受税收优惠。根据《进出口关税条例》的规定，纳税义务人进出口减免税货物的，除另有规定外，应当在进出口该货物之前，按照规定持有关文件向海关办理减免税审批手续。经海关审查符合规定的，予以减征或者免征关税。因此，纳税人应注意此项规定，在进出口货物之前，持有关文件向海关办理审批手续，避免因申请不及时而不能获得关税减免。

根据我国《海关法》的规定，关税减免分为法定减免、特定减免和临时减免。

一、法定减免税

我国《海关法》和《进出口关税条例》明确规定，下列进出口货物，予以减征或免征关税：

（1）关税税额在人民币50元以下的一批货物，可免征关税。

（2）无商业价值的广告品和货样，可免征关税。

（3）外国政府、国际组织无偿赠送的物资，可免征关税。

（4）进出境运输工具装载的途中必需的燃料、物料和饮食用品，可免征关税。

（5）经海关核准暂时进境或暂时出境，并在6个月内复运出境的货样、展览品、施工机械、工程车辆、工程船舶、供安装设备时使用的仪器和工具、电视或电影摄制器械、盛装货物的容器以及剧团服装道具，在货物收货人、发货人向海关缴纳相当于应纳税款的保证金或者提供其他担保后，可以暂不缴纳关税。

（6）为境外厂商加工、装配成品和制造外销产品而进口的原材料、辅料、零件、部件、配套件和包装物料，海关按照实际加工出口的成品数量免征进口关税或者对进口料、件先征收进口关税，再按照实际加工出口的成品数量予以退税。

（7）因故退还的中国出口货物或境外进口货物，经海关审查属实，可予以免征进口或出口关税，但已征进出口关税不予退还。

（8）进口货物如有下列情形，经海关查明属实，可酌情减免关税：①在境外运输途中或者在起卸时，遭受损坏或者损失的。②起卸后海关放行前，因不可抗力遭受损坏或者损失的。③海关检验时已经破漏、损坏或者腐烂，经证明不是保管不慎造成的。

（9）无代价抵偿货物，即进口货物在征税放行后，发现货物残损、短少或品质不良，而由国外承运人、发货人或保险公司免费补偿或更换的同类货物，可以免税。但有残损或质量问题的货物如未退运国外，其进口的无代价抵偿货物应照章纳税。

（10）中国缔结或者参加的国际条约规定减征、免征关税的货物、物品，按照规定予以减税、免税。

（11）法律规定的减征、免征的其他货物。

二、特定减免税

特定减免税是由国务院或由国务院授权的机关发布法规、规章特别规定的减免，主要包括以下几种：

1. 科教用品

对符合规定条件的科研机构和学校，在合理数量范围内进口国内不能生产的科教用品，免征进口环节关税和进口环节增值税。

2. 残疾人专用物品

对符合规定条件的残疾人专用物品，免征进口环节关税和进口环节增值税。

3. 扶贫、慈善性捐赠物资

对境外无偿捐赠的，符合规定条件的，直接用于扶贫、慈善事业的物资，免征进口环节关税和进口环节增值税。

4. 加工贸易产品

加工贸易产品包括进口装配、补偿贸易和进料加工三种方式。对这三种方式进口的料件，免征进口税，加工的成品出口时免征出口税。

5. 边境贸易进口物资

通过边民互市贸易和边境小额贸易进口的商品，可享有一定的减免税。

6. 保税区进出口货物

保税区是在海关监控下进行存放和加工保税货物的特定地区。保税区内的主要优惠政策有保税区内进口的货物免征进口关税和进口环节税，保税区运往境外的货物，一般免征出口关税等。

7. 出口加工区进出口货物

与保税区享有的优惠政策类似。

8. 进口设备

为吸引外资，对国家鼓励发展的国内投资项目和外商投资项目进口设备，在规定范围内免征进口环节关税和进口环节增值税。

9. 特定行业或用途的减免税政策

为鼓励支持部分行业或特定产品的发展，国家制定了部分特定行业或用途的减免税政策，如对用于我国海洋和陆地上特定地区石油、天然气开采的设备等，免征进口环节关税和进口环节增值税。

三、临时减免税

临时减免税是指以上法定和特定减免税以外的其他减免税，即由国务院根据《海关法》对某个单位、某类商品、某个项目或某批进出口货物的特殊情况，给予特别照顾，一案一批，专文下达的减免税。一般有单位、品种、期限、金额或数量等限制，不能比照执行。

我国已经加入世界贸易组织，为遵循统一、规范、公平、公开的原则，有利于统一税法、公平税赋、平等竞争，国家严格控制减免税，一般不办理个案临时性减免税，对特定减免税也在逐步规范、清理，对不符合国际惯例的税收优惠政策将逐步予以废止。因此，利用临时减免税进行关税筹划的余地较小。

第五节　利用保税制度进行税务筹划

一、保税制度概述

1. 国外保税制度

为了活跃国际贸易，吸引外资和简化海关手续，当今世界上大多数国家都订有保税业务的海关制度。虽然各国制定的保税业务的海关制度有所不同，所使用的名称也不尽一致，但归根结底都是以免除进口关税来为本国的对外贸易服务的，即其保税制度在本质上都是一样的。

综合说来，国外大体有以下几种保税类型：

（1）保税仓库。货物进口免办进口纳税手续，直接存入置于海关监管之下的仓库，原状出库时再办有关手续，这种仓库即为保税仓库。保税仓库的作用有以下两方面：一是作为国际转口贸易的集散地，使各国购货者能够在短期内就近得到所需要的货物；二是设立保税仓库为本国增加了一个进口货物的供应市场，随时可以根据本国工业和贸易的需要从保税仓库中获得供应。

（2）保税工厂。保税工厂也被称作保税车间或工业保税仓库。保税工厂与保税仓库的根本区别：保税仓库不能进行加工生产，而保税工厂则可以进行加工生产。这一点从两者的命名上也能得到体现。在工商业活动中，有时从进口、生产、储存到出口是一个连续不可中断的过程。如果在生产出口产品的工厂内开辟出免税自由贸易区，或者使整个工厂都成为这样的自由贸易区，那么，不仅使上述各个环节得到连贯，而且可以大大简化海关手续。另外，建立保税工厂还有以下两点好处：一是可以不受真正自由区的种种限制，如地域限制；二是可以利用原有的厂房、设备、不必再建造新厂。

（3）出口加工区。出口加工区是指专门加工生产出口商品的区域，一般都设置在交通发达、技术精良、劳动力充分的地区，并伴随相应的优惠政策和方便措施以吸引外国投资。进入出口加工区的设备和原材料可以免征进口关税，因此其直接导致在出口加工区加工生产的产品成本偏低，从而在国际市场上具有相当的价格竞争优势。

（4）自由港、自由区或自由边境区。自由港、自由区或自由边境区是指在海港、河港、空港或陆路边境地区划定某个区域，在这个区域内实行进出口贸易自由。进入区域的进口商品不得越出区域进入该国其他地区。

2. 我国的保税制度

我国海关的保税制度大体有以下四项内容：

（1）保税货物。1987 年全国人大常委会通过的《海关法》以法律形式确定了保税货物的概念："保税货物，是指经海关批准未办理纳税手续进境，在境内储存、加工、装配后复运出境的货物。"由此，保税货物的概念在我国得以正式形成。

从《海关法》的规定中可以看出保税货物应具有以下三个特点：经海关批准；进境时未办理纳税手续；保税货物最终的流向应该是出境。

根据《海关法》规定的保税货物的概念，我国海关管理的保税货物大体可以分为：加工生产类保税货物，主要指对加工贸易部分进出口货物；储存出境类保税货物，系指进境后暂时存放再复运出境的货物；特准缓税类保税货物，系指入境时难以确定应否完税，如何完税，经海关批准特许缓税的货物。

（2）保税仓库。保税仓库系指经海关核准专门存放保税货物的仓库或场地。我国的保税仓库主要有以下几类：专用型保税仓库，该类仓库存入的保税货物都有专门的用途；公共型保税仓库，主要是存放进境后尚未确定最后去向的保税货物；加工型保税仓库，是指存放加工贸易货物的保税仓库，是出口加工备料仓库。它只是储存的场所，而不是加工的场所。它既可以储存加工贸易用的料、件，也可以储存加工贸易的半成品、成品。

（3）保税工厂。我国实行的保税制度中的保税工厂主要是加工贸易保税工厂。加工贸易保税工厂可以经营加工装配业务，也可以经营进料加工业务，我国加工贸易保税工厂主要是经营后者。保税工厂中的进料加工业务，其为加工出口产品而进口的料、件皆可保税，这一方面使出口产品的生产周期得以缩短，另一方面又大大简化了进口料、件的核销手续。

进料加工保税工厂主要有两种形式，一种是一厂加工型保税工厂，即独厂进口料、件，独厂加工生产成品出口，这一形式占大多数；另一种形式是多厂加工型保税工厂。实行多厂加工型保税工厂主要是为了解决一个外贸或工贸公司进口的同一种料、件，需要由多家工厂同时生产或需要多家工厂分工协作，进行多层次的加工。因此，多厂加工型保税工厂又可分为分工协作多层加工和单一加工两种类型。

（4）保税区。保税区是经海关批准专门划定的实行保税制度的特定地区。进口货物进入保税区内可以免征关税，如复出口，也免纳出口税。

目前我国的保税区的范围有：上海（外高桥）、天津港、深圳（福田、沙头角、盐田）、广州、大连、青岛、张家港、福州、宁波、汕头、厦门、海口、珠海等 15 个保税区。

二、保税制度的税务筹划思路

如前所述，进口货物若能经海关批准为保税货物，就能从批准日起暂时免征进口关税，而后视货物经储存或加工或装配后是否复运出境，再决定是否需要补征税款，这样作为进口方的外向型公司，不论其进口的货物最终流向何处，都能在批准日到补交税款之间的时段内占有该笔税款的时间价值，从而能达到节税的目的和效果。以前在我国，进口货物要成为保税货物，基本上只需进口公司作出复运出口的许诺或保证即可，因此海关负担着很大的风险。为了改变这种状况，海关总署促令各地海关采取有力限制，加强风险管理，其措施之一便是收取保证金，即在海关批准进口货物为保税货物时，向进口公司收取相当于该公司应纳的进口税款，如进口货物最终实践诺言复运出口，海关则向进口公司按银行利率给付利息，并退还收取的保证金。如进口货物最终销往国内，海关则向进口公司按银行利率收取利息，并将保证金转化为税款缴入国库。其措施之二是在海关审批进口公司的申请书时，必须考核该公司的信誉度，若信誉良好则给予批准。

现假设进口货物最终将复运出境，则其基本环节就是进口和出口，税务筹划的入手处就是这两个环节。在这两个环节，既是进口公司又是出口公司的外向型公司都必须向海关报关，在该公司填写的报关表中皆有单耗计量单位的定义。所谓单耗计量单位，即生产一个单位成品需耗费几个单位原料，通常有以下几种形式：一种是度量衡单位/度量衡单位，如米/米、吨/立方米等；一种是度量衡单位/自然单位，如吨/块，米/套等；还有一种是自然单位/自然单位，如件/套、匹/件等。度量衡单位容易测量，因此在前面几种形式上难以筹划，而自然单位要具体测量，则很困难，所以，可以利用第三种形式进行税务筹划。

【案例 8-11】

我国广东省某地有一家生产出口产品的家具生产公司 A，于 2009 年 1 月从某国进口一批木材，并向当地海关申请保税，其报表上填写的单耗计量单位为 200 块/套，即做成一套家具需用 200 块木材，而该公司由于近期引进先进设备，做成一套家具只需耗用 150 块木材，但因为自然单位难以测量，海关通过以前的交往，认定 A 公司信誉良好，给予批准，8 个月后，A 公司将成品复运出口，完成一个保税过程。现假设 A 公司进口木材 10 万块，每块价格 100 元，海关税率 50%，计算一下 A 公司的节税效果。

$(100000 - 100000/200 \times 150) \times 100 \times 50\% = 1250000$（元）

A 公司由于灵活运用单耗计算单位，成功节税 1250000 元。

第六节　关税纳税方式与纳税时间筹划

一、纳税方式选择

按照我国目前税法规定，关税的纳税方式主要有以下三种：

1. 口岸纳税方式

口岸纳税方式的特点是征税在前，结关放行在后，因此能够保证税款的及时入库，防止并尽可能避免拖欠税款现象，不易发生漏征、错征等问题，同时，还可以加强关税的管理。所以口岸纳税方式是我国关税最基本的纳税方式，也是世界各国政府普遍采用的方式。

2. 先放行后纳税方式

先放行后纳税方式的特点是允许某些纳税人办了有关担保手续后，先行办理放行业务，然后办理纳税事项的一种纳税制度。该方法是在口岸纳税的基础上针对易腐货物、急需货物或通关手续无法立即办理结关等特殊情况而采取的一种较灵活的纳税方式。

3. 定期汇总纳税方式

定期汇总纳税方式主要是对有进出口经营权、进口数量多、信誉度高以及管理组织好的企业，允许其对进出关的应税货物，逐票申报并计算应纳税款，经汇总后，纳税人每10天向其管辖的海关缴纳一次税款。

从税务筹划的角度看，应该根据企业具体情况，选择一种对企业来说最有利的纳税方式。第一种口岸纳税方式减少纳税人占用税款的机会，有利于海关部门征收，因此是最不利于纳税人的一种方式，纳税人应该尽可能地选择后两种纳税方式。

先放行后纳税的方式让纳税人得到很多方面的好处，通过担保使进出口货物能够及时、便捷地进入关境流入市场，不用担心货物的变质、积压、资金无意义占用和损失市场时机等。另外通过纳税可以延后这一时间差使企业获得这部分税收的时间效益。因此企业要想办法使自己的进出口货物成为海关实施的先放行后纳税这一方式的对象。税法规定所谓的“易腐货物、急需货物、通关手续无法立即办理结关的货物”在很大程度上可以进行操作，采取一些合理合法的方法使自己达到条件。

对于有进出口经营权、进口数量多的这一部分企业来说定期汇总纳税方式也是可以选择的，该方式为纳税人赢得了10天的纳税延缓期，纳税人可以根据情况灵活安排资金，实现资金的有效利用，而且同样具有先放行后纳税方式的优点，可以获得税务筹划收益。

二、纳税时间筹划

1. 进出口环节纳税期限的相关法律规定

税法规定，进口货物，增值税纳税义务发生时间为报关进口的当天，其纳税地点应当由进口人或其代理人向报关地海关申报纳税；其纳税期限应当自海关填发税款缴款书之日起15日内缴纳税款；进口货物的增值税由海关代征。进口货物增值税的征收管理，依据《征收管理法》《海关法》《进出口关税条例》和《进出口税则》的有关规定执行。

关税缴纳方面规定，进口货物自运输工具申报进境之日起14日内，出口货物在货物运抵海关监管区后装货的24小时以前，应由进出口货物的纳税义务人向货物进（出）境地海关申报，海关根据税则归类和完税价格计算应缴纳的关税和进口环节代征税，并填发税款缴款书。纳税义务人应当自海关填发税款缴款书之日起 15 日内，向指定银行缴纳税款。如关税缴纳期限的最后 1 日是周末或法定节假日，则关税缴纳期限顺延至周末或法定节假日过后的第 1 个工作日。为方便纳税义务人，经申请且经海关同意，进（出）口货物的纳税义务人可以在设有海关的指运地（启运地）办理海关申报、纳税手续。关税纳税义务人因不可抗力或者在国家税收政策调整的情形下，不能按期缴纳税款的，经海关总署批准，可以延期缴纳税款，但最长不得超过 6 个月。

纳税义务人未在关税缴纳期限内缴纳税款，即构成关税滞纳。为保证海关征收关税决定的有效执行和国家财政收入的及时入库，《海关法》赋予海关对滞纳关税的纳税义务人强制执行的权利。强制措施主要有以下两类：

（1）征收关税滞纳金。滞纳金自关税缴纳期限届满之日起，至纳税义务人缴纳关税之日止，按滞纳税款万分之五的比例按日征收，周末或法定节假日不予扣除。具体计算公式：

关税滞纳金金额 = 滞纳关税税额 × 滞纳金征收比率 × 滞纳天数

（2）强制征收。如纳税义务人自海关填发缴款书之日起 3 个月仍未缴纳税款，经海关关长批准，海关可以采取强制扣缴、变价抵缴等强制措施。强制扣缴即海关从纳税义务人在开户银行或者其他金融机构的存款中直接扣缴税款。变价抵缴即海关将应税货物依法变卖，以变卖所得抵缴税款。

因此对于进出口企业来说，进行进出口环节纳税期限的筹划问题，主要就是在不逾期的情况下，如何充分利用税法的规定，合理、充分、有效、最大限度地获取税款的资金时间价值。对于企业而言，特别是长期进行大批量进出口业务的企业，其巨额的资金周转对时间占用提出了特别的要求，几千万美元的税款迟交一天，多占用一天，就可以获取数万美元的时间收益，更何况在流动资金周转紧张时，一笔资金甚至能起到决定企业存亡的重要意义。

2. 进出口环节纳税期限的筹划

对于进出口货物的增值税和消费税，可以从以下两方面进行纳税期限的筹划：

（1）利用税法规定的时间限制，选择在最后期限到来之前缴纳税款。如税法规定关税的申报和缴纳时间：进口货物自运输工具申报进境之日起 14 日内，出口货物在货物运抵海关监管区后装货的 24 小时以前，应由进出口货物的纳税义务人向货物进（出）境地海关申报，海关根据税则归类和完税价格计算应缴纳的关税和进口环节代征税，并填发税款缴款书。纳税义务人应当自海关填发税款缴款书之日起 15 日内，向指定银行缴纳税款。因此，应充分利用该时间区间，尽量延缓纳税。但应尽量避免延期纳税被征收滞纳金，如因不可抗力或者在国家税收政策调整的情形下，不能按期缴纳税款的，应根据要求，申请海关总署批准，可以延期缴纳税款，但最长不得超过 6 个月。

（2）节假日和双休日节税法。税法规定，如关税缴纳期限的最后 1 日是周末或法定节假日，则关税缴纳期限顺延至周末或法定节假日过后的第 1 个工作日。特别是遇见五一、国庆节等大假期间更是需要特别注意申报和缴纳时间的选择。

思考练习题

1. 进出口关境的个人如何对进境携带物品进行筹划以节省关税？

2. 我国现行关税对货物原产地有哪些规定？如何运用海关关于货物原产地的规定进行关税筹划？

3. 我国现行关税对进出口货物的完税价格是怎样确定的？如何运用完税价格进行关税筹划？

4. 我国现行关税主要有哪些优惠政策？纳税人如何运用这些优惠政策，结合自身的经营情况进行筹划？

5. 针对现行的出口退税制度，企业可以从哪些方面开展税务筹划？

6. 利用保税制度进行税务筹划，可以获得什么节税利益？

7. 为避免我国对原产于乙国货物过高的关税，CLEAR 化妆品生产公司与境外甲国某公司签订一项购销协议，由该公司从乙国进口一批化妆品，并以进行过加工的名义销售给 CLEAR 公司，CLEAR 公司将其进一步加工后在国内销售。境外甲国公司的化妆品进口成本为 80 万元，加工后售与境内 CLEAR 公司的成交价格为 100 万元。化妆品报关到岸后，CLEAR 公司申报的完税价格为 110 万元。经海关审查，CLEAR 公司申报的完税价格未包括运费和保险费，CLEAR 公司认为进口化妆品的运费和保险费无法确定，因此未申报。海关对此依法调整征税后对进口化妆品予以放行。化妆品运抵企业所在地并验收入库，企业支付境内运输费用 2 万元。该批进口化妆品的 80% 部分经过进一步加工后全部予以销售完毕，取得销售额 230 万元。根据海关有关规定，进口原产地为甲国的化妆品，进口之日适用的进口关税税率为 20%；进口原产地为乙国的化妆品，进口之日适用的进口关税税率为 30%；化妆品进口同期运输行业公布的运费率为进口货价的 5%；化妆品国内消费税税率为 30%；企业留抵的增值税进项税余额为 0.55 万元。要求：

（1）计算 CLEAR 化妆品生产公司应该缴纳的关税。

（2）对于该笔进口业务，在税务筹划方面你有何建议？

8. 陈先生回国探亲，在决定花 1200 美元在国外购买礼品作为礼物馈赠亲朋好友时，他有两种方案可供选择：

（1）300 美元的酒、500 美元的摄像机、400 美元的手表。

（2）200 美元的手表、500 美元的摄像机、500 美元的金银制品。

陈先生应如何作关税筹划（其中金银制品的税率为 15%、酒的税率为 60%、摄像机的税率为 30%、手表的税率为 30%）？

第九章
企业设立与组建的税务筹划

第一节 企业设立的税务筹划

一、企业身份选择的税务筹划

1. 居民企业与非居民企业

居民企业，是指依法在中国境内成立，或者依照外国（地区）法律成立但实际管理机构在中国境内的企业。居民企业应就来源于中国境内、境外的所得作为征税对象，这是居民企业与非居民企业的一个重要区别。居民企业适用的企业所得税率为25%。

非居民企业，是指依照外国（地区）法律成立且实际管理机构不在中国境内，但在中国境内设立机构、场所的，或者在中国境内未设立机构、场所，但有来源于中国境内所得的企业。

根据《中华人民共和国企业所得税法》的相关规定，非居民企业在中国境内设立机构、场所的，应当就其所设机构、场所取得的来源于中国境内的所得，以及发生在中国境外但与其所设机构、场所有实际联系的所得缴纳所得税，适用税率为25%。在中国境内未设立机构、场所的，或者虽设立机构、场所，但取得的所得与其所设机构、场所没有实际联系的，应当就其来源于中国境内的所得缴纳企业所得税，这种类型的非居民企业减按20%的税率征收企业所得税，其中此类非居民企业取得的诸如外国政府向中国政府提供贷款取得的利息所得、国际金融组织向中国政府和居民企业提供优惠贷款取得的利息所得、经国务院批准的其他所得都免征企业所得税。

从上述可以看出，我国税法对居民企业和非居民企业的不同规定给企业选择注册经营地点提供了筹划空间。不在中国境内设立机构场所的非居民企业，收入是直接从中国国内客户取得的，它可以适用于较低的企业所得税税率。因此在进行税务筹划决策时可以考虑这一点。

在进行居民企业与非居民企业选择的决策时，需要注意，收入来源于中国境外并且在境外支付的中国居民也在中国负有纳税义务。因为对于居民企业来说，应当就来源于全球的所得履行在中国的纳税义务，而不能因收入的取得来自境外而不缴税。

2. 个体工商户、个人独资企业、合伙企业与公司制企业

（1）个体工商户、个人独资企业、合伙企业与公司制企业的税收政策。

1）个体工商户。个体工商户是个体经济单位，它以劳动者个人及其家庭成员为主体，用自由的劳动工具及生产资料、资金，经向国家有关部门登记，独立从事生产、经营活动。例如，家庭洗衣店、家庭烟杂店、家庭礼品店、家庭蔬菜水果店、家庭工厂、家庭作坊等。

根据《国家税务总局个体工商户个人所得税计税办法》（国税［2014］第35号），个体工商户以业主个人为所得税纳税义务人，在个体工商户的生产经营所得中，其生产、经营所得，以每一纳税年度的收入总额，减除成本、费用、税金、损失、其他支出以及允许弥补以前年度亏损后的余额，为应纳税所得额。因此，它适用于个人所得税的五级超额累进税率，见第六章表6－2。

个体工商户的生产、经营所得，以每一纳税年度的收入总额，减除成本、费用以及损失后的余额，为应纳税所得额。成本、费用，是指纳税义务人从事生产、经营所发生的各项直接支出和分配计入成本的间接费用、销售费用、管理费用、财务费用；损失是指在生产、经营过程中发生的各项营业外支出。

个体工商户在生产、经营期间借款利息支出，凡有合法证明的，不高于按金融机构同类、同期贷款利率计算的数额的部分，准予扣除。

个体工商户和从事生产、经营的个人，取得与生产、经营活动无关的各项应税所得，应分别适用各应税项目的规定计算征收个人所得税。

2）个人独资企业。是指由一个人单独出资，亲自或雇人经营，具有一定规模，出资人对企业财产和盈利有全部支配权，并单独对企业债务负无限清偿责任的企业组织形式。

从2001年1月1日起，我国对个人独资企业投资者的投资所得参照个体工商户的生产、经营所得征收个人所得税。《中华人民共和国个人所得税法》规定，个人独资企业的生产经营所得，实行查账征税时，允许扣除与生产经营有关的成本费用。其中包括个人投资者的费用扣除、从业人员的工资扣除、生产经营期间借款利息扣除等。

3）合伙企业。合伙企业是指由两人或两人以上订立合伙协议，为了共同目的、共同分享收益和承担责任的组织形式。包括普通合伙企业、有限责任合伙和股份有限责任合伙企业。我国《中华人民共和国合伙企业法》（以下简称《合伙企业法》）规定，合伙企业是指依照本法在中国境内设立的由各合伙人订立合伙协议，共同出资、合伙经营、共享收益、共担风险，并对合伙企业债务承担无限连带责任的营利性组织。在其名称中不得使用"有限"或"有限责任"的字样。因此可以知道，我国的合伙企业形式为普通合伙企业。

合伙企业与个人独资企业比起来具有一定的规模效益。其无限责任合伙人负无限责任，在增加合伙人风险的同时，合伙企业的信誉度会因此高于个人企业，可以从事很多有限责任公司或股份有限公司形式难以经营的行业，例如律师事务所。另外，合伙企业本身没有独立的财产，不是民事主体，但在税收上是一个具有权力能力与不具有权力能力的混合体。

根据《国务院关于个人独资企业和合伙企业征收所得税问题的通知》（国发［2000］

第16号），合伙企业自2000年1月1日起，比照个体工商户，使用五级超额累进税率，仅征收个人所得税。同时，合伙企业要缴纳与企业和企业经营有关的一些税，如印花税、增值税、消费税、关税等。

4）公司制企业。公司是指依照《中华人民共和国公司法》规定在我国境内设立的企业法人，公司形式有有限责任公司和股份有限公司。

有限责任公司，是指由少数有限责任股东，根据国家有关有限责任公司的法律设立，其资本总额不分成若干等额股份向股东募集，各股东以各自出资额为限对公司债务承担有限责任的公司组织形式。有限责任公司具有独立的法人资格，是独立的民事主体，可以取得物权，可以起诉和被诉。有限责任公司的股东具有亲自参与公司经营管理的资格。与股份有限公司相比，有限责任公司的法定约束较小，创办手续较简单，创办费用较少。有限责任公司不公开向外发行股票、募集资本，有限责任公司的股票和债券也不可以在证券交易所挂牌公开交易。

股份有限公司，是指公司资本分成若干等额的股份，由发起人认购全部股份，或由发起人认购一部分股份，其余股份向外公开募集，由认购人按认购股份缴入，股票可以自由转让，股东按所持有的股票取得股息，以其股份金额为限对公司负债承担有限责任的公司组织形式。股份有限公司是法人实体，是一个独立的民事主体，可以以公司的名义经营、负债、取得和处置物权，可以起诉和被诉。股份有限公司公开向外发行股票，募集资本，设立股份有限公司主要是为了募集更多的资本进行经营。上市的股份有限公司的股票和债券可以在证券交易所挂牌公开交易。

无论是有限责任公司还是股份有限公司，都要根据《中华人民共和国企业所得税法》的规定缴纳两个层次的所得税：企业实现的利润需要缴纳企业所得税，税率为25%；如果将税后利润分配给投资者，投资者个人需要缴纳个人所得税，适用税率为20%。此外，有限责任公司与股份有限公司还可能要缴纳财产税、增值税、消费税、关税、印花税等。

公司制企业与个人企业、合伙企业相比：

第一，公司的营业亏损不能分摊给股东，不能如个人企业和合伙企业的营业亏损一样，冲抵个人应税所得，而仅能在一定年限内在税前弥补亏损。

第二，公司的设立和解散都有较复杂的程序，常常要由律师代办，增加了一定的费用。公司本身要缴纳所得税，需要更周密的税务筹划。

第三，在法律规定的范围内，公司职工的医疗、人寿保险费等可以在企业所得税前扣除，一方面对公司和职工都有利，另一方面也会增加公司财务负担。

第四，公司制企业存在双重纳税的情况，其税负重于合伙企业。

第五，公司企业的股东以其投资额对公司债务承担有限责任，合伙企业的合伙人负无限债务责任，风险更大。

第六，在大多数国家中，由于合伙企业不具有独立法人资格，因而不能享受政府对公司提供的各种税收优惠待遇和税收协定优惠待遇，而采用公司制企业形式则可以享受这些优惠待遇。

通常情况下，对于经营风险不大、投入资本较少的企业，比较适合采用独资或者合伙企业形式；而对于规模较大、管理水平要求高的大企业，更适合采用公司制形式。对于创业者来说，应该根据自己的状况，综合考虑多方面的因素方能对企业组织形式做出最佳选择。

（2）个体工商户、个人独资企业、合伙企业和公司制企业的选择。

1）个人独资企业与合伙企业的选择。

【案例 9-1】

张明打算自办企业，经过估计该企业一年能盈利 280000 元，从纳税负担角度考虑，设立该企业时应当选择个人独资企业还是公司制企业的组织形式？

【分析】

方案一：将该企业设立为个人独资企业。我国对个人独资企业投资者的投资所得参照个体工商户的生产、经营所得征收个人所得税。该独资企业应纳个人所得税为 280000×35% -14750=83250(元)

方案二：将该企业设立为公司制形式，假设企业实现的税后利润作为股利全部分配给张明，则：

该企业应纳企业所得税=280000×25% =70000(元)

张明应缴纳的个人所得税=(280000-70000)×20% =42000(元)

合计应纳税额=70000+42000=112000(元)

两个方案经过比较，可以看出，投资于个人独资企业要比公司制企业节税 28750 元(112000-83250)，因此从税负角度考虑，选择个人独资企业形式更好。

2）合伙企业与公司制企业的选择。

【案例 9-2】

甲、乙、丙三人正在筹划成立一家企业，预计该企业每年可获得盈利 360000 元，作为投资者，从纳税的角度来看，应该采用合伙企业还是公司制组织形式？

【分析】

方案一：设立为有限责任公司，注册资本为 1000000 元。在这里假设公司的税后利润全部作为红利平均分配给甲、乙、丙。有限责任公司应当根据其盈利按照 25% 的税率缴纳企业所得税，投资者应当对其取得的股利分配按照 20% 的税率缴纳个人所得税。

应纳企业所得税=360000×25% =90000(元)

公司代扣个人所得税=[(360000-90000)÷3]×20% ×3=54000(元)

合计应纳税额=90000+54000=144000(元)

方案二：甲、乙、丙三人每人均出资 200000 元，订立合伙协议，成立合伙企业。作为合伙企业，按照规定，应当比照个体工商户征收个人所得税，所以，

甲、乙、丙三人每人每年均应缴纳个人所得税=(360000÷3)×35% -14750=27250(元)

该企业全部合伙人的税负=27250×3=81750(元)

通过比较，方案二要比方案一节约税负 62250 元(144000-81750)，因此如果仅从纳税角度考虑，投资者应该选择合伙企业组织形式。

3）个体工商户与个人独资企业的选择。我国《个人所得税税法》规定，个体工商户的生产经营所得适用于五级超额累进税率。

私营企业也称作“私有企业”，是由私人投资经营的企业，有资本家私人企业、劳动者私人企业等类型。其生产资料和产品属私人所有，经营活动由自己或雇用管理人员管理，资金来源有私人独自集资或债券集资、贷款投资、发行股票等。私营企业依据《中华人民共和国企业所得税法》规定缴纳企业所得税，适用税率为25%，如果属于工业企业，年度应纳税所得额不超过30万元，从业人数不超过100人，资产总额不超过3000万元；如果属于其他企业，年度应纳税所得额不超过30万元，从业人数不超过80人，资产总额不超过1000万元，为小型微利企业，适用20%的税率。

【案例9-3】

某高校大学生毕业后决定自己创业，开办一家火锅连锁店。初步预算开3家连锁店。请问，从纳税角度考虑，该大学毕业生应选择哪种企业组织形式？

【分析】

（1）若每年盈利1万元。

如果注册为个体工商户，则应缴个人所得税：

$10000 \times 5\% = 100$（元）

如果注册为公司制企业，则应缴企业所得税：

$10000 \times 20\% = 2000$（元）

显然，该大学生应该选择注册为个体工商户。

（2）若每年盈利160000元。

如果注册为个体工商户，则应缴个人所得税：

$160000 \times 35\% - 14750 = 41250$（元）

如果注册为公司制企业，则应缴企业所得税：

$160000 \times 20\% = 32000$（元）

显然，该大学生应该选择注册为公司制企业的组织形式。

从这里可以看出，不同的应纳税所得额会导致截然相反的选择，那么，影响组织形式确定的应纳税所得额临界点到底是多少呢？

通过进一步计算可以得出，如果该企业每年盈利60000元，注册为个体工商户的组织形式仍然会比公司制企业节税，因此这个临界点应该是处在60000～100000，列式如下：

$(60000 + a) \times 30\% - 9750 = (60000 + a) \times 20\%$

计算得出 $a = 37500$ 元，因此年纳税所得额的临界点为37500元。即当应纳税所得额预测结果小于37500元时，应选择注册为个体工商户的组织形式；反之，应选择注册为公司制企业的组织形式。

3. 小微企业与普通企业

在流转税方面，《关于进一步支持小微企业增值税和营业税政策的通知》（财税［2014］

第71号文）规定，为进一步加大对小微企业的税收支持力度，经国务院批准，对月销售额2万元（含）至3万元的增值税小规模纳税人，免征增值税；而根据《关于全面推开营业税改征增值税试点有关税收征收管理事项的公告》（国税［2016］第23号）的规定，增值税小规模纳税人应分别核算销售货物，提供加工、修理修配劳务的销售额和销售服务、无形资产的销售额。增值税小规模纳税人销售货物，提供加工、修理修配劳务月销售额不超过3万元（按季纳税9万元），销售服务、无形资产月销售额不超过3万元（按季纳税9万元）的，自2016年5月1日起至2017年12月31日，可分别享受小微企业暂免征收增值税优惠政策。

在所得税方面，《中华人民共和国企业所得税法》第二十八条规定，符合条件的小型微利企业，减按20%的所得税税率征收企业所得税。在《企业所得税法》实施以后，又实行了对小型微利企业所得税减半征收的优惠政策。2010年1月1日至2011年12月31日，《关于小型微利企业有关企业所得税政策的通知》（财税［2009］第133号）《财政部、国家税务总局关于继续实施小型微利企业所得税优惠政策的通知》（财税［2011］第4号）3万元以下减半征收，即所得减按50%计入应纳税所得额，按20%的税率缴纳企业所得税。后经过多次调整，现执行的是：截至2017年12月31日前，年应纳税所得额30万以下均减半征收《国家税务总局关于进一步扩大小型微利企业所得税优惠政策范围的通知》。

根据《中华人民共和国企业所得税法实施条例》中的规定，小型微利企业，是指从事国家非限制和禁止行业，并符合下列条件的企业：工业企业，年度应纳税所得额不超过30万元，从业人数不超过100人，资产总额不超过3000万元；其他企业，年度应纳税所得额不超过30万元，从业人数不超过80人，资产总额不超过1000万元。

由于小微企业在流转税和所得税方面都有着许多的优惠政策，因此在成立企业纳税时如果符合小微企业的，应该及时按照相关规定申报，通过充分利用税收优惠政策以实现纳税负担的减轻。此外，由于子公司是作为独立的法人独立核算，独立申报纳税，符合小微企业的也可以使用小微企业的优惠政策，因此企业在设立下属公司的时候需要充分考虑到这一点，合理选择下属公司的组织形式，可以通过成立符合小微企业条件的子公司来节约纳税支出。

【案例9-4】

某建筑安装公司主要从事工程承包建筑、安装和各种建筑装饰劳务的经济业务，2017年度共实现应纳税所得额200万元，其中建筑、安装和装饰劳务的年度应纳税所得额分别为150万元、25万元、25万元。该建筑安装公司资产总额为5000万元，从业人数100人，在这种情况下，2017年度该建筑安装公司的企业所得税为多少？应该怎样进行税务筹划？

【分析】如果该建筑安装公司分立成甲、乙和丙三个独立的公司，三者分别经营建筑、装饰和安装业务。其中乙和丙完全由甲公司控制即100%控股。分立后乙、丙两个公司正好符合小型微利企业所得税的优惠条件，则可以利用优惠条件进行节约纳税人支出。

分立前企业应纳所得税总额：$200\times25\%=50$（万元）

分立后，甲公司应纳所得税：$150\times25\%=37.5$（万元）

乙公司应纳所得税：$25\times0.5\times20\%=2.5$（万元）

丙公司应纳所得税：$25\times0.5\times20\%=2.5$（万元）

分立后应纳所得税总额：$37.5+2.5+2.5=42.5$（万元）

公司分立后相比分立前需要缴纳的所得税节约了7.5万元，因此企业在进行税务筹划时，可以通过企业分立来构造符合纳税优惠政策的条件，利用小微企业的纳税优惠政策减轻企业税务负担。

二、企业设立组织形式的税务筹划

1. 非独立销售部门与独立销售公司

企业常常在其内部设立一个销售机构，这样便于统一的管理与协调。但是，企业如果有条件成立一个独立的销售公司，将为其税务筹划提供足够的空间。

（1）减少企业整体缴纳的消费税。根据消费税法规定，在中华人民共和国境内生产、委托加工和进口应税消费品的单位和个人，为消费税纳税义务人。上述应税消费品包括烟、酒及酒精、化妆品、护肤护发品、贵重首饰及珠宝玉石、鞭炮、焰火、汽油、柴油、汽车轮胎、摩托车、小汽车。

从消费税纳税义务人的规定可见，消费税的纳税行为发生在生产领域（包括生产、委托加工和进口），而非流通领域或终极消费环节（金银首饰除外）。因而，将生产企业和销售公司分设，如果以较低但不违反公平交易的销售价格将应税消费品销售给其独立核算的销售部门，则可以降低销售额，从而减少应纳消费税税额。而独立核算的销售公司，由于处在销售环节，只缴纳增值税，不缴纳消费税，可使集团的整体消费税税负下降，但增值税税负不变。

这里应当注意，由于独立核算的销售公司与生产企业之间存在关联关系，按照《中华人民共和国税收征收管理法》（2015年修订版）第三十六条的规定："企业或者外国企业在中国境内设立的从事生产、经营的机构、场所与其关联企业之间的业务往来，应当按照独立企业之间的业务往来收取或者支付价款、费用；不按照独立企业之间的业务往来收取或者支付价款、费用，而减少其应纳税的收入或者所得额的，税务机关有权进行合理调整。"

因此，企业销售给下属独立核算的销售公司的价格应当参照销售给其他商家的平均价格确定，如果销售价格"明显偏低"，主管税务机关将会对价格重新进行调整。

（2）减少企业整体缴纳的所得税。通过设立销售公司两次销售，增加了企业的销售额，从而扩大了业务招待费等的税前列支金额，使企业整体所得税负担明显下降。

1）所得税缴纳中有关业务招待费的规定。根据《中华人民共和国企业所得税法实施条例》的规定，企业发生的与生产经营活动有关的业务招待费支出，按照发生额的60%扣除。但最高不得超过销售（营业）收入的5‰。当年销售收入还包括《中华人民共和国企业所得税法实施条例》第25条规定的视同销售收入额。

2）所得税缴纳中有关广告费和业务宣传费支出的规定。根据税法规定，企业发生的符合条件的广告费和业务宣传费支出，除国务院财政、税务主管部门另有规定外，不超过当年销售收入15%的部分，准予扣除；超过部分，准予结转以后纳税年度扣除。

根据《财政部、国家税务总局关于广告费和业务宣传费支出税前扣除政策的通知》（财税［2012］第48号），自2011年1月1日至2015年12月31日对化妆品制造与销售、医药制造、饮料制造（不含酒精制造）企业发生的广告费和业务宣传费支出，不超过当年销售收入30%的部分，准予扣除；超过部分，准予在以后纳税年度结转扣除。对签订广告费和业务宣传费分摊协议（以下简称分摊协议）的关联企业，其中一方发生的不超过当年销售（营业）收入税前扣除限额比例内的广告费和业务宣传费支出可以在本企业扣除，也可以将其中的部分或全部按照分摊协议归集至另一方扣除。另一方在计算本企业广告费和业务宣传费支出企业所得税税前扣除限额时，可将按照上述办法归集至本企业的广告费和业务宣传费不计算在内。烟草企业的烟草广告费和业务宣传费支出，一律不得在计算应纳税所得额时扣除。

【案例9-5】

东方公司为生产销售机电产品的生产型企业，2014年销售收入净额为2000万元，业务招待费为30万元和广告费为320万元，税前利润为70万元，所得税税率为25%。请计算东方公司应纳所得税额，并为其提供税务筹划思路。

【分析】

（1）业务招待费。因30×60%=18(万元)，2000×5‰=10(万元)，18万元大于10万元，则该公司可以在税前抵扣的业务招待费为10万元。

（2）广告费。因2000×15%=300(万元)，320万元大于300万元，则该公司可以在税前抵扣的广告费为300万元。

（3）该公司应纳所得税。

[70+(30-10)+(320-300)]×25%=110×25%=27.5(万元)

【税务筹划思路】将公司销售部组建为独立销售公司，生产厂将上述产品以1500万元价格出售给独立销售公司，独立销售公司再将产品以2000万元出售，扣除成本费用后生产厂利润为60万元，销售公司利润为10万元。对于公司整体销售收入、利润均不变，但却可以将业务招待费和广告费在两个公司之间分摊。设生产厂业务招待费为20万元、广告费为200万元；销售公司业务招待费为10万元、广告费为120万元。

（1）生产厂纳税情况。20×60%=12(万元)，1500×5‰=7.5(万元)，12万元大于7.5万元，则生产厂可以在税前抵扣的业务招待费为7.5万元。

因1500×15%=225(万元)，225万元大于200万元，则生产厂可以在税前抵扣的广告费为200万元。

生产厂应纳所得税为[60+(20-7.5)]×25%=18.125(万元)

（2）销售公司纳税情况。因10×60%=6(万元)，2000×5‰=10(万元)

则销售公司可以在税前抵扣的业务招待费为6万元。

2000×15%=300(万元)，300万元>120万元，则销售公司可以在税前抵扣的广告费为 120 万元。

销售公司应纳所得税：

[10 + (10 - 6)] × 25% = 3.5(万元)

(3) 公司整体纳税情况。公司整体应纳所得税 = 18.125 + 3.5 = 21.625(万元)

与筹划前相比，节税 27.5 - 21.625 = 5.875(万元)。

2. 固定业户外设办事处的税务筹划

固定业户是指有固定的生产营业场所，从事一定的经济业务，并经工商行政管理部门批准发证的工商业户。随着企业经营规模的扩大，外设办事处是企业不可或缺的。根据办事处灵活多变的特点及现行税收法规，有必要对外设办事处以什么样的地位和性质存在进行筹划。

（1）缴纳增值税的相关规定。根据《中华人民共和国增值税暂行条例》（2016 年修订版）第二十二条的规定固定业户到外县（市）销售货物或者应税劳务，应当向其机构所在地的主管税务机关申请开具外出经营活动税收管理证明，并向其机构所在地的主管税务机关申报纳税。未开具证明的，应当向销售地或者劳务发生地的主管税务机关申报纳税；未向销售地或者劳务发生地的主管税务机关申报纳税的，向其机构所在地的主管税务机关补征税款。

（2）税务筹划原理。根据上述规定，办事处可以有以下三种经营方式及涉税处理方法：

一是办事处作为企业经营活动的办事机构，向其机构所在地主管税务机关申请开具《外出经营活动税收管理证明》（以下简称《证明》），持税务登记证副本、《证明》第二、三、四联，连同运抵货物或经营项目，一并向销售地税务机关申请报验。销售地税务机关对其运抵的货物应对照《证明》载明的货物进行查验、核对。

纳税人在批准有效期结束后，应向销售地税务机关进行报告。销售地税务机关查明销售情况后，填明销售经营情况的有关栏次，并将报验联留存。办事处向销售地税务机关申请领购发票，并按月向销售地税务机关办理申报手续，最后由办事处凭《证明》向机构所在地主管税务机关申报纳税。

二是办事处作为常设分支机构向经营地工商管理部门办理营业执照，向经营地税务机关办理税务登记（被认定为增值税一般纳税人），按规定在经营地申请领购发票，在经营地申报纳税，销售收入全额上缴总机构。

三是办事处作为独立核算机构，在经营地工商管理部门办理营业执照，向经营地主管税务机关申请办理税务登记（被认定为增值税一般纳税人），自主经营，实行独立核算，独立处理全部涉税及有关经济事宜。

由于经营方式不同引起纳税方式的不同，因此为企业税务带来了筹划空间。

【案例 9 - 6】

四川省成都市某食用油公司为增值税一般纳税人，2010 年 1 ~ 6 月该公司在重庆市设置临时性办事处，经营公司发来的产品。该办事处在2009年1~6月接到沈阳总公司拨来货物500吨，取得销售收入200万元，拨入价为160万元，在经营地就地采购食用油2500吨，购进价为900万元，取得销售收入为1000万元，1~6月盈利100万元（成都总公司2010年会计核算亏损200万元；上述进价及销售收入均为不含税价格）。请按上述三种涉税处理方案计算该办事处2009年1~6月的应纳税额。

【分析】

方案一：作为办事机构缴税。

总公司拨来货物有合法经营手续，应回总机构所在地纳税；办事处在经营地所采购的货物超出《外出经营活动管理证明》的范围，应在经营地纳税。分别计算如下：

(200-160)×17%=6.8（万元）　（回机构所在地缴纳）

1000×6%=60（万元）　（在经营地缴纳）

共计缴纳增值税66.8万元。

方案二：按分支机构缴税。

[(1000-900)+(200-160)]×17%=23.8(万元)(在经营地纳税)

100万元利润按新企业所得税法的规定，可弥补总公司上一年度亏损。

方案三：按独立核算企业缴税。

增值税：[(1000-900)+(200-160)]×17%=23.8(万元)

所得税：100×25%=25(万元)

由此可以看出，上述三种处理方案纳税额完全不同，方案二为最佳。

第二节　企业扩张的税务筹划

企业在成长阶段，为了提高自己的市场竞争力，要扩大生产规模、开拓市场，往往需要增设分支机构；企业也可能为了稳定自己的供货渠道而增设分支机构；在进行对外投资如跨国投资时，常常也会通过在投资所在国或地区设立从属机构这一手段来实现其目的。分支机构包括子公司和分公司，新设立的公司由于其性质的不同将决定公司所得税的缴纳方式，并进一步影响到公司的整体税负水平，因此有必要进行相关的税务筹划。

《中华人民共和国企业所得税法实施条例》规定，独立核算的法人企业为独立纳税人。《跨地区经营汇总纳税企业所得税征收管理办法》（国税［2012］第57号）规定，除了国家另有规定的少数特大型企业集团外，只有总公司下属的直接从事业务经营活动的非法人分支机构或附属机构方可与其总公司汇总纳税。在这些规定的前提下，便有了选择设立分公司与子公司的筹划空间。

一、分公司与子公司

分公司是相对于总公司而言的，总公司是指依法首先设立的管辖公司全部组织的总机构；分公司则指受总公司管辖的分支机构，它没有独立的法律地位，不具有法人资格，没有自己的独立财产，没有自己的章程，不独立承担民事责任。

子公司是相对于母公司而言的法律概念，它是指被母公司有效控制的下属公司或者是母公司直接或间接控制的一系列公司中的一家公司。子公司具有独立的法人资格，有自己的章程，可以独立承担民事责任，受母公司的实际控制。

1. 分公司相较于子公司的优点

（1）设立分公司的手续比设立子公司要简单，很多国家要求子公司成立时需要缴纳一笔注册登记资金或者印花税，但一般都不要求分公司在从事业务活动前缴纳注册登记资金。

（2）分公司的亏损可以冲抵总公司的盈利，减轻总公司的税负，但不得用境外总公司盈利弥补境外分公司的亏损。

（3）分公司和总公司之间的资本转移，不必缴纳税款，因为此转移不涉及所有权的变动。

（4）分公司交付给总公司的利润通常不需要缴纳预提所得税。

2. 子公司相较于分公司的优点

（1）在境外设立子公司时，可以享有东道国给予其居民企业同等的优惠，单独享受税收的减免、退税等权利。

（2）子公司的利润汇回母公司比把分公司的利润汇回总公司要灵活，母公司的投资所得、资本利得可以保留在子公司，也可以在税负较轻的时候汇回母公司以相当于获得额外的税收收益。

（3）东道国适用税率低于居住国时，子公司的累计利润可得到递延纳税的好处。

（4）许多国家允许在境内的企业集团内部之间的盈亏互抵，这样子公司可以加入某一集团实现整体利益上的税务筹划。

（5）境外子公司资本转让给母公司不纳税，而分公司与总公司之间的转让有时要纳税。

（6）母公司转售境外子公司的股票利得通常可享受免税优惠，而总公司出售分公司资产取得的资本收益不享受免税待遇，要被征税。

（7）许多国家对子公司向母公司支付的股息，规定减征或免征预提税。

（8）某些国家子公司适用的所得税税率比分公司低。

（9）跨国公司在设有子公司的所在国进行生产经营活动更为便利。

二、分公司与子公司的税务筹划思路

由于子公司是实行独立核算的独立法人实体，是企业所得税的独立纳税义务人，适用注册地的相关法规，包括税法。分公司作为总公司的非独立核算分支机构，不是独立的法人实体和纳税人。其收入、成本、费用计入总公司的财务报表，除另有规定外，纳税事项由总公司统一核算，适用总公司所在地的法律法规。

设立子公司与分公司的节税利益孰高孰低并不是绝对的，它受到国家税制、纳税人的经营情况、企业内部利润分配政策等众多因素的影响，会使公司当期及未来的整体税负水平产生较大的差异。

（1）经营初期，如果分支机构很可能发生亏损，那么设立分公司则比较合适。因为分公司的亏损可以冲抵总公司的利润，冲减应税所得，减轻税负；而设立子公司时，母公司和子公司各自的亏损只能自身连续五年在税前弥补，不能互相冲抵。

如果分支机构在设立以后较短时间内就可能盈利或扭亏为盈，那么就应该设立子公司，这样既可以享受作为独立法人经营的便利，又可以享受未分配利润递延纳税的好处。

（2）考虑总部与分支机构的所得税税率相同与否，设立分公司或子公司对公司整体税负有重大影响。

1）总部与分支机构税率相同的情况。

【案例 9－7】

设某一总公司在国内拥有两家分公司 A 和 B，某一纳税年度总公司本部实现利润 1000 万元，其分公司 A 实现利润 100 万元，分公司 B 亏损 150 万元，企业所得税税率为 25%。

该公司应纳税额＝(1000＋100－150)×25%＝237.5(万元)

如果把 A、B 分公司换成子公司，总体税负将发生变化。

母公司应纳所得税额＝1000×25%＝250(万元)

A 子公司应纳所得税额＝100×25%＝25(万元)

B 子公司由于当年亏损 150 万元，该年度无须缴纳所得税，其亏损只能在以后五 5 年用税前利润补亏。

公司整体税负＝250＋25＝275(万元)

母公司、子公司形式税负高出总分公司整体税负额 37.5 万元(275－237.5)，因此设立总分公司形式比较合适。

2）总部与分支机构的适用税率不同的情况。

【案例 9－8】

我国北京某外贸总公司在深圳和珠海两地各设一家子公司，总公司适用的所得税税率为 25%，两家子公司符合小型微利企业的条件，适用税率为 20%。某纳税年度公司本部实现利润 1000 万元，深圳和珠海两子公司各实现利润 100 万元。母公司规定，子公司税后利润 50% 汇回母公司，50% 自己留用，则：

公司本部应纳所得税额＝1000×25%＝250(万元)

深圳公司应纳所得税额＝100×20%＝20(万元)

珠海公司应纳所得税额＝100×20%＝20(万元)

母公司分得的子公司利润额＝2×(100－20)×50%＝80(万元)

母公司分得的子公司利润应补交所得税＝80/(1－20%)×(25%－20%)＝5(万元)

母公司、子公司整体应纳所得税 = 250 + 20 + 20 + 5 = 295（万元）

若将上述两家子公司变换成分公司形式，则：

公司整体应纳所得税额 = (1000 + 100 + 100) × 25% = 300（万元）

设立分公司时，公司总体税负比设立子公司的增加额 = 300 − 295 = 5（万元），因此设立母子公司形式比较合适。

第三节　企业注册地点的税务筹划

我国针对各个不同时期不同地区经济发展的要求，对相应地区分别制定了不同的税收优惠政策。为了促进高新技术的发展，我国还设立了高新技术产业开发区，对在这里注册的高新技术企业纳税进行优惠。为了扶持贫困地区、西部地区的发展，我国也制定了相应的优惠政策。这些不同地区差别税负的税收政策，为创业者提供了税务筹划的机会。另外，从国际范围来看，企业可以选择避税港来进行公司注册。因此，创业者选择企业的注册地点，对于企业节省税金支出具有十分重要的意义。

一、利用国家对民族自治地方的优惠进行税务筹划

民族自治地方的自治机关对本民族自治地方的企业应缴纳的企业所得税中属于地方分享的部分，可以决定减征或者免征。自治州、自治县决定减征或者免征的，需报省、自治区、直辖市人民政府批准。民族自治地方是指，依照《中华人民共和国民族区域自治法》的规定，实行民族区域自治的自治区、自治州、自治县。对民族自治地方内国家限制和禁止行业的企业，不得减征或者免征企业所得税。民族自治地方在新税法实施前已经按照《财政部、国家税务总局、海关总署关于西部大开发税收优惠政策问题的通知》（财税［2001］第202号）第二条第二款有关减免税规定批准享受减免企业所得税（包括减免中央分享企业所得税的部分）的，自2008年1月1日起计算，对减免税期限在5年以内（含）的，继续执行至期满后停止；对减免税期限超过5年的，从第6年起按新《税法》第二十九条的规定执行。

二、利用国家对西部大开发的优惠政策进行税务筹划

税法关于西部大开发有如下税收优惠：

1. 适用范围

本政策的适用范围包括重庆市、四川省、贵州省、云南省、西藏自治区、陕西省、甘肃省、宁夏回族自治区、青海省、新疆维吾尔自治区、新疆生产建设兵团、内蒙古自治区和广西壮族自治区（上述地区统称“西部地区”）。

2. 具体规定

（1）根据《关于执行〈西部地区鼓励类产业目录〉有关企业所得税问题的公告》（国家税务总局公告［2015］第14号），对设在西部地区国家鼓励类产业的内资企业，从2014年10月1日起，减按15%的税率征收企业所得税。

国家鼓励类的内资企业是指以《西部地区鼓励类产业目录》中规定的产业项目为主营业务，其主营业务收入占企业总收入70%以上的企业。

收入达到比例的，实行企业自行申请，税务机关审核的管理办法。经税务机关审核确认后，企业方可减按15%的税率缴纳企业所得税。企业未按规定提出申请或未经税务机关审核确认的，不得享受上述税收优惠政策。

（2）经省级人民政府批准，民族自治地方的内资企业可以定期减征或免征企业所得税，凡减免税款涉及中央收入100万元（含100万元）以上的，需报国家税务总局批准。

（3）根据《国家税务总局关于深入实施西部大开发战略有关企业所得税问题的公告》（国税公告［2012］第12号），西部地区新办的交通、电力、水利、邮政、广播电视企业，且上述项目营业收入占企业总收入70%以上的企业凡于2010年12月31日前已经按照《国家税务总局关于落实西部大开发有关税收政策具体实施意见的通知》（国税发［2002］47号）第二条第二款规定，取得税务机关审核批准的，其可以继续享受企业所得税的“两免三减半”优惠，即第一年至第二年免征企业所得税，第三年至第五年减半征收企业所得税。

新办交通企业是指投资新办从事公路、铁路、航空、港口、码头运营和管道运输的企业。新办电力企业是指投资新办从事电力运营的企业。新办水利企业是指投资新办从事江河湖泊综合治理、防洪除涝、灌溉、供水、水资源保护、水力发电、水土保持、河道疏浚、河海堤防建设等开发水利、防治水害的企业。新办邮政企业是指投资新办从事邮政运营的企业。新办广播电视企业是指投资新办从事广播电视运营的企业。

上述企业同时符合本规定条件的，第三年至第五年减半征收企业所得税时，按15%的税率计算出应纳所得税额后减半执行。

上述所称企业，是指投资主体自建、运营上述项目的企业，单纯承揽上述项目建设的施工企业不得享受两年免征、三年减半征收企业所得税的政策。

【案例9－9】

成都郊县某金属制品厂于2009年10月兴建。该厂负责人经税务咨询人员指点，将厂址选在离县城1公里远的乡下，此举使该厂每年仅城市维护建设税和城镇土地使用税、房产税就节约近6万元。

税务咨询人员测算和筹划的过程如下：按规定，纳税人所在地在县城、建制镇的，城市维护建设税率为5%，纳税人所在地不在市区、县城或建制镇的，税率为1%。建立在市、县城、建制镇和工矿区以外的工矿企业不需要缴纳城镇土地使用税。房产税的征税范围包括城市、县城、建制镇和工矿区，不包括农村。

预计该厂每年缴纳增值税38万元，按1%缴纳城建税3800元。如果厂址建在县城，就得按5%缴纳城市维护建设税1.9万元，仅此一项就省了1.52万元。城镇土地使用税、房产税全免。

该厂拥有土地面积4万平方米，房产原值30万元。如果建在县城，就得缴纳城镇土地使用税4万元（该县城城镇土地使用税的征收标准是1元/平方米），房产税0.252万元[30×(1－30%)×1.2%]。因为厂址在乡下，这两项税收共计4.252万元就合理地“省掉”了。

随着该厂规模的扩大、收入的增加，节约的纳税支出将越来越多。

三、利用国际避税地进行税务筹划

现在越来越多的投资者有意向在海外设立企业，进行投资，因为目前全世界存在很多的国际避税地。人们在国际避税地拥有资产或取得收入而不必负担税收，或者只负担比在主要工业国家轻得多的税收。

1. 利用国际避税地避税

国际避税地一般可以分为三大类：

（1）纯国际避税地。不征收个人所得税，公司所得税和财产税，即不征收直接税。如巴哈马、百慕大、开曼群岛、瑙鲁、新赫布里底、特克斯和凯克思、新喀里多尼亚等。

（2）普通避税港。完全放弃居民税收管辖权，只行使地域管辖权的国家和地区。比如安哥拉、以色列、中国澳门、新加坡、中国香港、马来西亚等。

（3）实行正常课税，但提供某些税收优惠的国家和地区。如加拿大、希腊、英国、爱尔兰、荷兰、菲律宾等。

投资者往往通过在避税地建立基地公司来进行税务筹划。基地公司实际上是高税国纳税人建立于避税地的虚构的纳税实体，是受控于高税国纳税人的，其经济实体仍在其他国家，它常被称为“纸面公司”，因为它往往只是租用一间办公室甚至是办公桌，而根本没有实质性的经营活动。

例如，高税国纳税人可以把基地公司作为控股公司，要求子公司将所获得的利润以股息形式汇回到基地公司；也可以把基地公司作为信托公司，因为信托公司在一些避税地可以作为法人存在并且可以长期存在，这样纳税人就可以将其财产委托给避税地的信托公司处理财产的效益。这样不仅能够有效降低资本利得的税负，还可以通过它将其财产转移到继承人或受赠人的名下，规避在有关国家的继承税、遗产税。

2. 转让定价避税

转让定价方式避税是指跨国纳税人在国际市场价格范围内压低中国境内公司向境外关联公司销售货物、贷款、服务、租赁和转让无形资产等业务的收入或费用分配标准，或有意提高境外公司向中国境内关联公司销货、贷款、服务等收入或费用分配标准，使中国关联公司的利润减少，转移集中到低税国家（地区）的关联公司。通过这样的方式能够有效地降低两个公司的合计纳税总额。由于《一般反避税管理办法（试行）》（国税［2014］第32号）中明确规定属于转让定价、成本分摊、受控外国企业、资本弱化等其他特别纳税调整范围的，要进行特别纳税事项的纳税调整，因此在转让定价时要注意必须符合独立交易原则，即在市场价格范围内来调整交易价格，进行纳税筹划。

【案例 9－10】

甲公司为中国居民企业，适用所得税税率为 25%。乙公司是甲的跨国子公司，所在国的税率为 15%。2009 年，甲公司将其生产的产品 50 万件全部出售给关联的乙公司，再由乙公司对外销售。甲公司生产该批产品的单位销售成本为每件 10 美元，国际市场上的销售价格每件在 15～19 美元。假设甲、乙均有其他支出 100 美元。请为甲、乙公司提供税务筹划思路。

【分析】

方案一：甲公司按照每件 19 美元的价格将这批集成电路板出售给乙公司，乙公司将其按照每件 23 美元的销售价格出售给第三方客户。

那么，甲公司应纳税所得额 $=50\times(19-10)-100=350$（万美元）

甲公司应纳税额 $=350\times25\%=87.5$（万美元）

乙公司应纳税所得额 $=50\times(23-19)-100=200$（万美元）

乙公司应纳税额 $=200\times15\%=30$（万美元）

甲公司、乙公司合计应纳税额 $=117.5$（万美元）

方案二：甲公司按照每件 15 美元的价格将这批集成电路板出售给乙公司，乙公司将其按照每件 23 美元的销售价格出售给第三方客户。

那么，甲公司应纳税所得额 $=50\times(15-10)-100=150$（万美元）

甲公司应纳税额 $=150\times25\%=37.5$（万美元）

乙公司应纳税所得额 $=50\times(23-15)-100=300$（万美元）

乙公司应纳税额 $=300\times15\%=45$（万美元）

甲、乙公司合计应纳税额 $=37.5+45=82.5$（万美元）

由上可知，方案二比方案一节税 35 万美元，因为甲公司属于高税国，乙公司属于低税国，甲公司对乙公司的产品转让价格降低会有利于降低两个公司的合计纳税总额。

第四节　企业合并与分立的税务筹划

一、企业合并的税务筹划

当一个企业有大量盈利的时候，其纳税负担就会非常大，因此它往往会利用税法提供的企业合并的筹划空间，通过合并一个有累计亏损或连续亏损的企业来减少应纳所得税税额。

依据《中华人民共和国公司法》（以下简称《公司法》）的规定，企业合并是指两个或两个以上的企业，根据法律规定或合同约定，合并为一个企业的法律行为，包括吸收合并和新设合并。

吸收合并是指接纳一个或一个以上的企业加入本公司，加入的公司全部或者实质上的几乎全部资产、负债都转让给本公司，加入方解散并取消原法人资格，接纳方存续其法人资格，又称为企业兼并。

新设合并是指两个或两个以上的公司将其资产和负债转让给一个新设立的公司。它与吸收合并的唯一区别是原合并各方都解散并取消原法人资格，受让公司是在交易中心成立的公司。

1. 选择合并类型的税务筹划

企业合并的类型分为横向合并和纵向合并。

（1）横向合并。横向合并也称为水平式合并，是指生产和销售相同或相似产品或经营相似业务、提供相同劳务的企业间的合并，即同行业同类企业之间的合并。横向合并可以在一定程度上消除竞争、扩大市场份额、形成规模效应，但如果从纳税角度考虑，此类合并由于并不会改变主要经营业务以及所处的行业，所以不会过多地影响纳税环节和税种，但纳税主体可能会由于企业规模的扩大而由中小企业扩张为大企业，由增值税小规模纳税人转变为一般纳税人。

（2）纵向合并。纵向合并是指生产的产品或提供的劳务具有内在联系的企业间的合并，亦称垂直式合并，参与合并的各家企业，其产品相互配套，或有一定的内在联系，形成供产销一条龙，即企业与供应商或客户之间的合并。对于合并企业来说，这样的合并会使其与供应商或客户的交易变成现在的企业内部调拨行为，流转环节会相应减少，有利于降低流转税负。但同时我们也不能忽略这种类型的合并带来纳税环节及税种增加的可能性。

2. 企业合并时所得税的税务筹划

（1）相关规定。根据《企业重组业务企业所得税管理办法》（2015 修订版），将企业合并、分立业务中当事各方涉及的所得税处理问题进一步补充规定，企业合并业务的所得税应根据合并的具体方式处理。

通常情况下，合并企业应按照公允价值确定接受被合并企业的各项资产和负债计税基础；合并企业及股东应该按照清算进行所得税处理；被合并方亏损不得在合并企业结转弥补。企业股东在该企业合并发生时取得的股权支付金额不低于其交易支付总额的 85%，以及同一控制下且不需要支付对价的企业合并，可以选择按照以下规定处理：①合并企业接受被合并企业资产和负债的计税基础，以被合并企业的原有计税基础确定。②被合并企业合并前的相关所得税事项由合并企业继承。③可由合并企业弥补的被合并企业亏损的限额 = 被合并企业净资产公允价值 × 截至合并业务发生当年年末国家发行的最长期限的国债利率。根据《国家税务总局关于发布〈企业重组业务企业所得税管理办法〉的公告》（国家税务总局公告 2010 年第 4 号），可由合并企业弥补的被合并企业亏损的限额，是指按《税法》规定的剩余结转年限内，每年可由合并企业弥补的被合并企业亏损的限额。④被合并企业股东取得合并企业股权的计税基础，以其原持有的被合并企业股权的计税基础确定。

（2）税务筹划思路。盈利水平高的优势企业如果将一家连续亏损的企业作为合并对象，该合并企业往往能够享受到减免税的好处。因为亏损企业将会成为合并企业合并纳税的一部分，其亏损可以抵减合并企业的应税所得。另外，如果在合并纳税过程中出现亏损，合并企业还可以享受延缓缴纳税的好处。

在合并企业支付给被合并企业的收购价款中，股权支付金额不低于其交易支付总额85%的，对于被合并企业的亏损，合并企业可以在一定限度内弥补亏损，但是股权支付金额低于其交易支付总额85%的，则不能适用弥补被合并企业亏损的规定。因此，被合并企业的亏损是否可以由合并公司进行弥补取决于股权支付的比例，企业可以从这个角度进行税务筹划。

【案例9－11】

甲公司2010年初合并乙公司，乙公司有100万元的尚未弥补的亏损，还有3年的税前弥补期限，其净资产公允价值为100万元，合并后合并企业的净资产公允价值为500万元，2010年度、2011年度、2012年度合并企业弥补亏损前的应税所得额分别为100万元、300万元、400万元。请问该合并企业提供税务筹划思路（已知2010年、2011年、2012年最长期限的国债利率分别为4.4%、4.33%、4.35%）。

【分析】

方案一：股权支付金额低于其交易支付总额85%。

2008～2010年合计应纳所得税＝(100＋300＋400)×25%＝200(万元)

方案二：股权支付金额高于其交易支付总额85%。

2010年应弥补亏损额＝100×4.4%＝4.4(万元)

应纳所得税＝(100－4.4)×25%＝23.9(万元)

2011年应弥补亏损额＝100×4.33%＝4.33(万元)

应纳所得税＝(300－4.33)×25%＝73.92(万元)

2012年应弥补亏损额＝100×4.35%＝4.35(万元)

应纳所得税＝(400－4.35)×25%＝98.91(万元)

三年合计应纳所得税＝23.9＋73.92＋98.91＝196.73(万元)

单从节税角度来考虑，采用第二种方案比第一种方案要节约税负3.27万元。

另外，企业还可以利用税法对高新技术企业、小型微利企业等的所得税优惠政策，通过关联企业来转让定价，将利润从所得税税率高的企业转移到所得税税率低的企业，降低应纳所得税。

3. 企业合并时对增值税的税务筹划

根据《关于转让企业全部产权不征收增值税问题的批复》中的规定，转让企业全部产权是整体转让企业资产、债权、债务及劳动力的行为，因此，转让企业全部产权涉及的应税货物的转让，不属于增值税的征税范围，不缴纳增值税。

如果合并企业向被合并企业提供其生产所需原材料，则合并后这种原材料的购销关系转变为企业内部的转让关系，通常可以降低甚至取消增值税的缴纳。

另外，如果被合并企业期初有大量的存货可以抵扣进项税，合并企业同样也可以减少其应缴纳增值税税额。

4. 企业合并时对土地增值税、印花税、契税的税务筹划

在企业合并过程中，对被合并企业将房地产转让到合并企业中，暂免征收土地增值税。

以合并方式成立的新企业，其新启用的资金账簿记载的资金，凡原已贴花的部分可不再贴花，未贴花的部分和以后新增加的资金按规定贴花。

企业在合并过程中会涉及产权转移，从而会涉及缴纳契税的问题。根据《关于企业改制重组若干契税政策的通知》（财税［2003］184 号），两个或两个以上的企业依照法律规定或合同约定，合并改建为一个企业，对其合并后的企业承受原合并各方的土地、房屋权属，免征契税。

二、企业分立的税务筹划

企业分立是指一个企业依照有关法律、法规的规定，分离为两个或两个以上企业的法律行为。包括被分立企业将部分或全部营业分离转让给两个或两个以上现存或新设的企业（以下简称分立企业），为其股东换取分立企业的股权或其他财产。前者称为派生分立，是指原企业存续，而其一部分分出设立为一个或数个新的企业；后者称为新设分立，是指原企业解散，分立出的各方分别设立为新的企业。

将一个企业分立为多个纳税主体，可以形成有关联关系的几个群体，有利于集团化管理和系统化筹划；企业分立有助于使使用累进税率的纳税主体分化成两个或者多个低税率的纳税主体，降低整体税负；当企业从事兼营或者混合销售业务时，往往会分为较低税率业务和较高税率业务，这些适用不同税率的业务或者产品往往要求企业独立核算，而企业如果不满足独立核算的要求，就需要从高适用税率以至于丧失税收上的一些利益，如果根据这些特定的业务或者产品对企业进行分立，就可以单独计税以降低整体的税负。

1. 相关规定

根据财政部、国家税务总局关于企业重组业务企业所得税处理若干问题的通知》以及《企业重组业务企业所得税管理办法（2015 年修订）》对企业分立业务应按下列方法进行所得税处理：

（1）被分立企业对分立出去资产应按公允价值确认资产转让所得或损失；分立企业应按公允价值确认接受资产的计税基础；被分立企业继续存在时，其股东取得的对价应视同被分立企业分配进行处理；被分立企业不再继续存在时，被分立企业及其股东都应按清算进行所得税处理；企业分立相关企业的亏损不得相互结转弥补。

（2）企业分立，被分立企业所有股东按原持股比例取得分立企业的股权，分立企业和被分立企业均不改变原来的实质经营活动，且被分立企业股东在该企业分立发生时取得的股权支付金额不低于其交易支付总额的 85%，可以选择按以下规定处理：①分立企业接受被分立企业资产和负债的计税基础，以被分立企业的原有计税基础确定。②被分立企业已分立出去资产相应的所得税事项由分立企业承继。③被分立企业未超过法定弥补期限的亏损额可按分立资产占全部资产的比例进行分配，由分立企业继续弥补。④被分立企业的股东取得分立企业的股权（以下简称“新股”），如需部分或全部放弃原持有的被分立企业的股权（以下简称“旧股”），“新股”的计税基础应以放弃“旧股”的计税基础确定。如不需放弃“旧股”，则其取得“新股”的计税基础可从以下两种方法中选择确定：直接将“新股”的计税基础确定为零；或者以被分立企业分立出去的净资产占被分立企业全部净资产的比例先调减原持有的“旧股”的计税基础，再将调减的计税基础平均分配到“新股”上。

2. 税务筹划思路

（1）《中华人民共和国企业所得税法》对小型微利企业、高新技术企业规定了优惠政策：符合条件的小型微利企业，减按 20% 的税率征收企业所得税；国家需要重点扶持的高新技术企业，减按 15% 的税率征收企业所得税。企业可以利用这些优惠政策，通过将企业分立成适用低税率的几个企业，进行税务筹划。

【案例 9－12】

某一家工业企业由一个原材料生产部门甲和一个产成品制造部门乙构成。该企业从业人数为 120 人，资产总额为 4000 万元，2009 年度应纳税所得额为 40 万元，其中部门甲和部门乙的应纳税所得额分别为 25 万元、15 万元；资产总额分别为 2500 万元、1500 万元；从业人数分别为 70 人、50 人。预计 2010 年的原材料生产费用和产成品的价格以及企业的经营规模都不会发生大的变化。请为其提供税务筹划思路。

【分析】将部门甲设为原材料生产企业，将部门乙设为产成品制造企业，即将该企业分立为这两个独立核算的企业，原因如下：

分立前该企业每年应纳所得税 $=40\times25\%=10$（万元）

分立后的企业 A 和 B 都满足小型微利企业的条件，因此适用所得税率为 20%，企业甲每年应纳所得税 $=25\times20\%=5$（万元）。

企业乙每年应纳所得税 $=15\times20\%=3$（万元）

合计应纳税额 $=5+3=8$（万元）

因此，采用该税务筹划人员的建议可以为企业整体节税 2 万元。

（2）从亏损弥补角度考虑，假定被分立企业存在未超过法定期限的亏损额，应当选择被分立企业股东在该企业分立发生时取得的股权支付金额不低于其交易支付总额的 85% 的支付方式，使分立企业可以承继被分立企业的未弥补亏损额，降低分立企业的整体所得税税负。

第五节 企业清算的税务筹划

企业清算是指企业宣告终止以后，除因合并与分立事由外，了结终止企业法律关系，消灭其法人资格的法律行为。按清算原因，可以划分为解散清算和破产清算；按清算是否自行组织，可以分为普通清算和特别清算。

可能有人会质疑，为什么企业清算还需要进行税务筹划呢？由于企业的持续经营特点，纳税义务履行往往滞后于生产经营过程，所以当企业清算时，通常纳税义务还未履行完毕，因此企业在清算中仍然要进行税务筹划。

一、相关规定

企业清算的税务筹划主要涉及的是企业所得税。根据《财政部、国家税务总局关于企业清算业务企业所得税处理若干问题的通知》，企业清算的所得税处理，是指企业在不再持续经营，发生结束自身业务、处置资产、偿还债务以及向所有者分配剩余财产等经济行为时，对清算所得、清算所得税、股息分配等事项的处理。企业的全部资产可变现价值或交易价格，减除资产的计税基础、清算费用、相关税费，加上债务清偿损益等后的余额，为清算所得。另外还规定，企业应将整个清算期作为一个独立的纳税年度计算清算所得。

二、确定清算日期的税务筹划

企业清算时，应当将整个清算期作为一个独立的纳税年度计算清算所得。通过改变企业清算日期，可以减少清算期间的应纳所得税税额。

【案例 9－13】

某股份有限公司股东会决定于2010年10月8日宣布解散公司，并决定于2010年10月9日开始正常清算。在成立清算组以前，公司发现2010年1月至10月8日这段时间预计盈利为100万元，于是股东会在尚未公告和进行税务申报的前提下，决定将解散日期推迟至2010年11月1日，并于2008年11月2日开始清算。该公司在2010年10月9日至11月1日期间共发生费用190万元。另外，企业清算所得为110万元。请问公司股东会为何将清算日确定为2010年11月2日？

【分析】

方案一：若将清算日期确定为10月9日，则：

2010年1月至10月8日应纳税所得额＝100×25%＝25(万元)

清算所得＝110－190＝－80(万元)，不缴纳所得税。

方案二：若将清算日期确定为11月2日，则：

2010年1月至11月1日亏损90万元（100－190），该期间不缴税。

清算所得为110万元，先递减上段期间的亏损90万元，则：

清算期间应纳税所得额＝110－90＝20（万元）

清算期间应纳所得税额＝20×25%＝5（万元）

方案二比方案一节税20万元，因此从税收角度考虑，选择在11月2日清算更为合理。

思考练习题

1. 简述公司制企业与合伙制企业的纳税差异。
2. 简述子公司与分公司的纳税差异。
3. 企业选择注册地点时，应考虑哪些因素？
4. 请简述你对企业在清算过程中的税务筹划空间的看法。
5. 企业在合并时应当从哪些角度考虑从而进行税务筹划？
6. 某企业兼营不同税率的货物和应税劳务，并且无法分别进行核算，因此不得不从高适用税率。假如该企业请你进行税务筹划，针对这一情况你应该提出怎样的建议？